A fábula das abelhas

FUNDAÇÃO EDITORA DA UNESP

Presidente do Conselho Curador
Mário Sérgio Vasconcelos

Diretor-Presidente
Jézio Hernani Bomfim Gutierre

Superintendente Administrativo e Financeiro
William de Souza Agostinho

Conselho Editorial Acadêmico
Danilo Rothberg
João Luís Cardoso Tápias Ceccantini
Luiz Fernando Ayerbe
Marcelo Takeshi Yamashita
Maria Cristina Pereira Lima
Milton Terumitsu Sogabe
Newton La Scala Júnior
Pedro Angelo Pagni
Renata Junqueira de Souza
Rosa Maria Feiteiro Cavalari

Editores-Adjuntos
Anderson Nobara
Leandro Rodrigues

BERNARD MANDEVILLE

A fábula das abelhas

ou

Vícios privados, benefícios públicos

Tradução
Bruno Costa Simões

© 2017 Editora Unesp

Título original: *The Fable of The Bees: or Private Vices, Public Benefits*

Direitos de publicação reservados à:

Fundação Editora da Unesp (FEU)
Praça da Sé, 108
01001-900 – São Paulo – SP
Tel.: (0xx11) 3242-7171
Fax: (0xx11) 3242-7172
www.editoraunesp.com.br
www.livrariaunesp.com.br
feu@editora.unesp.br

Dados Internacionais de Catalogação na Publicação (CIP)
Odilio Hilario Moreira Junior CRB-8/9949

M272f
    Mandeville, Bernard
    A fábula das abelhas: ou vícios privados, benefícios públicos / Bernard Mandeville; traduzido por Bruno Costa Simões. – São Paulo: Editora Unesp, 2017.

        Tradução de: *The Fable of the Bees: or Private Vices, Public Benefits*
        ISBN: 978-85-393-0707-4

        1. Política. 2. Economia. 3. Capitalismo. I. Simões, Bruno Costa. II. Título.

2017-547   CDD 306.342
                                                      CDU 330.342.14

Editora afiliada:

Sumário

Prefácio . *7*

The Grumbling Hive or Knaves turn'd honest . *16*

A colmeia ranzinza ou De canalhas a honestos . *17*

Introdução . *49*

Uma investigação sobre a origem da virtude moral . *51*

Observações . *65*

Ensaio sobre a caridade e as escolas de caridade . *261*

Uma investigação sobre a natureza da sociedade . *335*

Defesa do livro a partir das difamações contidas numa acusação do grande júri de Middlesex e numa carta insultante endereçada a lorde C. . *385*

// *Prefácio*

As leis e o governo são para os corpos políticos das sociedades civis aquilo que os espíritos vitais e a própria vida são para os corpos naturais das criaturas animadas; e assim como aqueles que estudam a anatomia de cadáveres podem ver que os órgãos principais e as estruturas delicadas, que são mais imediatamente necessárias para manter o movimento de nossa máquina, não são ossos duros, nem músculos e nervos resistentes, nem a pele branca e lisa que tão bem os cobre, mas sim membranas pequenas e tênues e canais estreitos que, ou não são notados, ou parecem desconsideráveis ao olhar corriqueiro; assim também // os que examinam a natureza do homem, dispensando a arte e a educação, podem observar que aquilo que o torna um animal sociável consiste não no seu desejo de companhia, bondade, piedade, afabilidade e outras encantos de bela aparência, mas sim no fato de que as suas qualidades mais vis e odiosas são as aptidões mais necessárias para ajustá-lo nas maiores e, conforme anda o mundo, nas mais felizes e prósperas sociedades.

A fábula que se segue, na qual o que acabo de dizer é apresentado às largas, foi impressa há mais de oito anos em um

A fábula das abelhas

panfleto de seis centavos chamado *A colmeia ranzinza, ou Patifes tornados honestos*; sendo este, logo depois, pirateado e vendido nas ruas aos brados em uma brochura de meio centavo. Desde sua primeira publicação, encontrei diversas pessoas que, deliberadamente ou por ignorância, desvirtuando o meu propósito, entenderam que o escopo da obra era fazer uma sátira da virtude e da moralidade, e que o escrito como um todo se voltava para o encorajamento do vício. Isso me fez decidir que, sempre que a fábula fosse reimpressa, informaria o leitor de uma maneira ou de outra sobre a verdadeira intenção // com que esse poema foi escrito. Não exalto essas poucas e mal-ajambradas linhas com o nome "poema" na pretensão de que o leitor espere encontrar nelas alguma poesia, mas meramente porque estão em versos rimados; em verdade, já nem sei mais que nome lhes dar; pois não são nem heroicas nem pastorais, tampouco satíricas, burlescas ou heroico-cômicas; é improvável que se trate de um conto, e o conjunto é um pouco longo para ser uma fábula. Tudo que posso dizer a seu respeito é que se trata de uma história contada em versos malfeitos que, sem o menor talento para ser espirituoso, me pus a compor de uma maneira tão fácil e familiar quanto fui capaz: o leitor pode se sentir à vontade para chamá-los da maneira que lhe aprouver. Já foi dito sobre Montaigne que ele era muito versado nos defeitos da humanidade, embora desconhecesse as excelências da natureza humana: se eu não me sair pior, posso me dar por satisfeito. //

Qualquer que seja o país no mundo compreendido pela colmeia aqui representada, é evidente, a partir do que é dito de suas leis e de sua constituição, da glória, da riqueza, do poder e da indústria de seus habitantes, que deve ser uma nação grande, rica e belicosa; e, felizmente, governada por uma monarquia

Prefácio

limitada. Portanto, a sátira que se encontra nas linhas seguintes, sobre diversas profissões e ofícios, e sobre quase todos os graus e condições do povo, não foi feita para injuriar ou investir contra algumas pessoas em particular, mas apenas para mostrar de quais vis ingredientes, quando reunidos, compõe-se a benfazeja mistura de uma sociedade bem ordenada; com vistas a enaltecer o maravilhoso poder da sabedoria política, com cuja ajuda erige-se uma tão bela máquina oriunda dos mais desprezíveis extratos. Pois o principal propósito da fábula (conforme brevemente explicado na seção intitulada "Moral") é mostrar a impossibilidade de se desfrutar de todas as mais refinadas comodidades da vida, encontradas em qualquer nação industriosa, rica e poderosa, e ao mesmo tempo ser abençoado com toda a virtude e a inocência a que se pode aspirar em uma Idade de Ouro; // e, a partir daí, expor a irracionalidade e insensatez daqueles que, desejosos de constituírem um povo florescente e próspero, e surpreendentemente ávidos de todos os benefícios que podem daí auferir, estão, porém, sempre resmungando e protestando contra os vícios e inconvenientes, desde o princípio do mundo até o presente dia, inseparáveis de todos os reinos e Estados que sempre foram renomados, a um só tempo, por sua força, riqueza e refinamento.

Para tanto, em primeiro lugar, toco rapidamente na questão dos defeitos e corrupções de que são acusadas em geral as diversas profissões e ofícios. Em seguida, mostro de que modo esses mesmos vícios, de cada pessoa em particular, por uma hábil destreza, são postos a serviço da grandiosidade e da felicidade mundana de todos. Por fim, ao estabelecer quais as consequências necessárias que se seguem da honestidade e virtudes gerais, bem como de uma temperança, de uma inocência e de um contentamento que se estendem por toda a nação, demonstro que, se a humanidade pudesse ser curada das imperfeições que lhe são naturalmente próprias, ela deixaria de ser capaz de se lançar à condição das sociedades tão vastas, poderosas e refinadas, como as que existiram // sob as diversas repúblicas e monarquias que prosperaram desde a criação.

Se você me perguntar por que fiz tudo isso, *cui bono?*,[1] e que benefícios essas noções produzirão?, a bem dizer, para além do passatempo do leitor, não creio que haja nenhum; mas se me fosse perguntado o que se deveria naturalmente delas esperar, responderia: em primeiro lugar, que as pessoas, que não param de encontrar defeitos nos outros, ao lê-las, aprenderiam a olhar para si mesmas e, ao examinarem sua própria consciência, se envergonhariam de ficar sempre atacando aquilo que lhes é mais ou menos próprio; e, em seguida, que aqueles que gostam tanto de tranquilidade e conforto e que colhem todos os benefícios que são consequência de uma nação grande e próspera aprenderiam mais pacientemente a aceitar as inconveniências, que nenhum governo sobre a Terra pode remediar, quando percebessem a impossibilidade de desfrutar de uma grande parcela da primeira, sem também partilhar da última.

Digo que é o que se deveria naturalmente esperar a partir da publicação dessas noções se // as pessoas se tornassem melhores por qualquer coisa que lhes pudesse ser dita. Mas, como faz tanto tempo que a humanidade é a mesma, apesar de muitos escritos instrutivos e elaborados, por meio dos quais buscou-se corrigi-la, não sou tão vaidoso a ponto de esperar ser mais bem-sucedido com uma ninharia tão insignificante.

---

1 Expressão latina que significa "para proveito de quem?". (N. T.)

Prefácio

Admitida a irrisória vantagem que este pequeno capricho pode ter a chance de produzir, vejo-me obrigado a mostrar que ele não pode ser prejudicial a ninguém; pois o que se vê publicado, se não traz nenhum benefício, ao menos não deve causar nenhum mal: com vistas a tanto, elaborei algumas notas explicativas, às quais o leitor será remetido naquelas passagens que parecem se prestar mais a objeções.

Os censores que nunca leram *A colmeia ranzinza* me dirão que tudo do que trato na fábula, não ocupando um décimo do livro, foi planejado tão somente para introduzir as notas; que, em vez de esclarecer as passagens dúbias ou // obscuras, escolhi apenas aquelas sobre as quais eu quis discorrer; e que, longe de me esforçar para atenuar os erros cometidos antes, piorei o que era ruim e mostrei-me, nas digressões desmedidas, um campeão do vício, mais descarado do que na própria fábula.

Não perderei tempo respondendo a essas acusações; quando os homens são preconceituosos, as melhores justificativas não valem nada; e sei que aqueles que acham criminoso supor que o vício seja necessário em alguns casos nunca se reconciliarão com nenhuma parte da exposição; mas, se ela for detidamente examinada, será possível compreender que toda ofensa produzida vem de inferências errôneas que talvez possam ser dela extraídas, o que eu não gostaria que ninguém fizesse. Quando afirmo que os vícios são inseparáveis das sociedades grandes e poderosas, e que é impossível que sua riqueza e grandiosidade subsistam sem eles, não digo que seus membros particulares, que são responsáveis por algum vício, não devam ser continuamente reprovados, ou não ser punidos quando se tornam crimes.

A fábula das abelhas

11   Há, creio eu, poucas pessoas // em Londres, das quais algumas são forçadas vez por outra a andar a pé, que não gostariam que as ruas fossem mais limpas do que geralmente são, embora não levem em conta senão suas próprias roupas e sua comodidade privada; mas quando, porventura, consideram que aquilo que as irrita é resultado da abundância, do tráfego intenso e da opulência dessa poderosa cidade, se tiverem alguma preocupação com o bem-estar desta, provavelmente nunca mais desejarão ver suas ruas menos sujas. Pois, se atentarmos aos materiais de todos os tipos que devem suprir um número infinito de trocas e manufaturas, que tende sempre a avançar; a grande quantidade de mantimentos, bebidas e combustíveis diariamente consumidos; os restos e as superfluidades necessariamente produzidas a partir daí; as multidões de cavalos e outros rebanhos sempre a borrar as ruas; as charretes, carroças e outras carruagens mais pesadas permanentemente gastando e quebrando o calçamento; e, sobretudo, os inúmeros enxames de pessoas que estão continuamente se atormentando e se atropelando de um lado a outro; se, dizia eu, atentarmos para

12   tudo isso, veremos que a cada // instante é produzida uma nova imundície; e, considerando que as grandes avenidas estão longe da margem do rio, quaisquer que sejam os custos e cuidados despendidos para remover a sujeira, tão logo ela se amontoe, é impossível que Londres esteja mais limpa se não estiver menos próspera. Ora, eu perguntaria se um bom cidadão, considerando o que foi dito, poderia negar que as ruas sujas são um mal necessário, inseparável da felicidade de Londres, sem o menor problema para a limpeza dos sapatos ou a varrição das ruas e, por conseguinte, sem nenhum prejuízo para engraxates ou varredores de rua.

Prefácio

Mas se, desprovido de qualquer consideração pelo proveito ou felicidade da cidade, fosse feita a seguinte pergunta: qual o lugar que considero mais agradável para caminhar? Ninguém duvidaria, face às fétidas ruas de Londres, que eu preferiria um jardim perfumado ou um bosque repleto de sombras, no campo. Do mesmo modo, deixando de lado toda grandiosidade e vanglória deste mundo, se me fosse perguntado onde consi-
13 dero mais provável que // os homens poderiam gozar da verdadeira felicidade, eu preferiria uma pequena sociedade pacata, em que os homens, não sendo invejados nem estimados pelos seus próximos, estariam satisfeitos em viver com o produto natural do lugar que habitam, a uma vasta multidão pródiga em riqueza e poder, sempre com seus exércitos a conquistar outros povos e corrompendo-se em seu país com o luxo que vem de fora.

Eis o que tinha dito ao leitor na primeira edição, e nada acrescentei ao prefácio da segunda. Mas, desde então, uma violenta gritaria tem sido feita contra o livro, respondendo exatamente às expectativas que sempre tive em relação à justiça, à sabedoria, à caridade e à honestidade daqueles por cuja boa vontade eu não nutria nenhuma esperança. Ele foi denuncia-do para o Grande Júri e condenado por milhares de pessoas
14 que dele nunca // leram uma palavra. Foi execrado diante do prefeito de Londres; e diariamente anuncia-se uma refutação completa da obra por parte de um reverendo sacerdote, que me chamou de nomes insultuosos durante suas pregações por cinco meses consecutivos e ameaçou-me com uma réplica que seria publicada dentro de dois meses. O que tenho a dizer a meu favor, o leitor encontrará em minha *Defesa* ao final do livro,
15 onde também encontrará a // acusação do Grande Júri, e uma

A fábula das abelhas

carta ao mui honrado senhor *C.*, tão retórica que vai além da argumentação e da coerência. O autor exibe um fino talento para invectivas e uma grande sagacidade para identificar ateísmo onde outros não encontram nenhum. É um fervoroso detrator de livros perniciosos, menciona a *Fábula das abelhas* e mostra-se muito zangado com seu autor: outorga quatro veementes epítetos relacionados à responsabilidade e malvadez deste e, por meio de várias insinuações graciosas dirigidas à multidão, como do perigo que há em permitir que tais autores vivam, e a vingança dos céus que se pode abater sobre toda a nação, muito caritativamente recomenda-o aos cuidados celestiais.

16   Dada a extensão desta epístola, // que não se volta apenas contra minha pessoa, pensei, primeiramente, em destacar algumas de suas passagens a mim relacionadas; mas constatando, numa verificação mais detida, que aquilo que a mim concernia estava tão misturado e entrelaçado com o que não tinha a ver comigo, vi-me obrigado a incomodar o leitor, publicando-o por completo, não sem a esperança de que, prolixo como é, a sua extravagância entretenha aqueles que examinarem atentamente o tratado que com tanto horror se condena.

// *The Grumbling Hive*
or
Knaves turn'd honest

A Spacious Hive well stock'd with Bees,
That lived in Luxury and Ease;
And yet as fam'd for Laws and Arms,
As yielding large and early Swarms;
Was counted the great Nursery
Of Sciences and Industry.
No Bees had better Government,
More Fickleness, or less Content.
They were not Slaves to Tyranny,
Nor ruled by wild Democracy;
But Kings, that could not wrong, because
Their Power was circumscrib'd by Laws. //

These Insects lived like Men, and all
Our Actions they perform'd in small:
They did whatever's done in Town,
And what belongs to Sword, or Gown:
Tho' th'Artful Works, by nible Slight;
Of minute Limbs, 'scaped Human Sight

// *A colmeia ranzinza*

ou

De canalhas a honestos

Uma espaçosa colmeia abarrotada de abelhas
Que viviam no luxo e comodidade;
Tão famosa, porém, por suas leis e armas,
E por seus numerosos enxames precoces;
Era tida como grande berço
Das ciências e da indústria.
Não houve abelhas com melhor governo,
Nem mais volúveis nem menos satisfeitas:
Não eram escravas da tirania,
Nem governadas por selvagem democracia;
Porém, não se podiam enganar os reis, pois
Seu poder era circunscrito por leis. //

Esses insetos viviam como homens, e todas
Realizavam, em miniatura, nossas ações:
Faziam tudo o que é feito numa cidade,
E o que diz respeito à espada e à toga:
Embora as obras astuciosas, feitas na ligeireza
De membros diminutos, escapassem ao olhar humano;

A fábula das abelhas

Yet we've no Engines; Labourers,
Ships, Castles, Arms, Artificers,
Craft, Science, Shop, or Instrument,
But they had an Equivalent:
Which, since their Language is unknown,
Must be call'd, as we do our own.
As grant, that among other Things
They wanted Dice, yet they had Kings;
And those had Guards; from whence we may
Justly conclude, they had some Play;
Unless a Regiment be shewn
Of Soldiers, that make use of none.

Vast Numbers thronged the fruitful Hive;
Yet those vast Numbers made 'em thrive;
Millions endeavouring to supply
Each other's Lust and Vanity;
Whilst other Millions were employ'd,
To see their Handy-works destroy'd;
They furnish'd half the Universe;

19 Yet had more Work than Labourers. //
Some with vast Stocks, and little Pains
Jump'd into Business of great Gains;
And some were damn'd to Sythes and Spades,
And all those hard laborious Trades;
Where willing Wretches daily sweat,
And wear out Strength and Limbs to eat:
(A.) Whilst others follow'd Mysteries,
To which few Folks bind Prentices;
That want no Stock, but that of Brass,

A colmeia ranzinza ou De canalhas a honestos

Ainda que não tenhamos aqui máquinas, trabalhadores,
Navios, castelos, armamentos, artesãos,
Artes, ciência, comércio ou instrumentos,
Eles tinham, no entanto, um equivalente:
Os quais, como sua língua é desconhecida,
Devem ser chamados pelos nomes que damos aos nossos.
Concedamos, entre outras coisas,
Que, embora não tivessem jogo de dados, tinham reis;
E estes tinham guardas; do que podemos
Bem concluir que tinham algum divertimento;
A não ser que se mostre um regimento
De soldados que não faça uso de nenhum.

Uma imensidão apinhava a frutuosa colmeia;
Mas essa imensidão fazia as abelhas vicejarem;
Milhões se esforçando para suprir
A luxúria e a vaidade de cada uma;
Enquanto outros milhões dedicavam-se
A destruir suas manufaturas.
Abasteciam meio mundo;
No entanto, tinham mais trabalho que trabalhadores. //
Algumas com grandes reservas e poucos esforços
Lançavam-se em negócios de grande retorno;
E outras estavam condenadas à foice e à enxada
E a todos esses ofícios penosos e fatigantes
Em que miseráveis de prontidão suam dia após dia,
Esgotando sua força e seus membros para ter o que comer;
(*A.*) Enquanto outras se envolviam em misteres,
A que poucas enviavam aprendizes;
Que não requerem nenhuma competência senão o descaramento,

A fábula das abelhas

And may set up without a Cross;
As Sharpers, Parasites, Pimps, Players,
Pick-Pockets, Coiners, Quacks, Sooth-Sayers,
And all those, that, in Enmity
With down-right Working, cunningly
Convert to their own Use the Labour
Of their good-natur'd heedless Neighbour:
(B.) These were called Knaves; but, bar the Name,
The grave Industrious were the Same. //
All Trades and Places knew some Cheat,
No Calling was without Deceit.

The Lawyers, of whose Art the Basis
Was raising Feuds and splitting Cases,
Opposed all Registers, that Cheats
Might make more Work with dipt Estates;
As were't unlawful, that one's own,
Without a Law-Suit, should be known.
They kept off Hearings wilfully,
To finger the retaining Fee;
And to defend a wicked Cause,
Examin'd and survey'd the Laws;
As Burglars Shops and Houses do;
To find out where they'd best break through.

Physicians valued Fame and Wealth
Above the drooping Patient's Health,
Or their own Skill: The greatest Part
Study'd, instead of Rules of Art,
Grave pensive Looks, and dull Behaviour;

A colmeia ranzinza ou De canalhas a honestos

E conseguem se virar sem um vintém.
Como gatunos, parasitas, proxenetas, jogadores,
Batedores de carteira, falsários, charlatães, adivinhos,
E todos aqueles que, inimigos da destra labuta,
                   com muita manha
Convertem para seu benefício o trabalho
De seu vizinho bonachão e descuidado.
(*B.*) Estas eram chamadas de canalhas, mas, afora o nome,
As circunspectas e industriosas delas não diferiam. //
Todos os ofícios e cargos conheciam alguma trapaça,
Nenhuma profissão era sem engodo.

Os advogados, cuja arte baseava-se em
Suscitar dissensões e desmembrar litígios,
Opunham-se a todos os registros, para que as trapaças
Dessem mais trabalho com espólios hipotecados;
Como se não fosse ilegal que o que era seu,
Sem o devido processo, fosse tornado público.
Estendiam deliberadamente as audiências,
Para encher a mão de honorários vigorosos;
E, na defesa de uma causa injusta,
Examinavam e inspecionavam as leis,
Como gatunos que espiam lojas e casas,
A fim de descobrir brechas por onde melhor entrariam.

Médicos estimavam que fama e riqueza
Estavam acima da saúde de pacientes combalidos,
Ou de sua própria competência: a maior parte
Dedicava-se, em vez de às regras do ofício,
Ao grave olhar pensativo e apalermado,

A fábula das abelhas

To gain th'Apothecary's Favour,
The Praise of Mid wives, Priests and all,
21   That served at Birth, or Funeral; //
To bear with th'ever-talking Tribe,
And hear my Lady's Aunt prescribe;
With formal Smile, and kind How d'ye,
To fawn on all the Family;
And, which of all the greatest Curse is,
T'endure th'Impertinence of Nurses.

Among the many Priests of Jove,
Hir'd to draw Blessings from Above,
Some few were learn'd and eloquent,
But Thousands hot and ignorant:
Yet all past Muster, that could hide
Their Sloth, Lust, Avarice and Pride;
For which, they were as famed, as Taylors
For Cabbage; or for Brandy, Sailors:
Some meagre look'd, and meanly clad
Would mystically pray for Bread,
Meaning by that an ample Store,
Yet lit'rally receiv'd no more;
And, whilst these holy Drudges starv'd,
Some lazy Ones, for which they serv'd,
Indulg'd their Ease, with all the Graces
22   Of Health and Plenty in their Faces. //

(C.) The Soldiers, that were forced to fight,
If they survived, got Honour by't;
Tho' some, that shunn'd the bloody Fray,

A colmeia ranzinza ou De canalhas a honestos

Para obter o favor do boticário,

E o elogio de parteiras, de padres e de todos

21 Que prestam serviços em nascimentos ou funerais; //

Para suportar a súcia tagarela

E ouvir as prescrições da tia de sua senhora,

Com um sorriso formal e um doce "como vai?",

Para adular toda a família;

E, o que era mais penoso,

Para aturar a impertinência das enfermeiras.

Entre os muitos sacerdotes de Júpiter,

Contratados para obter bênçãos dos céus,

Poucos eram doutos e eloquentes,

Embora milhares fossem fogosos e ignorantes:

Ainda que todos passassem por inspeção, desvelando

Sua preguiça, luxúria, avareza e orgulho;

Pelo que tinham tanta fama quanto os alfaiates

Por afanos ou os marinheiros por rum.

Alguns deles, franzinos e esfarrapados,

Misticamente imploravam em preces pelo pão,

Entendendo por isso farta despensa,

Ainda que, literalmente, não recebessem mais do que pediam.

E enquanto esses santos mourejos passavam fome,

Os indolentes, aos quais serviam,

Entregavam-se ao conforto, com todas as graças

22 Da saúde e da abundância estampadas em sua face. //

(*C.*) Os soldados, forçados a lutar,

Se sobrevivessem, conquistavam a honra;

Embora alguns, que evitavam as lutas sanguinárias,

A fábula das abelhas

Had Limbs shot off, that ran away:
Some valiant Gen'rals fought the Foe;
Others took Bribes to let them go:
Some ventur'd always, where 'twas warm;
Lost now a Leg, and then an Arm;
Till quite disabled, and put by,
They lived on half their Salary;
Whilst others never came in Play,
And staid at Home for Double Pay.

Their Kings were serv'd; but Knavishly
Cheated by their own Ministry;
Many, that for their Welfare slaved,
Robbing the very Crown they saved:
Pensions were small, and they lived high,
Yet boasted of their Honesty.
Calling, whene'er they strain'd their Right,
The slipp'ry Trick a Perquisite;
And, when Folks understood their Cant,
They chang'd that for Emolument;
Unwilling to be short, or plain,
In any thing concerning Gain:
(D.) *For there was not a Bee, but would*
Get more, I won't say, than he should; //
But than he dared to let them know,
(E.) *That pay'd for't; as your Gamesters do,*
That, tho' at fair Play, ne'er will own
Before the Losers what they've won.

But who can all their Frauds repeat!
The very Stuff, which in the Street

A colmeia ranzinza ou De canalhas a honestos

Decepavam seus membros para fugir.
Alguns valentes generais combatiam o inimigo;
Outros se deixavam subornar para deixá-los passar.
Uns aventureiros sempre estavam onde era mais arriscado,
Perdiam ora uma perna, ora um braço;
Até que, muito aleijados e postos na reserva,
Passavam a viver com metade do salário;
Enquanto outros, que nunca entravam no jogo,
Ficavam em casa recebendo em dobro.

Seus reis eram servidos, ainda que, velhacamente,
Fossem enganados por seu próprio ministério.
Muitos, escravos do seu bem-estar,
Roubavam a própria coroa que protegiam.
Pequenas eram as pensões, e viviam soberbamente,
Ainda que se gabassem de sua honestidade.
Chamando, sempre que abusavam de seu direito,
De "gratificação" essa tramoia obscena;
Quando o povo entendia o seu jargão,
Mudavam para "emolumento".
Relutantes em ser concisos e claros
Em tudo que concernisse ao seu ganho;
(*D.*) Pois não havia uma só abelha que não quisesse
Mais, não digo do que lhe fosse devido, //
Mas do que ousava deixar saber
(*E.*) Quem lhe tinha pago; como fazem os jogadores,
Que, mesmo jogando limpo, nunca ostentam
Diante dos perdedores o que ganharam.

Mas quem conseguiria repassar todas as suas fraudes?
Até o entulho, que nas ruas

A fábula das abelhas

They sold for Dirt t'enrich the Ground,
Was often by the Buyers sound
Sophisticated with a Quarter
Of Good-for-nothing, Stones and Mortar;
Tho' Flail had little Cause to mutter,
Who sold the other Salt for Butter.

Justice her self, famed for fair Dealing,
By Blindness had not lost her Feeling;
Her Left Hand, which the Scales should hold,
Had often dropt 'em, bribed with Gold;
And, tho' she seem'd impartial,
Where Punishment was corporal,
Pretended to a reg'lar Course,
In Murther, and all Crimes of Force;
Tho' some, first Pillory'd for Cheating,
Were hang'd in Hemp of their own beating;
Yet, it was thought, the Sword the bore
Check'd but the Desp'rate and the Poor; //
That, urg'd by mere Necessity,
Were tied up to the wretched Tree
For Crimes, which not deserv'd that Fate,
But to secure the Rich, and Great.

Thus every Part was full of Vice,
Yet the whole Mass a Paradice;
Flatter'd in Peace, and fear'd in Wars
They were th'Esteem of Foreigners,
And lavish of their Wealth and Lives,
The Ballance of all other Hives.

A colmeia ranzinza ou De canalhas a honestos

Vendiam como esterco para adubar o solo,
Era comum que aos compradores parecesse
Enriquecido com um quarto
De cascalho e argamassa que para nada serviam;
Mas intrujona não tinha muito do que reclamar,
Pois vendia sal pelo preço da manteiga.

Mesmo a justiça, famosa por sua equidade,
Não perdeu seu tato por ser cega;
Sua mão esquerda, que devia segurar a balança,
Muitas vezes deixava-a pender, subornada com ouro.
E ainda que parecesse imparcial,
Quando o castigo era corporal,
Fingia seguir um curso regular,
Nos casos de assassinato e crimes violentos;
Embora algumas, acusadas por trapaça, de início no pelourinho,
Eram enforcadas com a corda que as açoitou.
Acreditava-se, porém, que a espada que empunhava
Detinha apenas os pobres e desesperados, //
Que, incitados por mera necessidade,
Eram dependurados na árvore dos desditosos
Por crimes que não mereciam aquele destino,
Senão para proteger ricos e importantes.

Assim, cada parte estava cheia de vício,
O todo, porém, era um paraíso;
Aduladas na paz e temidas nas guerras,
Eram estimadas pelos estrangeiros.
Pródigas na riqueza e no modo como viviam,
Equilibravam todas as outras colmeias.

A fábula das abelhas

Such were the Blessings of that State;
Their Crimes conspired to make 'em Great;
(F.) And Vertue, who from Politicks
Had learn'd a Thousand cunning Tricks,
Was, by their happy Influence,
Made Friends with Vice: And ever since
(G.) The worst of all the Multitude
Did something for the common Good.

This was the State's Craft, that maintain'd
The Whole, of which each Part complain'd:
This, as in Musick Harmony,
25   *Made Jarrings in the Main agree; //*
(H.) Parties directly opposite
Assist each oth'r, as 'twere for Spight;
And Temp'rance with Sobriety
Serve Drunkenness and Gluttonny.

(I.) The Root of evil Avarice,
That damn'd ill-natur'd baneful Vice,
Was Slave to Prodigality,
(K.) That Noble Sin; (L.) whilst Luxury.
Employ'd a Million of the Poor,
(M.) And odious Pride a Million more
(N.) Envy it self, and Vanity
Were Ministers of Industry;
Their darling Folly, Fickleness
In Diet, Furniture, and Dress,
That strange, ridic'lous Vice, was made
The very Wheel, that turn'd the Trade.

A colmeia ranzinza ou De canalhas a honestos

Tais eram as benesses daquele Estado.
Seus crimes conspiravam para torná-las grandiosas:
(F.) E a virtude, que, com a política,
Aprendera milhares de truques ardilosos,
Foi, graças à feliz influência,
Tornando-se amiga do vício: desde aquele dia,
(G.) O pior tipo de toda a multidão
Para o bem comum contribuía.

Eis a arte do Estado que preservava
O todo, do qual cada parte se queixava:
Como a harmonia musical,
Fazia as dissonâncias concordarem no principal. //
(H.) Partes diametralmente opostas
Ajudavam-se mutuamente, como que por despeito;
E a temperança e a sobriedade
Serviam à embriaguez e à glutonaria.

(I.) A raiz de todos os males, a avareza,
Esse vício pernicioso, maldito e perverso,
Era escrava da prodigalidade,
(K.) Um nobre pecado; (L.) ao passo que o luxo
Empregava um milhão de pobres,
(M.) E o execrável orgulho, mais um milhão.
(N.) Mesmo a inveja e a vaidade
Eram ministras da indústria;
Suas queridas, a tolice e a inconstância,
Na alimentação, no mobiliário e na vestimenta,
Tornaram esse vício estranho e ridículo
A engrenagem mesma que movia o comércio.

A fábula das abelhas

Their Laws and Cloaths were equally
Objects of Mutability;
For, what was well done for a Time,
In half a Year became a Crime;
Yet whilst they alter'd thus their Laws,
Still finding and correcting Flaws,
They mended by Inconstancy
26   *Faults, which no Prudence could foresee. //*

Thus Vice nursed Ingenuity,
Which join'd with Time; and Industry
Had carry'd Life's Conveniencies,
(O.) *It's real Pleasures, Comforts, Ease,*
(P.) *To such a Height, the very Poor*
Lived better than the Rich before;
And nothing could be added more:

How vain is Mortals Happiness!
Had they but known the Bounds of Bliss;
And, that Perfection here below
Is more, than Gods can well bestow,
The grumbling Brutes had been content
With Ministers and Government.
But they, at every ill Success,
Like Creatures lost without Redress,
Cursed Politicians, Armies, Fleets;
Whilst every one cry'd, Damn the Cheats,
And would, tho' Conscious of his own,
27   *In Others barb'rously bear none. //*

A colmeia ranzinza ou De canalhas a honestos

Suas leis e roupas estavam igualmente
Sujeitas à mudança;
Pois o que num momento era certo,
Em seis meses se convertia em crime.
Mas, enquanto alteravam suas leis,
Sempre encontrando e corrigindo imperfeições,
Pela inconstância emendavam
Defeitos, que nenhuma prudência podia prever. //

Assim o vício cuidava do engenho,
Que se juntou ao tempo; e à indústria
Propiciava as conveniências da vida,
(O.) Os verdadeiros prazeres, confortos e comodidades,
(P.) A uma altura tal que mesmo os pobres
Viviam melhor do que os ricos de outrora,
E nada mais poderia ser acrescentado.

Como é vã a felicidade dos mortais!
Tivessem sabido dos limites da bem-aventurança,
E que a perfeição aqui na Terra
É mais do que os deuses podem bem conceder,
Esses animais ranzinzas teriam se contentado
Com seus ministros e governo.
Mas a cada insucesso,
Qual criaturas perdidas e irremediáveis,
Maldiziam seus políticos, exércitos e frotas;
Ao grito de "abaixo os impostores!",
Eram cientes de seu próprio logro,
Ainda que barbaramente não o suportassem nas outras. //

A fábula das abelhas

One, that had got a Princely Store,
By cheating Master, King, and Poor,
Dared cry aloud; The Land must sink
For all its Fraud; And whom d'ye think
The Sermonizing Rascal chid?
A Glover that sold Lamb for Kid.

The last Thing was not done amiss,
Or cross'd the Publick Business;
But all the Rogues cry'd brazenly,
Good Gods, had we but Honesty!
Merc'ry smiled at th'Impudence;
And Others call'd it want of Sence,
Always to rail at what they loved:
But Jove, with Indignation moved,
At last in Anger swore, he'd rid
The bawling Hive of Fraud, and did.
The very Moment it departs,
And Honsty fills all their Hearts;
There shews 'em, like the Instructive Tree,
Those Crimes, which they're ashamed to see?
Which now in Silence they confess,
By Blushing at their Uglyness;
Like Children, that would hide their Faults,
And by their Colour own their Thoughts; //
Imag'ning, when they're look'd upon,
That others see, what they have done.

But, Oh ye Gods! What Consternation,
How vast and sudden was the Alteration!

A colmeia ranzinza ou De canalhas a honestos

Um deles, que conseguira uma fortuna principesca,
Enganando seu mestre, seu rei, assim como os pobres,
Atrevia-se a bradar "esta nação se arruinará
Por todas as suas fraudes"; e quem, imaginem vocês,
O patife admoestador censurava?
Um luveiro que, em vez de pelica, vendia as de pele de cordeiro.

Não se admitia nada de errado,
Nem a menor interferência nos negócios públicos;
Os tratantes, porém, descaradamente esbravejavam
"Pelos deuses, tivéssemos ao menos honestidade!"
Mercúrio sorria face à impudência.
Outros chamavam de insensatez
Estar sempre a ralhar contra aquilo que amavam;
Mas Júpiter, tomado de indignação,
Por fim jurou, encolerizado, que livraria
A zunidora colmeia da fraude; e assim o fez.
Nesse mesmo instante ela desapareceu,
E a honestidade encheu seus corações;
Foi-lhes mostrado, qual a árvore da sabedoria,
Os crimes que tinham vergonha de ver,
E que agora em silêncio confessam,
Ruborizando-se com sua feiura;
Como crianças que gostariam de esconder suas faltas,
Mas que pela cor traem seus pensamentos, //
Imaginando, quando são olhadas,
Que os demais veem o que fizeram.

Mas, pelos deuses! Que consternação,
Que imensa e súbita alteração!

A fábula das abelhas

In half an Hour, the Nation round,
Meat fell a Penny in the Pound.
The Mask Hypocrisie's flung down,
From the great Statesman to the Clown:
And some, in borrow'd Looks well known,
Appear'd like Strangers in their own.
The Bar was silent from that Day;
For now the willing Debtors pay,
Even what's by Creditors forgot;
Who quitted them, who had it not.
Those, that were in the Wrong, stood mute,
And dropt the patch'd vexatious Suit.
On which, since nothing less can thrive,
Than Lawyers in an honest Hive,
All, except those, that got enough,
With Ink-horns by their Sides trooped off.

Justice hang'd some, set others free;
And, after Goal-delivery,
Her Presence be'ng no more requier'd,
With all her Train, and Pomp retir'd. //
First marched 'some Smiths, with Locks and Grates,
Fetters, and Doors with Iron-Plates;
Next Goalers, Turnkeys, and Assistants:
Before the Goddess, at some distance,
Her cheif and faithful Minister
Squire Catch, the Laws great Finisher,
Bore not th'imaginary Sword,
But his own Tools, an Ax and Cord;

A colmeia ranzinza ou De canalhas a honestos

Em meia hora, ao longo de toda a nação,
A carne baixou um centavo de libra.
A máscara da hipocrisia, de grandes
Estadistas a palhaços, caiu por terra.
Algumas, de conhecido semblante tomado de empréstimo,
Pareciam estranhas ao serem elas mesmas.
Os tribunais ficaram em silêncio dali em diante,
Pois agora as devedoras de bom grado pagam
Mesmo o que suas credoras esqueceram,
Que, por sua vez, quitavam a das que não podiam pagar.
As equivocadas se emudeceram,
Desistindo de vexatórios processos remendados;
Nada podia prosperar menos
Que advogadas numa colmeia honesta;
Todas, exceto as que ganharam bastante,
Com seus tinteiros de chifre, bateram em retirada.

A justiça enforcou umas e pôs outras em liberdade;
E após livrar-se do cárcere,
Não sendo mais necessária sua presença,
Com seu cortejo e pompa se retirou. //
Na frente, marchavam alguns ferreiros, com seus cadeados e
grades,

Algemas e portões com chapas de ferro;
Em seguida, carcereiros, guardas e auxiliares;
À frente da deusa, mantendo alguma distância,
Seu principal e fiel ministro,
Ilustríssimo Dom Algoz, grande executor da lei,
Já não portava a espada imaginária,
Mas sim as ferramentas que lhe eram próprias, o machado e
a corda;

A fábula das abelhas

Then on a Cloud the Hood-wink'd fair
Justice her self was push'd by Air:
About her Chariot, and behind,
Were Sergeants, 'Bums of every kind,
Tip-Staffs, and all those Officers,
That squeese a Living out of Tears.

Tho' Physick liv'd, whilst Folks were ill,
None would prescribe, but Bees of Skill;
Which, through the Hive dispers'd so wide,
That none of 'em had need to ride,
Waved vain Disputes; and strove to free
30   The Patients of their Misery; //
Left Drugs in cheating Countries grown,
And used the Product of their own,
Knowing the Gods sent no Disease
To Nations without remedies.

Their Clergy rouz'd from Laziness,
Laid not their Charge on Journey-Bees;
But serv'd themselves, exempt from Vice,
The Gods with Pray'r and Sacrifice;
All those, that were unfit, or knew,
Their Service might be spared, withdrew;
Nor was their Business for so many,
(If th'Honest stand in need of any.)
Few only with the High-Priest staid,
To whom the rest Obedience paid:
Himself, employ'd in holy Cares;
Resign'd to others State Affairs:

A colmeia ranzinza ou De canalhas a honestos

E então, sobre uma nuvem, a formosa de olhos vendados,
A justiça em pessoa voando pelos ares;
Em volta de sua carruagem e atrás,
Seguiam sargentos, meirinhos de todo tipo,
Oficiais de justiça e todos esses funcionários
Que vivem de espremer as lágrimas dos outros.

Embora a medicina perdurasse, enquanto doentes houvesse,
Só as abelhas peritas receitavam,
Que de tal forma abundavam em toda a colmeia,
Que nenhuma delas precisava viajar;
Afastavam-se de vãs disputas e se esforçavam para livrar
Os pacientes de seu sofrimento; //
Deixavam remédios de países trapaceiros se acumularem,
E usavam seus próprios produtos;
Pois sabiam que os deuses não mandam doença
Para nações irremediáveis.

O clero, despertado de seu torpor,
Não depositava sua incumbência sobre as abelhas vigárias;
Mas se dedicava, ele mesmo, isento do vício,
Aos deuses com preces e sacrifícios.
Todas as inaptas, ou que sabiam
Que seus serviços podiam ser dispensados, retiraram-se.
Nem havia ocupação para tantas
(Supondo-se que as honestas tinham necessidade de alguma),
Apenas umas poucas restaram junto do Sumo Pontífice,
Ao qual as demais prestavam obediência.
Ele próprio, ocupado com cuidados sagrados,
Deixou a outras os negócios do Estado.

A fábula das abelhas

He chased no Starv'ling from his Door,
Nor pinch'd the Wages of the Poor:
But at his House the Hungry's fed,
The Hireling finds unmeasur'd Bread,
The needy Trav'ler Board and Bed. //

Among the King's great Ministers,
And all th'inferiour Officers
The Change was great; (Q.) for frugally
They now lived on their Salary.
That a poor Bee should Ten times come
To ask his Due, a trifling Sum,
And by some well hir'd Clerk be made,
To give a Crown, or ne'er be paid;
Would now be called a down-right Cheat,
Tho' formerly a Perquisite.
All Places; managed first by Three,
Who watch'd each other's Knavery,
And often for a Fellow-feeling,
Promoted, one anothers Stealing,
Are happily supply'd by one;
By which some Thousands more are gone.

(R.) No Honour now could be content,
To live, and owe for what was spent.
Liveries in Brokers Shops are hung,
They part with Coaches for a Song;
Sell Stately Horses by whole Sets;
And Country Houses to pay Debts. //

A colmeia ranzinza ou De canalhas a honestos

Não afugentava nenhum faminto de sua porta,
Nem extorquia o salário de pobres;
Pois em sua casa as esfomeadas se alimentavam,
As mercenárias encontravam pão aos montes,
A viajante necessitada, comida e cama. //

31

Entre as grandes ministras do rei,
E todas as funcionárias menores,
A mudança foi grande; (*Q.*) pois frugalmente
Viviam agora de seu salário.
Se uma abelha pobre que precisasse vir dez vezes
Para pedir uma quantia insignificante que lhe era devida,
E por uma escriturária bem paga fosse forçada
A molhar sua mão, ou então nunca seria reembolsada,
Isso seria agora considerado uma trapaça deslavada,
Em vez de "gratificação" como antes conhecida.
Todas as atribuições antes controladas por três,
As quais vigiavam a patifaria umas das outras,
E que muitas vezes, por camaradagem,
Entre si os roubos promoviam,
São afortunadamente desempenhadas por uma só,
Pelo que mais milhares delas se foram.

(*R.*) Ninguém honrado podia agora se dar por satisfeito,
Ao viver devendo aquilo que comprou.
Librés acumulam-se nas lojas de penhor,
Desfazem-se de carroças por uma merreca;
Vendem parelhas completas de cavalos esplendorosos;
E casas de campo para pagar dívidas. //

32

A fábula das abelhas

Vain Cost is shunn'd as much as Fraud;
They have no forces kept Abroad;
Laugh at the Esteem of Foreigners,
And empty Glory got by Wars;
They fight but for their Country's Sake,
When Right or Liberty's at Stake.

Now mind the glorious Hive, and see,
How Honesty and Trade agree:
The Shew is gone, it thins apace;
And looks with quite another Face,
For 'twas not only that they went,
By whom vast Sums were Yearly spent;
But Multitudes, that lived on them,
Were daily forc'd to do the same.
In vain to other Trades they'd fly;
All were o're-stocked accordingly.

The Price of Land, and Houses falls
Mirac'lous Palaces, whose Walls,
Like those of Thebes, *were raised by Play,*
Are to be let; whilst the once gay, //
Well-seated Houshould Gods would be
More pleased t'expire in Flames, than see;
The mean Inscription on the Door
Smile at the lofty Ones they bore.
The Building Trace is quite destroy'd,
Artificers are not employ'd;
(S.) No Limner for his Art is famed;
Stone-cutters, Garvers are not named.

33

40

A colmeia ranzinza ou De canalhas a honestos

Fogem de despesas inúteis, qual de uma fraude;
Não mantêm exércitos no estrangeiro;
Riem da estima de outros povos,
E da vanglória alcançada por guerras;
Lutam apenas pelo bem de seu próprio país,
Quando o direito ou a liberdade estão em jogo.

Vejam agora a gloriosa colmeia e percebam
Como a honestidade e o comércio se combinam.
O espetáculo acabou, depressa minguou,
Mostrando-se agora muito diverso.
Pois não apenas partiram as
Que gastavam muito anualmente,
Mas multidões, que delas dependiam,
Foram diariamente forçadas a fazer o mesmo.
Em vão galgavam outros ofícios,
Todas as vagas estão abarrotadas.

O preço da terra e das casas despencou;
Palácios magníficos, cujos muros,
Como os de Tebas, foram erguidos com galhardia,
Agora são arrendados; os penates, //
Outrora pomposos e bem posicionados, prefeririam
Ser consumidos em chamas do que ver
A pobre inscrição esculpida na porta
Que ora zombava da imponência ostentada.
A arte da construção está toda arruinada;
Artesãs não encontram mais trabalho.
(*S.*) Nenhuma retratista se afama por sua arte,
Escultoras e entalhadoras não adquirem renome.

A fábula das abelhas

Those, that remain'd, grown temp'rate, strive,
So how to spend; but how to live;
And, when they paid the Tavern Score,
Resolv'd to enter it no more:
No Vintners Jilt in all the Hive
Could wear now Cloth of Gold and thrive;
Nor Torcol; *such vast sums advance,*
For Burgundy *and* Ortelans;
The Courtier's gone, that with his Miss
Supp'd at his House on Christmass *Peas;*
Spending as much in two Hours stay,
As keeps a Troop of Horse a Day.

The Haughty Chloe; *to live Great,*
34 *Had made her* (T.) *Husband rob the State:* //
But now she sells her Furniture,
Which the Indies *had been ransack'd for;*
Contracts the expensive Bill of Fare,
And wears her strong Suit a whole Year:
The slight and fickle Age is past;
And Cloaths, as wel as Fashions last.
Weavers that ioyn'd rich Silk with Plate,
And all the Trades subordinate,
Are gone. Still Peace and Plenty reign,
And every thing is cheap, tho' plain;

A colmeia ranzinza ou De canalhas a honestos

Moderaram-se as que permaneceram, esforçam-se,
Não para gastar mais, mas para conseguir viver,
E, quando pagam sua conta na taverna,
Decidem nunca mais lá voltar.
Em toda a colmeia nenhuma dama de cabaré
Pôde mais vestir-se com tecidos em ouro, para se medrar.
Nenhuma soma vultosa adianta um *torcicolo*,
Um *borgonha* ou *sombrias*.[1]
Foi-se a cortesã que, com seu amante,
Jantava na taverna qual numa ceia de *Natal*,
Gastando, nas duas horas em que lá permaneciam,
Aquilo que num dia se gasta com uma tropa de cavalaria.

A altiva Cloé, para viver majestosamente,
34 Havia feito seu (*T.*) marido roubar o Estado, //
Mas agora ela vende sua mobília,
Que tinha sido saqueada nas Índias.
Reduziu seu menu dispendioso,
E traja um vestido grosseiro o ano todo;
Foi-se a época fútil e de caprichos;
E as roupas, bem como as modas, duram.
Tecelãs, que em ricas sedas faziam brocados,
E todos os ofícios subordinados
Partiram. Contudo, a paz e a abundância reinam,
E tudo é barato, ainda que simples.

---

1 No original, respectivamente: *torcol*, *burgundy* e *ortelans*. Trata-se de
iguarias. O torcicolo (*torcol*) e a sombria (*ortelan*) são aves hoje em
dia quase extintas, usadas em pratos requintados. Assim como o
vinho Borgonha (*burgundy*) sempre foi muito procurado. (N. T.)

A fábula das abelhas

Kind Nature, free from Gard'ners Force,
Allows all Fruits in her own Course;
But Rarities cannot be had,
Where Pains to get 'em are not paid.

As Pride and Luxury decrease,
So by degrees they leave the Seas,
Not Merchants now; but Companies
Remove whole Manufacturies.
All Arts and Crafts neglected lie;
(V.) Content the Bane of Industry, //
Makes 'em admire their homely Store,
And neither seek, nor covet more.

So few in the vast Hive remain;
The Hundredth part they can't maintain
Against th'Insults of numerous Foes;
Whom yet they valiantly oppose;
Till some well-fenced Retreat is found;
And here they die, or stand their Ground,
No Hireling in their Armies known;
But bravely fighting for their own;
Their Courage and Integrity
At last were crown'd with Victory.
They triumph'd not without their Cost,
For many Thousand Bees were lost.
Hard'ned with Toils, and Exercise
They counted Ease it self a Vice;
Which so improv'd their Temperance,
That to avoid Extravagance,

35

44

A colmeia ranzinza ou De canalhas a honestos

A doce natureza, livre da força das jardineiras,
Concede todos os frutos seguindo seu próprio curso,
Mas, não há mais iguarias,
Uma vez que os esforços não são mais pagos.

Como o orgulho e o luxo diminuíram,
Aos poucos foram abandonando os mares.
Não apenas negociantes, mas companhias inteiras
Deixaram de abastecer as indústrias.
Todas as artes e ofícios foram postos de lado;
35 (*V.*) O contentamento, ruína da indústria, //
Fê-las admirarem suas reservas domésticas,
E não mais correrem atrás nem cobiçarem.

Assim, poucas permaneceram na vasta colmeia,
Não conseguem preservar-se nem da centésima parte
Das investidas de inúmeros inimigos;
Aos quais valentemente resistem:
Até que encontrem algum abrigo protegido,
E lá morram ou finquem pé.
Não havia mercenários em seu exército;
Mas, bravamente lutando sem qualquer ajuda,
Sua coragem e integridade
Foram por fim coroadas com a vitória.
Elas triunfaram, mas não sem custo,
Pois milhares de abelhas foram mortas.
Calejadas de fadigas e exercício,
Consideraram o conforto um vício;
O que fez muito bem à sua temperança;
E, para evitar extravagâncias,

A fábula das abelhas

They flew into a hollow tree,
Blest with content and Honesty.

36

// The Moral

Then leave Complaints: Fools only strive
(X.) To make a Great an honest Hive.
(Y.) T'enjoy the World's Conveniencies,
Be famed in War, yet live in Ease
Without great Vices, is a vain
Eutopia seated in the Brain.
Fraud, Luxury, and Pride must live;
Whilst we the Benefits receive.
Hunger's a dreadful Plague no doubt,
Yet who digests or thrives without?
Do we not owe the Growth of Wine
To the dry, crooked, shabby Vine?
Which, whist its shutes neglected stood,
Choak'd other Plants, and ran to Wood;
But blest us with his Noble Fruit;

37

As soon as it was tied, and cut: //
So Vice is beneficial found,
When it's by Justice lopt and bound;
Nay, where the People would be great,
As necessary to the State,
At Hunger is to make 'em eat.
Bare Vertue can't make Nations live
In Splendour; they, that would revive
A Golden Age, must be as free
For Acorns, as for Honesty.

A colmeia ranzinza ou De canalhas a honestos

Para uma árvore oca se evadiram,
Agraciadas por contentamento e honestidade.

// Moral

Deixem então de se lamentar: apenas os tolos se esforçam
(*X*.) Para tornar honesta uma grande colmeia.
(*Y*.) Para gozar das comodidades do mundo,
Afamar-se na guerra e viver no conforto,
Sem grandes vícios, é uma vã
Utopia, inculcada no cérebro.
A fraude, o luxo e o orgulho devem viver,
Enquanto usufruímos dos benefícios.
A fome é um flagelo terrível, não resta dúvida,
Mas quem sem ela se alimenta e cresce?
Porventura não devemos o vinho abundante
À vinha seca, bruta e retorcida?
A qual, quando seus brotos são ignorados,
Estrangula outras plantas, que produzirão madeira;
Mas ela nos agracia com seu nobre fruto
Tão logo seja amarrada e podada: //
Assim o vício torna-se benefício,
Quando aparado e limitado pela justiça;
Ora, quando um povo quer engrandecer,
O vício é tão necessário ao Estado,
Quanto a fome que nos faz comer.
A virtude sozinha não pode fazer as nações viverem
Em esplendor; os que querem reviver
A idade de ouro devem se libertar
Das bolotas de carvalho, assim como da honestidade.

47

// *Introdução*

Uma das grandes razões pelas quais tão poucas pessoas compreendem a si mesmas é que a maioria dos escritores está sempre ensinando aos homens aquilo que deveriam ser e raramente se preocupam em dizer aquilo que eles realmente são. De minha parte, sem nenhum elogio ao meu leitor cordial, ou a mim mesmo, acredito que o homem (além de sua pele, carne, ossos etc., que se apresentam de modo óbvio à visão) é um composto de várias paixões; e que todas elas, conforme são excitadas e se tornam predominantes, governam-no alternadamente, queira ele ou não. // Mostrar que essas qualidades, das quais fingimos nos envergonhar, são o grande arrimo de uma sociedade próspera foi o tema do poema precedente. Mas, como há algumas passagens nele aparentemente paradoxais, prometi no prefácio algumas observações esclarecedoras a seu respeito, as quais, para torná-las mais úteis, pareceu-me adequado investigar como o homem, desprovido de melhor qualidade, pode, ainda assim, pelas suas próprias imperfeições, aprender a distinguir a virtude do vício. Meu desejo aqui é que o leitor, de uma vez por todas, perceba que quando me refiro

A fábula das abelhas

a homens não falo de judeus nem de cristãos, mas de meros homens no estado de natureza e de ignorância da verdadeira
41 deidade. //

// *Uma investigação sobre a origem da virtude moral*

Todos os animais não domesticados buscam apenas se satisfazer, e naturalmente seguem a tendência de suas inclinações, sem considerar o bem ou o mal que sua satisfação acarretará a outros. Essa é a razão pela qual, no estado selvagem de natureza, as criaturas mais aptas a viver pacificamente reunidas em grande número são as que mostram o mínimo de raciocínio e têm poucos apetites a saciar; consequentemente, nenhuma espécie de animal é, sem o freio do governo, menos apta a concordar durante muito tempo reunida em multidão do que a humana; ainda assim, suas qualidades, boas ou más, o que não vou determinar, são tais que, nenhuma criatura, além do homem, pode se tornar sociável; mas, sendo este // um extraordinário animal egoísta e obstinado, bem como astuto, por mais que possa ser subjugado por um poder superior, é impossível, apenas pela força, torná-lo tratável e fazê-lo receber os aperfeiçoamentos a que está apto.

A principal coisa, portanto, na qual se empenharam legisladores e outros homens sábios, que trabalharam pela instituição da sociedade, foi convencer o povo que deviam governar de que

A fábula das abelhas

era mais benéfico para todos dominar do que se entregar a seus apetites, e muito mais apropriado cuidar do interesse público do que daquilo que lhes parece ser seu interesse privado. Como essa sempre foi uma tarefa muito difícil, nenhum engenho ou eloquência foi poupada para alcançá-la; moralistas e filósofos de todas as épocas empregaram todo seu talento para provar a verdade de tão útil asseveração. Mas, tenha ou não a humanidade acreditado nisso, é pouco provável que alguém possa tê-la persuadido a desaprovar suas inclinações naturais ou a preferir o bem dos outros a seu próprio se, ao mesmo tempo, não lhe tivesse sido ofertado algo equivalente a ser desfrutado como recompensa pela violência que teria de cometer contra si. Aqueles que se puseram a civilizar a humanidade não ignoraram isso; mas, não conseguindo oferecer tantas recompensas verdadeiras, tal que satisfizessem todas as pessoas em cada ação particular, viram-se forçados a tramar uma recompensa imaginária que servisse em todas as ocasiões, como um equivalente geral pelo transtorno que tal abnegação lhes acarretaria, nada custando a eles nem a ninguém, e que fosse a mais aceita por seus destinatários.

Eles cuidadosamente examinaram todas as forças e fragilidades de nossa natureza e, observando que ninguém é tão selvagem a ponto de não se encantar com um elogio, nem tão baixo a ponto de pacientemente suportar o desprezo, concluíram acertadamente que a lisonja deve ser o mais poderoso // argumento a ser usado com criaturas humanas. Ao se valer desse fascinante dispositivo, exaltaram a excelência de nossa natureza acima de todos os outros animais e, enaltecendo com infindáveis elogios as maravilhas de nossa sagacidade e a vastidão de nossa inteligência, atribuíram mil encômios à racionalidade de

Uma investigação sobre a origem da virtude moral

nossa alma, com a ajuda da qual seríamos capazes de realizar as mais nobres conquistas. Depois de terem penetrado, por meio dessa forma astuta de bajulação, no coração dos homens, começaram a instruí-los nas noções de honra e vergonha; representando esta como o pior de todos os males e aquela como o bem mais elevado a que os mortais poderiam aspirar; feito isso, mostraram-lhes quão impróprio seria à dignidade de criaturas tão sublimes atender à solicitação daqueles apetites que têm em comum com os animais e, ao mesmo tempo, negligenciar aquelas qualidades superiores que lhes deram proeminência sobre todos os seres visíveis. Admitiram, de fato, que esses impulsos naturais eram muito intensos, que era penoso resistir a eles e, mais difícil ainda, subjugá-los. Mas isso serviu apenas para demonstrar, por um lado, quão glorioso seria conquistá-los e, por outro, quão escandaloso seria não o fazer.

Além disso, a fim de introduzir a emulação entre os homens, dividiram a espécie em duas classes muito diferentes uma da outra. A primeira consistia de pessoas abjetas, execráveis, que, sempre correndo atrás de um prazer imediato, seriam completamente incapazes de abnegação, sem nenhuma consideração pelo bem dos outros e nenhum objetivo mais elevado que seu próprio benefício; como escravos da volúpia, rendiam-se sem nenhuma resistência a todo desejo grosseiro e não se serviam de suas faculdades racionais senão para aumentar seu prazer sensual. Esses desgraçados rasteiros, disseram os sábios, são a escória de sua espécie // e não diferem dos animais senão em seu aspecto exterior. A outra classe, porém, era constituída de criaturas imponentes e altivas que, livres do egoísmo sórdido, estimavam os progressos da mente como a sua mais bela aquisição; e, estabelecendo um justo valor para si, não tinham

A fábula das abelhas

prazer senão em embelezar aquela parte em que consistia sua excelência; tomados de desprezo por tudo o que tinham em comum com as criaturas irracionais, opunham-se, com a ajuda da razão, a suas inclinações mais violentas; declarando guerra permanente a si mesmas, para promover a paz dos outros, almejavam nada menos que o bem-estar público e o domínio de suas próprias paixões.

Fortior est qui se quam qui fortissima vincit
Moenia[1]

Estes últimos eram chamados de verdadeiros representantes de sua sublime espécie, excedendo em importância aquela primeira classe em mais graus do que esta em relação aos animais do campo.

Assim como ocorre com todos os animais que não sejam tão imperfeitos a ponto de não revelar orgulho, verificamos que os melhores, os mais belos e valorosos de sua espécie o possuem no mais alto grau; também no homem, o mais perfeito dos animais, o orgulho é tão inseparável de sua essência (por mais que alguns, astuciosamente, aprendam // a escondê-lo ou disfarçá-lo) que, sem ele, o composto do qual é feito ficaria sem um dos seus principais ingredientes. Isso posto, dificilmente se duvidará que, disseminados numa multidão, ensinamentos e admoestações como os que acabo de mencionar, tão habilmente adaptados à boa opinião que o homem tem de si próprio,

---

1 Citação em latim no original: "Aquele que vence a si mesmo é mais forte do que aquele que conquista as mais impávidas muralhas" (Provérbios, XVI, 32). (N. T.)

Uma investigação sobre a origem da virtude moral

não só conquistariam o assentimento especulativo da maioria, como também induziriam muitos, especialmente os mais intrépidos, os mais resolutos e os melhores, a enfrentar mil inconveniências e privações para ter o prazer de se incluir entre os homens daquela segunda classe, apropriando-se, por conseguinte, de todas as excelências de que tenham ouvido falar.

Pelo que foi dito, seria razoável esperar, em primeiro lugar, que os heróis que tanto suportaram dores extraordinárias, a fim de controlar alguns de seus apetites naturais, e que preferiram o bem dos outros a qualquer interesse visível de si próprio, não cederiam um centímetro das belas noções que receberam sobre a dignidade das criaturas racionais; e, contando sempre com a autoridade do governo a seu favor, ostentariam, com todo o vigor imaginável, a estima de que são merecedores os pertencentes à segunda classe, bem como a sua superioridade sobre o restante da espécie. Em segundo lugar, que aqueles aos quais faltou uma reserva suficiente de orgulho ou resolução que os encorajasse a mortificar o que lhes era mais precioso, e que seguem os ditames sensuais da natureza, ainda assim teriam vergonha de confessar serem os miseráveis desprezíveis pertencentes à classe inferior, vistos, em geral, como pouco afastados dos animais; nesse sentido, em sua própria defesa, esconderiam como pudessem suas imperfeições e alegariam, como outros o fizeram, que exaltam a abnegação e o espírito público como qualquer outro. Pois é muito provável que alguns deles, convencidos por provas manifestas da força moral e do autocontrole, // admirassem nos outros o que percebiam que lhes faltava; e que outros se intimidassem com a resolução e proeza daqueles da segunda classe, assim como com o fato de todos estes reverenciarem o poder de seus governantes; do

A fábula das abelhas

que se segue que é razoável pensar que nenhum deles (pensem o que quiser) ousaria contradizer abertamente aquilo de que todos consideram criminoso duvidar.

47 Tal foi (ou ao menos poderia ter sido) a maneira pela qual o homem selvagem foi domado; por isso, é // evidente que os primeiros rudimentos da moral, encetados por hábeis políticos com vista a tornar os homens úteis, bem como dóceis, uns aos outros, foram especialmente tramados para atender à ambição daqueles que poderiam colher o benefício da vasta maioria e governá-la com maior facilidade e segurança. Uma vez firmada essa fundação da política, era impossível que o homem permanecesse por muito tempo incivilizado. Pois mesmo aqueles que se esforçam apenas para satisfazer seus apetites, sendo continuamente estorvados pelos de mesma índole, não poderiam deixar de perceber que, sempre que freassem suas inclinações ou apenas as seguissem com mais circunspecção, evitariam um mundo de transtornos e com frequência escapariam de muitas das calamidades que geralmente acometem a mui ávida busca de prazer.

48 Primeiramente, eles, assim como outros, experimentaram o benefício das // ações feitas em nome do bem de toda a sociedade e, consequentemente, não poderiam deixar de desejar o bem daqueles da classe superior que as realizaram. Em segundo lugar, quanto mais arduamente se punham a buscar sua própria vantagem, sem nenhuma consideração pelos outros, mais se convenciam de que ninguém se punha mais em seu caminho do que os que mais se lhes assemelhavam.

Sendo do interesse dos piores dentre eles, mais do que de quem quer que fosse, recomendar o espírito público, de modo a colher os frutos do trabalho e da abnegação dos outros, e

Uma investigação sobre a origem da virtude moral

ao mesmo tempo se entregar a seus próprios apetites com o mínimo de perturbação, concordaram com todos os demais a chamar de VÍCIO tudo aquilo que, sem nenhuma consideração pelo público, o homem cometesse a fim de satisfazer qualquer de seus apetites; quando em tal ação pudesse ser observado o menor indício de que ela poderia causar um mal a algum membro da sociedade, ou mesmo torná-lo menos útil aos outros; e em dar o nome de VIRTUDE a cada realização por meio da qual o homem, contrariando os impulsos da natureza, se esforçasse para o benefício dos outros, ou para a conquista de

49 suas próprias // paixões mediante uma ambição racional de se tornar bom.

50 Ao que se pode objetar que nunca houve uma sociedade // que de algum modo tenha se civilizado sem que antes a maioria tivesse concordado com alguma forma de adoração a um poder supremo, e que, consequentemente, as noções de bem e mal, bem como a distinção entre vício e virtude, jamais foram tramadas por políticos, mas são puro efeito da religião. Antes de responder a essa objeção, devo repetir o que já disse, a saber, que nesta "Investigação sobre a origem da virtude moral", não falo de judeus nem de cristãos, mas simplesmente do homem em estado de natureza e ignorante da verdadeira deidade. Isso posto, afirmo que as superstições idólatras de todas as outras nações, bem como as noções deploráveis que têm acerca do ser supremo, eram incapazes de incitar os homens à virtude e ao bem senão em sinal de reverência e para divertir uma multidão rude e ignara. É evidente, conforme mostra a história, que em todas as sociedades consideráveis, por mais estúpidas e ridículas que tenham sido as noções que um povo tenha recebido acerca da divindade que adorava, a natureza humana

A fábula das abelhas

nunca deixou de se mostrar em todos os seus aspectos, e que não há sabedoria ou virtude moral terrena em que os homens não tenham em um ou outro momento se destacado em qualquer monarquia e república que se fizeram célebres por sua riqueza e poder.

Os egípcios, não satisfeitos de ter deificado todos os monstros medonhos que puderam imaginar, foram tão imbecis que chegaram a adorar as cebolas que eles próprios tinham semeado; e, no entanto, seu país, ao mesmo tempo, foi o berço mais famoso das artes e ciências em todo o mundo, sendo eles próprios os mais eminentemente talentosos nos mais profundos mistérios da natureza entre todas as nações desde então.

Nenhum Estado ou reino sob o céu forneceu mais pujantes padrões em todos os tipos de virtudes morais do que os impérios grego e romano, sobretudo este último. Ainda assim, não eram vazios, absurdos e ridículos os sentimentos que nutriam a respeito de assuntos sagrados? Pois // mesmo sem refletir sobre a quantidade extravagante de seus deuses, quando consideramos apenas as estórias infames que conceberam com base neles, não se pode negar que sua religião, longe de ensinar os homens a dominar suas paixões, bem como seguir o caminho da virtude, parecia antes forjada para justificar seus apetites e encorajar seus vícios. Mas, se quisermos saber o que os fez exceder em força, coragem e magnanimidade, devemos nos voltar para a pompa de seus triunfos, a magnificência de seus monumentos e arcos; seus troféus, estátuas e inscrições; a variedade de suas coroas militares, as honras que prestavam aos mortos, os encômios públicos dedicados aos vivos, entre outras recompensas imaginárias que conferiam aos homens de mérito; e veremos que o que levou muitos deles até o grau

Uma investigação sobre a origem da virtude moral

mais elevado de abnegação não foi senão sua habilidade política de fazer uso dos meios mais eficazes pelos quais o orgulho humano é bajulado.

É nítido, então, que não foi uma religião pagã ou outra superstição idólatra que, primeiramente, dispôs o homem a controlar seus apetites e subjugar suas inclinações, mas sim a conduta hábil de políticos cautelosos. E quanto mais de perto examinarmos a natureza humana, mais estaremos convencidos de que as virtudes morais são a prole política que a bajulação engendra no orgulho.

Não há homem, por mais capaz ou inteligente que seja, completamente à prova do encantamento da bajulação se esta **52** é engenhosamente realizada e ajustada às suas // habilidades. Crianças e tolos ficam tocados com elogios pessoais, mas os mais espertos devem ser tratados com maior circunspecção. E quanto mais geral a bajulação, menor a suspeita que desperta naqueles a quem ela se dirige. O que você diz em louvor a uma cidade inteira é recebido com prazer por todos os habitantes. Fale em homenagem às letras em geral, e todo homem culto se sentirá particularmente obsequioso em relação a você. Sem nenhum receio, você pode elogiar a profissão de um homem, ou o país no qual ele nasceu, porque você lhe dá a oportunidade de ocultar a alegria que pessoalmente sente sob a estima que finge ter por outros.

É comum entre os espertos, que conhecem o poder que a bajulação tem sobre o orgulho, quando receiam ser enganados, aumentar, mesmo que muito contra sua consciência, a honra, a honestidade e a integridade da família, do país, ou por vezes da profissão daquele de quem suspeita; porque sabem que os homens frequentemente mudam suas resoluções e agem contra

A fábula das abelhas

suas inclinações para ter o prazer de continuar parecendo, na opinião de alguns, aquilo que sabem que não são na realidade. Assim, os moralistas sagazes pintam os homens como anjos, na esperança de o orgulho, ao menos de alguns deles, mobilizá-los a imitar os belos originais com que são representados.

Quando o incomparável cavalheiro Richard Steele, com a **53** // costumeira elegância de seu estilo fácil, põe-se a falar exageradamente dos méritos da sublime espécie à qual pertence; e expõe, com todos os embelezamentos da retórica, a excelência da natureza humana; é impossível não se deixar fascinar pelas felizes inflexões de seu pensamento e a polidez de suas expressões. Mas, embora frequentemente eu tenha sido tocado pela força de sua eloquência, e me disposto a engolir com gosto essa sofistaria engenhosa, ainda assim, nunca cheguei a levá-lo tão a sério; ao refletir sobre seus encômios artificiosos, pensei nas artimanhas que as mulheres empregam para ensinar as crianças a ser bem-educadas. Quando uma menininha desajeitada, antes mesmo de falar ou andar, começa, após muitos apelos, a realizar suas primeiras tentativas toscas de mesura, a ama entra num êxtase de louvor: "Eis uma delicada mesura! Oh, que senhorita mais fina! Que bela dama! Mamãe, venha ver: ela pode fazer uma mesura melhor que sua irmã Molly". As donzelas fazem coro, enquanto a mãe, ao abraçá-la, quase deixa a filha em pedaços; apenas a senhorita Molly, quatro anos mais velha, que sabe como fazer uma bela mesura, impressiona-se com a perversidade do juízo dessas pessoas; tomada de indignação, está pronta para protestar contra a injustiça que lhe foi feita; quando, então, sussurram em seu ouvido, que aquilo é só para agradar a criança, e que ela já é uma mulher; ela fica orgulhosa por participar de um segredo; e regozijando-se da superioridade

Uma investigação sobre a origem da virtude moral

de sua inteligência, repete o que lhe foi dito com generosos acréscimos, despreza a fraqueza de sua irmã que imagina, durante todo o tempo, ser, das duas, a única ingênua. Esses elogios extravagantes pareceriam a qualquer um, com mais capacidade que uma criança, bajulações infames, ou, se preferir, mentiras abomináveis; contudo, a experiência nos ensina que, com a ajuda desses encômios grosseiros, as jovens damas aprenderão a fazer // mesuras elegantes e a se comportar bem cedo de modo próprio às mulheres, com menos dificuldade que teriam sem tais ajudas. Com os meninos acontece o mesmo; esforçam-se para persuadi-los de que um elegante cavalheiro faz aquilo que lhe é pedido; e que apenas as crianças de rua são rudes ou vivem encardidas. Mas não só isso; tão logo o selvagem pirralho começa, com seu punho incivil, a manusear desajeitadamente o chapéu, a mãe, para fazer com que o tire, antes mesmo de ele ter dois anos, assegura-o de que já é um homem. Se repete tal gesto quando ela lhe pede, de imediato transforma-se em um capitão, um alcaide, um rei, ou algo superior em que ela talvez pense; até que, instigado pela força do elogio, o pequeno diabrete se esforça ao máximo para imitar um homem já constituído, e mobiliza todas as suas faculdades para se parecer com aquilo que sua pobre cachola o faz crer que seja.

O desgraçado mais desprezível tem sobre sua pessoa um valor inestimável, e o mais soberbo desejo do homem ambicioso é que o mundo inteiro, em relação a essa particularidade, pense como ele. De modo que a mais insaciável sede de fama com que um herói sempre se inspirou não foi nada mais do que uma ingovernável avidez de possuir a estima e a admiração de outros em épocas futuras, bem como em sua própria. E (por

A fábula das abelhas

mais mortificante que seja, tal poderia ser a verdade dos pensamentos ocultos de um Alexandre ou de um César) a grande recompensa em vista, para a qual as mentes mais exaltadas, com tamanha alacridade, sacrificaram sua quietude, sua saúde, seus **55** prazeres sensuais e // cada centímetro de si mesmos, nunca foi outra coisa senão aquilo pelo que o homem respira, a moeda etérea do elogio. Quem pode deixar de rir quando pensa em todos os grandes homens que levaram tão a sério aquele louco macedônio, aquela alma imensa, aquele coração portentoso, em um canto do qual, de acordo com Lorenzo Gracian, caberia comodamente o mundo, e que, no coração inteiro, havia espaço para mais seis mundos? Mas, dizia eu, quem pode deixar de rir ao comparar as belas coisas que foram ditas sobre Alexandre com o fim que ele propôs a si mesmo em suas vastas explorações, comprovadas através de suas próprias palavras, quando as imensas dores que sofreu ao passar por Hidaspes obrigaram-no a gritar? – "oh, atenienses, não poderíeis acreditar nos perigos a que me expus para ser por vós louvado!". Assim, para definir da maneira mais ampla a recompensa da glória, o máximo que se pode dizer é que ela consiste em uma felicidade superlativa que um homem, consciente de ter realizado uma ação nobre, desfruta no amor-próprio, enquanto está pensando nos aplausos que espera de outros.

Mas aqui me dirão que, além das fadigas ruidosas da guerra e a agitação pública dos ambiciosos, há ações nobres e generosas que se realizam em silêncio; que sendo a virtude a própria recompensa, os que são verdadeiramente bons têm em sua consci**56** ência a satisfação de ser assim, que é toda a recompensa // que esperam de suas ações mais valiosas; que entre os pagãos houve quem, ao fazer o bem aos outros, estava tão afastado de

Uma investigação sobre a origem da virtude moral

cobiçar agradecimentos e aplausos, que tomava todo o cuidado imaginável para não ser visto por aqueles aos quais concedeu benefícios; e que, consequentemente, o orgulho não tem vez no homem que se encontra no mais alto grau de abnegação.

Em resposta a isso, afirmo que é impossível julgar a ação de um homem a não ser que estejamos completamente a par do princípio e do motivo a partir do qual ele age. A piedade, embora seja a mais doce e a menos perniciosa de todas as nossas paixões, é como uma grande fraqueza de nossa natureza, assim como a raiva, o orgulho ou o medo. Em geral as mentes mais fracas têm-na em grande medida, razão pela qual ninguém é mais compassivo do que as mulheres e as crianças. É preciso convir que, de todas as nossas fraquezas, ela é a mais amável e que mais se assemelha com a virtude; ou melhor, que sem uma dose considerável de piedade a sociedade dificilmente subsistiria. Mas, como é um impulso da natureza, que não consulta nem o interesse público nem a nossa própria razão, pode causar tanto o mal quanto o bem. Ela contribuiu para destruir a honra das virgens e corromper a integridade dos juízes; e quem quer que aja tomando-a como um princípio, qualquer que seja o benefício que possa trazer à sociedade, não tem nada do que se gabar, exceto de ter dado vazão a uma paixão que por casualidade foi benéfica ao público. Não há nenhum mérito em salvar um bebê inocente prestes a cair no fogo: a ação não é boa nem má; e por mais que seja benéfico à criança, não ficamos gratos senão a nós mesmos; pois, tivéssemos a visto cair, e não lutássemos para impedi-la, sentiríamos uma dor que a autopreservação nos compele a evitar: um homem pródigo em riqueza, de temperamento compassivo, e que adora satisfazer suas paixões, não tem nenhuma grande virtude da qual se or-

A fábula das abelhas

57 gulhar quando acode um objeto de compaixão que, para ele, é uma ninharia. //

Mas quanto àqueles homens que, sem ceder a nenhuma fraqueza que lhes é própria, conseguem abrir mão daquilo que mais valorizam, e, sem nenhum outro motivo além do seu amor à bondade, se lançam em silêncio numa ação digna: tais homens, devo confessar, adquiriram as noções mais refinadas de virtude do que aqueles sobre os quais falei até aqui; mas mesmo neles (com os quais o mundo ainda nunca foi enxameado) podemos descobrir sintomas de orgulho nada desprezíveis, e o homem mais humilde entre os vivos deve confessar que a recompensa de uma ação virtuosa, que é a satisfação que se segue disso, consiste num certo prazer que dá a si mesmo pela contemplação de seu próprio mérito; cujo prazer, juntamente com a ocasião em que surge, são sinais tão certos do orgulho, como a palidez e o tremor diante de qualquer perigo iminente o são do medo.

Caso o leitor por demais escrupuloso queira condenar de imediato essas noções concernentes à origem da virtude moral, e entendê-las talvez como ofensivas à cristandade, espero que se abstenha de suas censuras ao considerar que nada pode tornar mais manifesta a insondável profundidade da Sabedoria Divina do que isto: que o homem, destinado pela Providência à vida em sociedade, não apenas seja conduzido por suas próprias fraquezas e imperfeições ao caminho da felicidade temporal, mas também tenha recebido, por uma aparente necessidade de causas naturais, alguma tintura daquele conhecimento no qual mais tarde ele será aperfeiçoado pela verdadeira religião, para seu eterno bem-estar.

58 // *Observações*

(A.)

Enquanto outras se envolviam em misteres,
A que poucas enviavam aprendizes;

Na educação dos jovens, a fim de lhes garantir seu sustento quando atingirem a maturidade, a maioria das pessoas opta por um ou outro emprego seguro, do qual haja corporações ou associações, em toda grande sociedade de homens. Por esse meio, todas as artes e ciências, assim como comércio e ofícios, se perpetuam numa república o tempo que lhes parece útil; os jovens, diariamente instruídos a esse respeito, suprem continuamente a perda dos velhos que morrem. Mas como alguns desses empregos são muito mais estimados do que outros, conforme a grande diferença de custos para nele se estabelecer, todos os pais prudentes, ao escolhê-los, consultam, sobretudo, suas próprias possibilidades e as circunstâncias em que se encontram. Um homem que dá 300 ou 400 libras e confia o filho a um grande comerciante, e não tem poupadas 2 mil ou 3 mil libras

A fábula das abelhas

59   para o dia em que o filho ingressar no mundo, é terrivelmente //
culpado de não ter preparado o filho, quando ainda criança,
para algo que pudesse ser seguido com menos dinheiro.

Há uma abastança de homens bem-educados que contam
apenas com uma receita reduzida, mas que, ainda assim, são
obrigados, por suas reputáveis profissões, a fazer melhor figura
do que as pessoas comuns que têm o dobro de sua renda. E se
eles têm filhos, acontece frequentemente que, assim como sua
indigência torna-os incapazes de educá-los para ocupações de
maior apreço, assim também seu orgulho indispõe-nos a dar a
seus filhos um ofício laborioso; e na esperança de que sua sorte
mude, ou de que alguns amigos ou oportunidades favoreçam-
-nos, de tempos em tempos vão adiando a ocupação dos filhos
até o dia em que estes se tornam maior de idade e, por fim, educados para nada. Não vou determinar aqui se tal negligência é
mais atroz para os filhos ou mais prejudicial para a sociedade.
Em Atenas todos os filhos eram obrigados a ajudar os pais se
estes passassem necessidade; mas Sólon fez uma lei, segundo
a qual nenhum filho seria obrigado a ajudar o pai se este não
o tivesse preparado para alguma profissão.

Alguns pais põem os filhos em bons ofícios muito adequados às suas presentes habilidades, mas vêm a falecer ou
fracassam no mundo antes de os filhos terem concluído seu
aprendizado ou estarem prontos para o negócio que vão seguir. Acontece também que muitos jovens, por outro lado,
são generosamente providos e vivem por conta própria, e, no
entanto (uns por falta de indústria, ou então de um conhecimento suficiente de suas profissões, e alguns poucos por infortúnios), são levados à pobreza, completamente incapazes
de se manter pelo ofício para o qual foram educados. É inevi-

Observações

tável que os descuidos, ingerências e infortúnios de que falei aconteçam muito frequentemente em lugares muito populosos e, por conseguinte, que um grande número de pessoas seja a cada dia arremessado sem recursos no vasto mundo, por // mais rico e potente que seja o país, ou por maior que seja o cuidado que o governo tome para impedir isso. O que fazer com essas pessoas? A marinha – estou certo – e o exército, dos quais raramente o mundo é desprovido, se ocuparão de alguns deles. Os que se prestam como burros de carga honestos, de temperamento laborioso, vão se tornar diaristas dos ofícios a que pertencem, ou prestarão algum outro serviço: os que tiveram estudo e foram enviados à universidade podem tornar-se mestres e tutores; e uns poucos ingressarão em uma ou outra oficina. Mas o que há de ser do indolente, que não se preocupa com nenhuma forma de trabalho, e do inconstante, que odeia estar restrito ao que quer que seja?

Os que sempre se deleitaram com teatro e ficção, e que têm uma pitada de afetação, irão, com toda probabilidade, lançar seus olhos sobre o palco, e se tiverem uma boa elocução e aparência tolerável, virarão atores. Aqueles que amam o estômago acima de todas as coisas, se tiverem paladar apurado e um pouco de talento na cozinha, vão se esforçar para estar entre os glutões e sibaritas; aprenderão a bajular e suportar todos os tratamentos, e assim se tornarão parasitas, sempre adulando o chefe da casa e inventando enredos para o resto da família. Outros, que por sua própria lascívia e de seus companheiros, julgam a incontinência das pessoas, naturalmente se meterão em intrigas e ganharão a vida alcaguetando para aqueles que não dispõem de traquejo ou lábia para falar por si mesmos. Os que forem mais desprovidos de princípios, se forem astutos ou hábeis, virarão trapaceiros, batedores de carteiras ou falsários, se sua habilidade e engenhosidade lhes permitir. Outros, ainda, que atentaram para a credulidade de mulheres simples e de outras pessoas tolas, se tiverem descaramento e um pouco de astúcia, vão passar por doutores ou, então, fingirão prever o futuro delas; e cada um, valendo-se dos vícios e fraquezas dos outros em proveito próprio, busca viver seguindo o caminho

61 mais fácil e rápido que seu talento e habilidade lhe permitir. //

Certamente tais tipos são a perdição da sociedade civil; mas eles são tolos que, não considerando tudo que foi dito, se enfurecem com a remissão das leis que lhes permitem viver; ao passo que os homens sábios se contentam em tomar todo cuidado imaginável para não ser enganados por aqueles, sem bater boca sobre aquilo que nenhuma prudência humana pode impedir.

(B.)

Estas eram chamadas de canalhas, mas, afora o nome,
As circunspectas e industriosas delas não diferiam.

Confesso que esse é um cumprimento muito inexpressivo para pessoas envolvidas numa parte do comércio. Mas se a palavra "canalha" for tomada em toda sua extensão, compreendendo todos aqueles que não são sinceramente honestos, e fazendo aos outros aquilo que não gostariam que lhes fizessem, não tenho dúvida de que conseguirei sustentar minha acusação. Deixando de lado inúmeros artifícios de que compradores e vendedores lançam mão para que um leve a melhor sobre o outro, diariamente aceitos e praticados entre os negociantes mais honestos, mostre-me o comerciante que sempre

Observações

exibiu os defeitos àqueles que pechincham seus produtos; ou melhor, onde você encontrará alguém que uma ou outra vez não os tenha ocultado em detrimento do comprador? Onde está o mercador que, contra sua consciência, nunca engrandeceu suas mercadorias acima de seu valor para vendê-las melhor?

Décio, um homem destacado, que tinha grandes comissões de açúcar de várias partes ultramarinas, negocia uma quantia considerável dessa mercadoria com Alcander, um eminente comerciante das Índias Ocidentais; ambos conhecem muito bem o mercado, mas não conseguem entrar em acordo. Décio era um homem de posses, e acreditava que ninguém, // além dele mesmo, devia comprar por um preço mais barato; Alcander estava na mesma situação e, não lhe faltando dinheiro, manteve seu preço. Enquanto estavam negociando numa taverna próxima à Bolsa, um criado de Alcander trouxe uma carta das Índias Ocidentais ao seu senhor, que lhe informava de um grande carregamento de açúcar, muito maior do que era esperado, que ia chegar à Inglaterra. Agora Alcander não tinha outro desejo senão vender pelo preço que Décio tinha estabelecido, antes que a notícia se tornasse pública; mas, sendo uma raposa astuta, para não parecer muito precipitado nem perder o cliente, interrompe a conversação que estavam tendo e, travestindo-se de um humor jovial, elogia o tempo aprazível que estava fazendo, donde, derivando para os deleites que sente em seus jardins, convida Décio a acompanhá-lo até sua casa de campo, que não estava a mais de doze milhas de Londres. Isso se deu no mês de maio e, como isso aconteceu numa tarde de sábado, Décio, que era solteiro e não tinha nenhum compromisso na cidade antes de terça-feira, aceitou a cortesia do outro, e para longe eles seguiram na carruagem de Alcander. Naquela

noite e no dia seguinte, Décio foi esplendidamente bem tratado; na manhã de segunda-feira, para abrir o apetite, saiu para
passear em um cavalo de Alcander e, retornando do passeio,
encontrou um cavalheiro, conhecido seu, que lhe contou a novidade que ficou sabendo na noite anterior, segundo a qual a
frota de navios mercantes vinda de Barbados fora destruída
por uma tempestade, acrescentando que, antes de sair do
Café de Lloyd,[1] foi confirmado que o preço do açúcar subiria
vinte e cinco por cento na abertura da Bolsa. Décio volta para
a casa do amigo e, imediatamente, retoma a conversação que
tinham interrompido na taverna: Alcander, certo do que seu
criado lhe disse, não planejava tratar da questão até depois do
jantar, e ficou contente por se ver tão felizmente // prevenido;
mas, por mais que desejasse vender, o outro estava ainda mais
ávido para comprar; contudo, como um tinha receio do outro,
ambos aparentaram toda indiferença imaginável por um tempo
considerável; até que finalmente Décio, inflamado com o que
tinha ouvido, pensou que seria perigoso adiar a negociação e,
lançando um guinéu sobre a mesa, concluiu a compra ao preço
de Alcander. No dia seguinte, foram para Londres; a notícia
confirmou-se verdadeira, e Décio conseguiu 500 libras com
seu açúcar. Alcander, que tentou levar a melhor sobre o outro,
foi pago na própria moeda; e, mesmo assim, tudo isso é chamado de negociação justa; mas estou certo de que nenhum dos
dois gostaria que lhe fosse feito o que fizeram um com o outro.

---

1 Edward Lloyd's Coffe-House: café em Londres frequentado por
negociantes, armadores e mercadores que se tornou uma espécie
de bolsa de valores. (N. T.)

Observações

(C.)

Os soldados, forçados a lutar,
Se sobrevivessem, conquistavam a honra;

Tão inexplicável é o desejo nos homens de que se pense bem deles que, embora sejam arrastados à guerra contra sua vontade, sendo alguns deles obrigados por seus crimes a lutar sob ameaças e, frequentemente, pancadas, ainda assim gostariam de ser estimados pelo que gostariam de ter evitado se estivesse em seu poder. Ao passo que, se a razão humana tivesse o mesmo peso que seu orgulho, ele nunca poderia estar satisfeito com elogios de que sabe não ser merecedor.

Por honra, segundo sua significação própria e genuína, não queremos dizer nada mais que a boa opinião dos outros, que é considerada mais ou menos importante quanto mais // ou menos barulho ou alarido se faz por conta de sua manifestação; e quando dizemos que o soberano é a fonte de honra, significa que ele tem o poder, por meio de títulos ou cerimônias, ou ambos simultaneamente, de imprimir uma marca sobre quem lhe aprouver, que se tornará tão circulante quanto a sua moeda, e o seu proprietário obterá a boa opinião de todos, mereça ele ou não.

O reverso da honra é a desonra, ou ignomínia, que consiste na má opinião e no desprezo dos outros; e assim como aquela é tida como uma recompensa pelas boas ações, esta é vista como uma punição pelas más; e quanto mais ou menos público ou odioso é mostrado o desprezo dos outros, tanto maior ou menor a degradação da pessoa. Essa ignomínia também é chamada de vergonha, pelo efeito produzido; pois, embora a

A fábula das abelhas

bondade e a maldade da honra e da desonra sejam imaginárias, ainda assim há na vergonha uma realidade, na medida em que assinala uma paixão, com seus sintomas próprios, que domina nossa razão e exige tanto trabalho e abnegação para ser subjugada como qualquer outra paixão; e visto que as ações mais importantes da vida são frequentemente reguladas pela influência que essa paixão tem sobre nós, uma compreensão profunda dela deve ajudar a ilustrar as noções que o mundo tem da honra e da ignomínia. Descrevo-a, pois, em linhas gerais.

Primeiramente, para diferenciar a paixão da vergonha, penso ser possível chamá-la de "uma pesarosa reflexão sobre nossa própria indignidade, proveniente da apreensão de que outros nos desprezam, ou de que poderiam, se soubessem de tudo, desprezar-nos merecidamente". A única objeção de peso que pode ser levantada contra essa definição é que frequentemente as virgens inocentes ficam envergonhadas e ruborizam sem haver cometido nenhum crime e sem saber explicar a razão dessa debilidade; // que muitas vezes os homens sentem vergonha por outros, com os quais não têm nem amizade nem afinidade; e, por conseguinte, que é possível dar milhares de exemplos de vergonha aos quais os termos da definição não se aplicam. Para responder a essa objeção, gostaria primeiramente de considerar que a modéstia das mulheres é resultado do costume e da educação, pelo que todo desnudamento não aceito pela moda e toda expressão sórdida lhes parecem terríveis e abomináveis; apesar disso, a mais virtuosa jovem sobre a Terra, independentemente de seus esforços, tem pensamentos e ideias confusas de coisas suscitadas em sua imaginação, que por nada nesse mundo ela revelaria a algumas pessoas. Digo, pois, que quando são ditas palavras obscenas na presença de uma vir-

Observações

gem inexperiente, ela sente receio de que alguém ache que ela entendeu o significado dessas palavras e, consequentemente, que ela entende isso aqui, aquilo ali e várias outras coisas, das quais ela gostaria de ser considerada ignorante. Refletir sobre isso, bem como sobre os pensamentos que se formam em seu detrimento, provoca-lhe a paixão que chamamos de vergonha; e tudo aquilo que possa atirá-la, por mais que esteja afastada da lascívia, nesse conjunto de pensamentos por mim sugerido, e que ela considera criminoso, terá o mesmo efeito, especialmente diante de homens, enquanto a sua modéstia durar.

Para provar a verdade do que digo, deixemos falarem todas as obscenidades que quiserem no recinto ao lado em que se encontra a mesma jovem virtuosa, onde ela está segura de que não será descoberta; e ela ouvirá, quando não presta muita atenção, sem nenhum rubor, porque não se vê concernida com a questão; e se a conversação // enrubesce suas faces, por qualquer coisa que sua inocência imagine, certamente o que lhe ocasiona essa cor é uma paixão não tão mortificante quanto a vergonha; mas se, estando nesse mesmo lugar, a jovem escuta algo a seu respeito que tende à sua desgraça, ou menciona-se algo de que ela se considera, em segredo, culpada, então muito provavelmente ela se envergonha e enrubesce, mesmo que ninguém a veja; porque tem motivos para temer que seja, ou, se tudo fosse sabido, que deveria ser, desprezada.

Que muitas vezes nos envergonhamos e enrubescemos por outros, que foi a segunda parte da objeção, isso se explica porque às vezes consideramos o caso dos outros como muito próximo do nosso; da mesma forma que as pessoas berram quando veem alguém em perigo. Enquanto refletimos gravemente sobre o efeito que uma ação condenável produziria, se fosse nossa, os espíritos e, consequentemente, o sangue são imperceptivelmente movidos da mesma maneira, como se a ação fosse nossa, de modo que os mesmos sintomas devem aparecer.

A vergonha que a gente rude, ignorante e mal-educada revela diante de seus superiores, ainda que aparentemente sem causa, é sempre acompanhada e procede da consciência de suas fraquezas e incapacidades; e o mais modesto dos homens, por mais virtuoso, inteligente e realizado que seja, nunca se envergonhou ao não ter culpa ou acanhamento. Aqueles que, por rusticidade e falta de educação, estão excessivamente sujeitos a essa paixão e a todo momento são dominados por ela, são chamados de tímidos; e aqueles que, por uma falta de respeito aos outros e uma falsa opinião sobre sua suficiência, aprenderam a não se deixar afetar por isso, quando deveriam sê-lo, são chamados de descarados ou sem-vergonha. De que estranhas contradições o homem é feito! O reverso da vergonha é o orgulho (ver "Observação M."); no entanto, // ninguém pode ser afetado pela primeira se nunca sentiu nada do segundo; pois, se nos preocupamos tanto com o que os outros pensam a nosso respeito, é porque nada nos é mais caro do que a estima que temos por nós mesmos.

Que essas duas paixões, em que estão contidas as sementes da maioria das virtudes, são realidades da nossa estrutura, e não qualidades imaginárias, isso pode ser demonstrado pelos efeitos manifestos e diferentes que, a despeito de nossa razão, são produzidos em nós tão logo somos afetados por um ou outro.

Quando um homem está completamente tomado de vergonha, expressa uma prostração dos espíritos; o coração se esfria e contrai, e o sangue sai dele até à superfície do corpo, a face fica corada, o pescoço e parte do peito partilham desse

Observações

abrasamento; sente-se pesado como chumbo, a cabeça pende para baixo, e os olhos, numa névoa de confusão, fixam-se no chão. Nenhuma injúria é capaz de mobilizá-lo; sua existência o enfastia; no íntimo, desejaria poder tornar-se invisível. Mas, quando, ao recompensar sua vaidade, alegra-se com seu orgulho, descobre sintomas bastante contrários. Seus espíritos inflam e atiçam o sangue arterial; um calor fora do comum fortalece e dilata o coração; as extremidades do corpo ficam frias; sente-se leve e imagina que poderia flutuar; sua cabeça se ergue; seus olhos revolvem-se com vivacidade; regozija-se **68** // com sua existência; é dado a exceder-se e ficaria contente se o mundo inteiro o notasse.

É incrível que a vergonha seja um ingrediente tão necessário para nos tornar sociáveis; trata-se de uma debilidade da nossa natureza; pesarosamente, todo mundo se lhe submete sempre que por ela afetado, e a impediriam se pudessem. Ainda assim, a alegria da conversação depende dela, e nenhuma sociedade seria polida se a maior parte da humanidade não se lhe estivesse sujeita. Posto que o sentimento de vergonha é perturbador, e todas as criaturas estão sempre trabalhando para se defender, provavelmente o homem, lutando para evitar esse incômodo, conseguiria em grande medida dominar sua vergonha antes da idade adulta; mas isso seria prejudicial à sociedade; de modo que desde a sua infância e ao longo de toda a educação nós nos esforçamos para aumentar, em vez de atenuar ou extirpar, esse sentimento de vergonha; e o único remédio prescrito é uma estrita observância de determinadas regras, a fim de evitar aquilo que lhe poderia provocar esse sentimento perturbador de vergonha. Mas, quanto a um político livrar-se ou curar-se disso, mais fácil seria tirar-lhe a vida.

A fábula das abelhas

As regras de que falo consistem num manejo destro sobre nós mesmos, num sufocamento de nossos apetites e num ocultamento de nossos verdadeiros sentimentos diante dos outros. Aqueles que não foram instruídos nessas regras muito antes de chegar à maturidade dificilmente conseguirão ter sobre elas algum progresso posterior. Para adquirir e levar à perfeição a proeza a qual me refiro, nada nos auxilia mais do que o orgulho e o bom senso. A avidez que temos pela estima dos outros e os arroubos que nos satisfazem pelos pensamentos de que somos queridos, e talvez admirados, equivalem à compensação obtida ao dominar as paixões mais poderosas e, consequentemente, mantêm-nos a uma grande distância de todas aquelas palavras e ações que podem nos envergonhar. As principais paixões que devemos ocultar em nome da felicidade e embelezamento da **69** sociedade são a luxúria, // o orgulho e o egoísmo; portanto, a palavra "modéstia" tem três diferentes acepções, que variam conforme as paixões que esconde.

Quanto à primeira, designo esse ramo do pudor que tem a pretensão geral de uma castidade pelo seu objeto; consiste num esforço sincero e penoso de todas as nossas faculdades para abafar e esconder dos outros aquela inclinação que a natureza nos deu para propagar nossa espécie. As lições para tanto, como as de gramática, são-nos ensinadas muito antes de termos a oportunidade de compreender a sua utilidade; é por isso que as crianças ficam envergonhadas e enrubescem em função do pudor, antes mesmo que o impulso que mencionei cause alguma impressão sobre elas. Uma menina educada no pudor pode, antes de completar 2 anos, começar a observar o cuidado que as mulheres com as quais convive tomam para se descobrir diante dos homens; e como essa precaução também lhe é inculcada por

Observações

preceitos e exemplos, é muito provável que aos 6 anos sentirá vergonha de deixar exposta a perna, sem saber a razão pela qual tal ato é censurável ou que consequência isso terá.

Para se ter pudor, devemos em primeiro lugar evitar qualquer desnudamento não adequado à moda: não se deve criticar uma mulher por andar com o pescoço à mostra se o costume do país o permite; e quando a moda prescreve que os espartilhos devem ficar muito decotados, uma virgem em flor, sem medo da censura razoável, pode mostrar-se ao mundo:

> *Brancos como a neve, quão firmes e intumescidos são seus seios,*
> *florescem bem separados e crescidos em seu vasto peito.*

Mas permitir que o tornozelo seja visto, onde é moda as mulheres esconderem os próprios pés, é violação // de pudor; e é impudica aquela que mostrou metade do rosto num país onde a decência manda-lhe encobri-lo. Em segundo lugar, nossa língua deve ser casta e não apenas livre, mas afastada de obscenidades; ou seja, tudo aquilo que pertence à multiplicação de nossa espécie não deve ser mencionado; e a mais ínfima palavra ou expressão, por mais remota que seja, que tiver alguma relação com esse ato, nunca deverá sair de nossos lábios. Em terceiro lugar, todos os gestos e atitudes que podem de algum modo macular a imaginação, vale dizer, pondo em nossa mente aquilo que chamei de obscenidade, devem ser coibidos com grande cuidado.

De mais a mais, uma menina que quer ser considerada bem-educada, deve ser circunspecta em toda sua conduta diante dos homens, e aparentar nunca saber receber, nem muito menos conceder, favores relacionados a eles, a não ser que se trate de homens bem mais velhos, com alguma consanguinidade,

A fábula das abelhas

ou de grande superioridade de uma das partes, que lhe sirva de desculpa. Uma jovem dama de educação refinada mantém uma estrita vigilância sobre sua aparência, bem como sobre suas ações, e nos seus olhos podemos ler que tem consciência de que guarda um tesouro, que corre o risco de perder, mas do qual está resolvida a não se desfazer a preço algum. Mil sátiras foram feitas contra as pudicas, e outros tantos encômios para exaltar as graças descuidadas e o ar negligente da beleza virtuosa. Mas os mais inteligentes da humanidade estão muito seguros de que o semblante direto e aberto de uma bela risonha é mais convidativo e nutre mais esperança no sedutor do que um semblante acanhado de um olhar severo.

Essa reserva estrita deve ser seguida por todas as jovens, especialmente as virgens, se têm alguma estima pelo mundo polido e inteligente; os homens podem tomar mais liberdade porque neles o apetite é mais violento e ingovernável. Fosse imposta uma disciplina igualmente severa a ambos, nenhum deles teria podido fazer as primeiras tentativas de aproximação, e a propagação // da espécie teria sido interrompida entre as pessoas abalizadas; o que, estando bem distante do objetivo dos políticos, tornou recomendável aliviar e saciar o sexo que mais sofre com a severidade, e diminuir o rigor das regras onde a paixão fosse mais forte e o fardo de uma rígida restrição fosse mais intolerável.

Por isso é permitido ao homem professar abertamente a veneração e a grande estima que tem pelas mulheres, e mostrar mais satisfação, regozijo e gaiatice em sua companhia do que costuma apresentar quando elas estão longe. Não só pode lhes ser complacente e prestativo em todas as ocasiões, mas considera seu dever protegê-las e defendê-las. Pode louvar as boas

Observações

qualidades que possuem e exaltar seus méritos com todos os exageros que for capaz de inventar, contanto que sejam coerentes com o bom senso. Pode falar de amor, pode suspirar e queixar-se do rigor da beldade; e o que a língua não pode proferir, tem o privilégio de falar com os olhos, numa linguagem que diz o que lhe dá prazer, contanto que seja feito com decência, com olhares breves e discretos. Mas perseguir cerradamente uma mulher, fixando os olhos nos dela, é tido como muito grosseiro; a razão disso é manifesta, ela fica incomodada e, se não estiver suficientemente armada de arte e dissimulação, frequentemente será lançada numa visível desordem. Como os olhos são a janela da alma, esse olhar atrevido e fixo lança uma mulher noviça e inexperiente em temores incontroláveis de que possam saber o que sente; ou de que o homem vai desvendar, ou de que já deixou à mostra, aquilo que se passa no seu íntimo: isso a mantém num tormento incessante, que a pressiona a revelar seus desejos secretos; e parece ter sido feito para lhe extorquir a grande verdade que o pudor, com todas as suas forças, ordenou-lhe negar.

Dificilmente a multidão vai acreditar na força excessiva da educação e, quanto à diferença de pudor entre homens e mulheres, atribui à natureza // aquilo que é inteiramente próprio da instrução durante a infância: uma senhorita mal completou 3 anos, mas diariamente dizem-lhe para esconder as pernas, e repreendem-na com severidade se as mostra; ao passo que o pequeno mestre com a mesma idade tem permissão para levantar a camisa e mijar como um homem. É a vergonha e a educação que contêm os germes de toda polidez; e quem não tem nenhuma das duas e se oferece para falar a verdade de seu coração e aquilo que sente no seu íntimo é a mais desprezível criatura da Terra, ainda que não tenha cometido nenhuma outra falta.

A fábula das abelhas

Se um homem dissesse a uma mulher que ninguém além dela seria mais conforme seu gosto para propagar a espécie, que sentiu naquele momento um violento desejo de levá-lo a cabo e, consequentemente, que se ofereceria para possuí-la com tal propósito, a consequência disso seria chamá-lo de bruto; a mulher fugiria e ele próprio nunca mais seria admitido em qualquer companhia civilizada. Não há quem não tenha algum senso de vergonha e que, em vez de ser tratado assim, não prefira dominar as paixões mais fortes. Mas um homem não precisa dominar suas paixões, basta-lhe escondê-las. A virtude manda-nos subjugar nossos apetites, mas a boa educação exige apenas que os ocultemos. Um cavalheiro que segue a moda pode ter **73** // por uma mulher uma inclinação tão violenta como o mais bruto dos homens; mas, nesse caso, comporta-se de maneira bem diferente; primeiramente, dirige-se ao pai da senhorita e demonstra-lhe sua capacidade de manter sua filha com esplendor; em função disso, obtém autorização para acompanhá-la; e com lisonja, submissão, presentes e assiduidade, ele se esforça para ganhar seu gosto, e, se tiver êxito, a senhorita em pouco tempo se lhe entregará diante de testemunhas, da maneira mais solene; à noite eles vão para a cama juntos, e a virgem mais reservada muito docilmente o deixa fazer aquilo que lhe apraz; e o resultado disso é que ele obtém o que queria sem nunca tê-lo pedido.

No dia seguinte, recebem visitas, e ninguém ri deles nem fala uma só palavra sobre o que estiveram fazendo. Quanto ao jovem casal, eles se tratam (refiro-me às pessoas bem-educadas) como se nada tivesse ocorrido no dia anterior; comem e bebem, divertem-se como de costume; e não tendo feito nada do que se envergonhem, são considerados, o que na realidade

Observações

podem ser, as pessoas mais pudicas da Terra. Por meio disso, o que busco demonstrar é que, ao ser bem-educado, não somos privados de nossos prazeres sensuais, mas apenas nos esforçamos por nossa mútua felicidade e ajudamos um ao outro no gozo voluptuoso de todos os confortos mundanos. O belo cavalheiro de que falei não necessita praticar maior abnegação do que o selvagem, e este último age mais de acordo com as leis da natureza e da sinceridade do que o primeiro. O homem que gratifica seus apetites segundo os costumes do país não tem censura a temer. Se ele é mais excitado do que um bode ou um touro, tão logo termine a cerimônia, pode fartar-se e exaurir-se com as alegrias e êxtases do prazer, provocar e satisfazer seus apetites por meios tão extravagantes quanto sua força e virilidade lhe permitirem; ele pode rir sem receio dos homens sábios que // o reprovariam: todas as mulheres, e nove em cada dez homens, o apoiam; ou melhor, ele está livre para apreciar-se pela fúria de sua paixão desenfreada, e quanto mais chafurdar na luxúria e retesar suas faculdades, para torná-las perdidamente voluptuosas, mais rápido ganhará a boa vontade e afeição das mulheres, não apenas das jovens vaidosas e lascivas, mas das matronas mais comedidas, graves e sóbrias.

Não se segue de a impudência ser um vício que o pudor seja uma virtude; ela é erigida sobre a vergonha, uma paixão de nossa natureza, e pode ser boa ou má, de acordo com as ações motivadas por ela. A vergonha pode impedir que uma prostituta se entregue publicamente a um homem, e a mesma vergonha pode fazer com que uma criatura tímida e bondosa, que se excedeu por fragilidade, faça desaparecer seu bebê. As paixões podem casualmente fazer o bem, mas o mérito está apenas no domínio sobre elas.

A fábula das abelhas

Houvesse virtude no pudor, teria a mesma força na escuridão e na luz, o que não ocorre. Disso sabem muito bem os homens voltados ao prazer, os quais nunca se incomodam com a virtude de uma mulher se tudo o que precisam é dominar seu pudor; por isso os sedutores não atacam em plena luz do dia, mas cavam suas trincheiras à noite.

Illa verecundis lux est praebenda puellis,
Qua timidus latebras sperat habere pudor[2]

Pessoas importantes podem pecar sem que seu prazer inconfesso as exponha; mas as empregadas e as mulheres mais pobres raramente têm chance de esconder a barriga saliente ou, pelo menos, as consequências disso. É possível que uma menina desafortunada e de boa família possa ser deixada desamparada e, para sobreviver nessa mudança de vida, só conheça as // funções de ama ou de camareira; ela pode tornar-se diligente, fiel e prestativa, ter pudor em abundância e, caso queira, até ser religiosa; pode resistir a tentações, preservar sua castidade por muitos anos e, então, defrontar-se com um momento infeliz, em que entrega sua honra a um poderoso impostor que depois a esquece. Se engravidar, suas aflições serão indescritíveis, não conseguirá aceitar a miséria de sua condição; o medo da vergonha ataca-a tão vivamente que tudo em que pensa a perturba. A família com que vive tem em alta conta a sua virtude; sua última patroa a via como uma santa. Seus inimigos, que tanto invejavam seu caráter, ficarão efusivos! Seus parentes a detestarão! Agora, quanto

---

2 Ovídio, *Amores*, I, v, 7-8: "A luz lançada sobre moças envergonhadas/ É aquela em que o casto recato espera encontrar refúgio". (N. T.)

Observações

maior seu pudor, quanto maior a violência do terror da vergonha que se aproxima, tanto mais perversas e cruéis as suas resoluções, sejam contra si mesma, sejam contra o que carrega consigo.

Imagina-se comumente que ela, capaz de destruir seu filho, sua própria carne e seu próprio sangue, deve ter uma enorme reserva de barbaridade, que é um monstro selvagem, diferente das outras mulheres; mas isso também é um erro, que cometemos por falta de compreensão da natureza e da força das paixões. A mesma mulher que assassina seu bastardo da maneira mais execrável, se mais tarde se casar, vai cuidar, amar e enternece-se por seu filho como a mãe mais carinhosa. Todas as mães naturalmente amam os filhos; mas como é uma paixão, e todas as paixões se centram no amor-próprio, pode também ser subjugada por qualquer paixão superior que acarinhe o amor-próprio, o qual, se nada tivesse interferido, teria a dirigido a mimar sua prole. As simples prostitutas, que todos reconhecem como tais, quase nunca destroem os filhos; mesmo as que são cúmplices de roubo e assassinato raramente são culpadas desses crimes; não porque sejam menos cruéis ou mais virtuosas, mas porque perderam // de tal forma seu pudor que o medo da vergonha quase não as impressiona.

Nosso amor pelo que nunca esteve ao alcance de nossos sentidos é pobre e insignificante; as mulheres, portanto, não têm nenhum amor natural pelo que carregam consigo; sua afeição começa após o nascimento: o que sentem antes é resultado da razão, da educação e das ideias de dever. Mesmo quando as crianças nascem, o amor da mãe é bem fraco; aumenta com a sensibilidade da criança e cresce numa intensidade prodigiosa quando, pelos sinais que começa a exprimir de suas dores e alegrias, torna conhecidas suas necessidades, descobrindo seu

A fábula das abelhas

amor pela novidade e a multiplicidade de seus desejos. A que fadigas e perigos as mulheres não se submeteram para sustentar e proteger seus filhos, que força e coragem, superior a seu próprio sexo, não exibiram em favor deles! Até as mulheres mais vis se manifestam a esse respeito com a mesma violência que as mais dignas. Todas são incitadas a tanto por um impulso e inclinação naturais sem qualquer consideração pelo prejuízo ou benefício que acarretará na sociedade. Não há nenhum mérito em agradar a nós mesmos, e com frequência a própria prole é irreparavelmente arruinada pelo carinho excessivo dos pais; pois se é verdade que os filhos, com a idade de 2 ou 3 anos, podem ser melhores pelo cuidado indulgente das mães, ainda assim, posteriormente, sem moderação, isso pode estragá-los totalmente, e muitos foram conduzidos ao cadafalso.

Se o leitor acha que fui um tanto entediante ao longo desse tópico sobre o pudor, com a ajuda do qual nos esforçamos para parecer castos, tentarei compensá-lo com a brevidade com que procurarei tratar da parte restante, por meio da qual gostaríamos que os outros acreditassem que a estima que lhes temos excede o valor que temos por nós mesmos e que nenhuma // indiferença pode ser maior do que a que temos por nossos interesses próprios. Essa louvável qualidade é comumente conhecida pelo nome de costumes e boa educação; e consiste num hábito em voga, adquirido por preceitos e exemplos, de lisonjear o orgulho e o egoísmo dos outros, e de esconder o nosso próprio judiciosamente e com destreza. Isso diz respeito apenas àqueles com quem convivemos, nossos iguais e nossos superiores, e enquanto estamos em paz e amizade com eles; pois nossa complacência não deve nunca interferir nas regras de honra nem na deferência que nos é devida por parte de criados e de outros que dependem de nós.

Observações

Com esse cuidado, creio eu, a definição se enquadrará em tudo aquilo que se possa alegar como padrão ou exemplo de boa educação ou de maus modos; e será muito difícil, ao longo de vários acidentes da vida e convivência humana, descobrir um caso de pudor ou de impudência que não esteja compreendido ou ilustrado nessa definição, em todos os países e em todas as eras. Um homem que pede favores importantes a quem lhe é estranho, sem nenhuma consideração, é chamado de impudente porque mostra abertamente seu egoísmo sem nenhuma consideração pelo egoísmo do outro. Podemos ver nisso a mesma razão pela qual um homem deve falar da esposa e dos filhos, ou de tudo aquilo que lhe é caro, tão parcimoniosamente quanto possível, e quase nunca de si mesmo, especialmente se os elogia. Um homem bem-educado pode desejar, até com avidez, o louvor e a estima dos outros; mas quando o elogiam cara a cara, seu pudor é ofendido, pela seguinte razão: todas as criaturas humanas, antes mesmo de se tornarem polidas, experimentam um prazer extraordinário ao ouvir-se elogiadas; todos nós somos cônscios disso e, portanto, quando vemos um homem regozijar-se e refestelar-se abertamente com esse deleite, em que não temos nenhuma participação, suscita nosso egoísmo e, imediatamente, passamos a invejá-lo e odiá-lo. Eis a razão pela qual o homem bem-educado // oculta sua alegria e, em última análise, nega senti-la; e assim, consultando e acalmando nosso egoísmo, previne-se da inveja e do ódio, que de outro modo teria razão para temer. Desde nossa infância, observamos como são ridículos os que com tranquilidade ouvem seus próprios elogios; o que possibilita que nos esforcemos tenazmente para evitar esse prazer, a ponto de, com o tempo, aumentar nosso incômodo apenas com sua proximidade; mas

A fábula das abelhas

isso não é seguir os ditames da natureza, mas deformá-la pela educação e costume; pois, se a humanidade em geral não sentisse nenhum prazer com o elogio, não haveria nenhum pudor em se recusar a ouvi-lo.

O homem de bons modos não escolhe num prato o melhor pedaço, mas sim o pior; e em todas as coisas, a não ser que se sinta obrigado, prefere sempre a parte mais insignificante. Por meio dessa civilidade, o melhor fica para os outros, o que, sendo um elogio a todos os presentes, agrada a todos; quanto mais eles se voltam para si mesmos, tanto mais são forçados a aprovar seu comportamento; e ingressando a gratidão, veem-se obrigados, queiram ou não, a pensar favoravelmente a seu respeito. Em função disso, o homem bem-educado insinua-se na estima de todos com quem convive; e se nada consegue com isso, o prazer que recebe ao refletir sobre os aplausos, que sabe lhe serem dados secretamente, é para um homem orgulhoso mais do que compensador pela sua abnegação pregressa, e paga com juros ao amor-próprio a perda que sofreu na sua complacência com os outros.

Se há sete ou oito maçãs ou pêssegos quase iguais para seis pessoas cerimoniosas, aquela que prevalece sobre as demais escolherá a fruta que, caso haja alguma diferença significativa entre elas, uma criança saberia ser a pior: faz isso para insinuar que tem em conta as pessoas presentes como de mérito superior, e que não há ninguém que aprecie menos do que a si mesma. É o costume e a prática geral que nos familiarizam com essa trapaça elegante ditada pela moda, sem que fiquemos chocados // com sua absurdidade; pois, se as pessoas tivessem se acostumado a falar sinceramente do fundo do seu coração e a agir de acordo com os sentimentos naturais que sentem, até os 23 ou 24 anos, seria impossível que elas assistissem a essa comédia de costumes

Observações

sem gargalhar aos brados ou sem se indignar; e, no entanto, é certo que tal comportamento nos torna mais toleráveis uns com os outros do que se fizéssemos de outro modo.

É muito vantajoso para o conhecimento de nós mesmos ser capaz de bem distinguir as boas qualidades e as virtudes. O vínculo social exige de cada membro certa consideração pelo outro, da qual aquele que é superior não está isento em relação ao mais humilde, mesmo em um império; mas quando estamos sozinhos e tão afastados da convivência com os outros que ficamos fora do alcance de seus sentidos, as palavras pudor e impudência perdem seu significado; uma pessoa pode ser malvada, mas não despudorada, quando está sozinha; e um pensamento que nunca foi comunicado a ninguém não pode ser impudente. Um homem extremamente orgulhoso pode escondê-lo tão bem que ninguém consegue descobrir que ele o tem; e ainda assim pode obter mais satisfação dessa paixão do que outra pessoa que se permite declará-lo a todo o mundo. As boas maneiras não têm nada a ver com virtude ou religião; em vez de extingui-las, inflamam ainda mais as paixões. O homem sensato e bem-educado sempre se rejubila mais por seu orgulho quando o oculta com maior destreza; e ao refestelar-se com os aplausos, com os quais está seguro de que os judiciosos o recompensarão por seu comportamento, goza de um prazer completamente desconhecido para aqueles conselheiros municipais tacanhos e grosseiros, que exibem sua insolência atrevidamente, não tiram o chapéu diante de ninguém e dificilmente se dignam a falar com um inferior.

Um homem pode cuidadosamente evitar tudo aquilo que aos olhos do mundo é visto como resultado do orgulho, sem se mortificar ou sem precisar minimamente // dominar sua paixão. É possível que apenas sacrifique a parte insípida e explícita do seu orgulho, com a qual apenas os imbecis e ignorantes sentem deleite, a fim de que aquela parte interna que todos sentimos dentro de nós, e que os homens de espírito superior e de gênio elevado cultivam com muito êxtase em silêncio. O orgulho dos grandes e dos homens polidos em nenhum lugar é mais destacado do que nos debates sobre cerimonial e precedência, quando têm então a oportunidade de dar a seus vícios a aparência de virtudes e podem fazer o mundo acreditar que se trata do cuidado e da delicadeza da dignidade de seu ofício, ou da honra de seus mestres, aquilo que é resultado do seu orgulho e vaidade pessoais. Isso é tão mais notável em todas as negociações de embaixadores e plenipotenciários, e sabem-no todos os que observam aquilo que é objeto de tratados públicos; será sempre verdade que os homens de bom gosto não sentem nenhum prazer em seu orgulho quando qualquer mortal descobre que são orgulhosos.

(D.)

Pois não havia uma só abelha que não quisesse
Mais, não digo do que lhe fosse devido,
Mas do que etc.

A grande estima que temos por nós mesmos e o pouco apreço que temos pelos outros tornam-nos, a todos nós, juízes muito parciais em nossa própria causa. Poucos homens podem ser persuadidos de que ganham muito por aquilo que vendem, por mais extraordinários que sejam seus lucros, quando ao mesmo tempo não há lucro tão desprezível do qual aqueles que compram não venham a guardar rancor; por isso, sendo a pe-

Observações

quenez do lucro do vendedor o que há de mais persuasivo para **81** o comprador, // os comerciantes são em geral forçados a falar mentiras em seu próprio favor e a inventar milhares de histórias improváveis antes de revelar quanto realmente conseguem com suas mercadorias. De fato, alguns velhos vendedores, que se pretendem mais honestos (ou, mais provável, que são mais orgulhosos) do que seus vizinhos, costumam ser muito diretos com seus clientes, recusando-se a baixar o preço que foi pedido inicialmente. Mas estes são normalmente raposas astutas que se veem por cima de todo mundo e sabem que os que têm dinheiro o conseguiram mais por sua grosseria do que os outros por serem amáveis. O vulgo acredita poder encontrar mais sinceridade no olhar escabroso de uma pessoa velha do que no ar submisso e na complacência atraente que transparecem num jovem iniciante. Mas isso é um grande equívoco: pois quando se trata de armarinhos, negociantes de panos, entre outros, que possuem muitos tipos da mesma mercadoria, tranquilamente você não terá dúvidas; repare nos produtos deles e logo você descobrirá que cada um tem sua marca privada, o que é um sinal certo de que ambos são igualmente cuidadosos em esconder o custo original do que vendem.

(E.)

[...] como fazem os jogadores,
Que, mesmo jogando limpo, nunca ostentam
Diante dos perdedores o que ganharam.

Sendo essa uma prática geral que ninguém que tenha visto um jogo pode ignorar, deve haver algo no temperamento do

A fábula das abelhas

82 homem que a ocasiona; mas como a investigação disso // parecerá um tanto trivial a muitos, peço ao leitor que pule esta nota, a não ser que esteja em perfeito bom humor e não tenha absolutamente nada para fazer.

Que os jogadores geralmente se esforcem para esconder seus ganhos na frente dos perdedores, a meu ver, parece proceder de uma mistura de gratidão, piedade e autoconservação. Todos os homens são naturalmente gratos quando recebem um benefício; e aquilo que dizem ou fazem enquanto estão sob efeito e são afetados pelo seu calor é real e vem do coração; mas quando isso passa, as respostas que damos geralmente procedem da virtude, dos bons modos, da razão e das noções de dever; mas não da gratidão, que é um motivo de inclinação. Se considerarmos quão tiranicamente o amor imoderado que dedicamos a nós mesmos nos força a estimar todos que, com ou sem intenção, agem em nosso favor, e quão frequentemente estendemos nossa afeição a coisas inanimadas imaginando que elas contribuem para nosso benefício presente; em suma, se considerarmos isso, não será difícil descobrir de que modo a satisfação que temos com aqueles de quem ganhamos dinheiro se deve a um princípio de gratidão. O motivo seguinte é a nossa piedade, que procede da nossa consciência do vexame que há na derrota; e como gostamos da estima de todos, ficamos receosos de que nos confisquem a estima daqueles de quem somos a causa de sua derrota. Por fim, percebemos sua inveja, e assim a autoconservação faz com que nos esforcemos para primeiramente atenuar o senso de gratidão e depois a razão de nossa piedade, na esperança de diminuir a animosidade e de sermos menos invejados. Quando as paixões se mostram com toda sua força, todo mundo as reconhece: quando um homem no poder confe-

Observações

re um posto importante a alguém que lhe fez pequenos favores na juventude, chamamos isso de gratidão. Quando uma mulher berra e agita as mãos pela perda do filho, a paixão predominante é a tristeza; e a agonia que sentimos diante da visão de grandes infortúnios, como um homem de pernas quebradas ou // com o cérebro despedaçado, é em toda parte chamada de piedade. Mas em geral os golpes tênues, os toques nuançados das paixões passam despercebidos ou são mal compreendidos.

Para provar minha asserção, não precisamos senão observar o que geralmente se passa entre o *vencedor* e o *perdedor*. O primeiro é sempre complacente e, se o outro consegue se manter calmo, mais obsequioso que o normal, sempre estará pronto a adaptar-se ao perdedor e desejoso de retificar seus erros com precaução e do modo mais cortês possível. O perdedor é apreensivo, capcioso, bronco, talvez esbraveje e se enfureça; porém, contanto que não diga nem faça nada intencionalmente afrontoso, o vencedor aceita tudo de bom grado, sem ofendê-lo, perturbá-lo ou contradizê-lo. "Aos perdedores", diz o provérbio, "é concedida voz para queixarem-se"; o que bem mostra que o perdedor é tido como quem tem direito de reclamar e, pela mesma razão, de que dele se apiedem. É evidente que receamos a má vontade do perdedor, pois estamos conscientes de desagradarmos os que perdem, e tememos sua inveja quando acreditamos ser mais felizes do que os outros. Disso se segue que, quando o vencedor se esforça para esconder seus ganhos, sua intenção é evitar as maldades que pressente, e isso é autoconservação, cujos cuidados continuam nos afetando enquanto perduram os motivos que inicialmente a produziram.

Mas, após um mês, uma semana ou talvez muito antes, quando estão desgastados os pensamentos de agradecimento

A fábula das abelhas

e, consequentemente, o dever de gratidão, quando o perdedor recupera sua calma, ri de sua derrota e cessa o motivo da pena do vencedor; quando o vencedor não sente mais apreensão de que se abatam sobre si a má vontade e a inveja do perdedor, isto é, assim que todas as paixões se dissipam e os cuidados // da autoconservação não ocupam mais os pensamentos do vencedor, não apenas este deixará de ter qualquer escrúpulo em admitir que ganhou, mas também vai, se sua vaidade entrar em cena, gabar-se de seus ganhos ou, inclusive, exagerá-los.

É possível que, quando as pessoas que jogam são inimigas, desejosas talvez de incitar um embate, ou quando os homens jogam por ninharias, disputando para ver quem é mais habilidoso, no que almejam sobretudo a glória da conquista, não aconteça nada daquilo que mencionei antes. Diferentes paixões obrigam-nos a tomar diferente medidas; o que eu disse se refere, ordinariamente, aos jogos envolvendo dinheiro, em que os homens buscam ganhar e correm o risco de perder o que apreciam; e mesmo nesse caso estou certo de que muitos objetarão que, embora possam ser acusados de esconder seus ganhos, eles nunca observaram as paixões a que aludo como causas dessa debilidade; o que não surpreende, pois são poucos os homens que se permitem um tempo livre, e mais escassos ainda são os que se valem do método correto para examinar a si mesmos como deveriam fazer. O que se passa com as paixões nos homens é o mesmo que com as cores num tecido: é fácil reconhecer um vermelho, um verde, um azul, um amarelo, um preto etc. em muitos lugares variados; mas é preciso ser um artista para desvendar a variedade de cores e suas proporções que constituem o composto de um tecido bem mesclado. Do mesmo modo, todo mundo sabe identificar as paixões quando são dis-

Observações

tintas, e quando uma única ocupa inteiramente um homem; mas é muito difícil rastrear todos os motivos dessas ações que são o resultado de uma mistura de paixões.

85 ## // (F.)

E a virtude que, com a política,
Aprendera milhares de truques ardilosos,
Foi, graças à feliz influência,
Tornando-se amiga do vício [...]

Pode-se dizer que a virtude se torna amiga do vício quando pessoas de bem e industriosas, que sustentam a família e educam primorosamente os filhos, pagam impostos e são úteis à sociedade de várias formas, ganham a vida por meio de alguma coisa que depende em grande medida dos vícios dos outros ou que por eles é muito influenciado, sem que elas mesmas sejam culpadas ou coniventes com isso de outro modo que pelo comércio, como um boticário pode sê-lo por envenenamentos, ou um cuteleiro por um derramamento de sangue.

Assim, o mercador que envia milho ou tecido para o exterior, a fim de comprar vinho e conhaque, incentiva o crescimento ou a indústria de seu próprio país; é um benfeitor para a navegação, aumenta os impostos aduaneiros e beneficia de muitas formas o público; no entanto, não se deve negar que sua maior dependência é com a prodigalidade e a embriaguez; pois se ninguém bebesse vinho, afora os que necessitam, e não mais do que exige sua saúde, toda aquela multidão de comerciantes de vinho, de taberneiros, de tanoeiros etc., que constituem um considerável expoente nessa próspera cidade, estaria em con-

A fábula das abelhas

dições miseráveis. O que também pode ser dito não apenas em relação a fabricantes de cartas de baralho e dados, que são ministros imediatos de uma legião de vícios; mas também dos merceeiros, estofadores, alfaiates, e muitos outros, que morreriam de fome em seis meses se o orgulho e a luxúria fossem de uma só vez banidos da nação.

86

// (G.)

O pior tipo de toda a multidão
Para o bem comum contribuía.

Estou certo de que para muitos parecerá um estranho paradoxo; e que perguntarão a mim que benefício o público recebe de ladrões e arrombadores. Reconheço que estes são muito perniciosos à sociedade e que qualquer governo deveria tomar todo cuidado imaginável para erradicá-los e destruí-los; no entanto, se todas as pessoas fossem rigorosamente honestas, e se ninguém se intrometesse nem bisbilhotasse nada além de suas próprias coisas, metade dos ferreiros da nação estaria atrás de emprego; e a abundância de manufaturas (que servem hoje em dia para decoração e defesa) constatada em toda parte, na cidade e no campo, não teria jamais sido concebida senão para nossa segurança contra atentados de gatunos e ladrões.

Se o que acabei de dizer é descabido, minha asserção ainda parecendo um paradoxo, peço ao leitor que tenha em conta o consumo das coisas, e ele descobrirá que o mais preguiçoso e o mais inativo, o libertino e o mais pernicioso são, todos, obrigados a fazer algo para o bem comum; e enquanto a boca deles estiver escancarada de fome e continuarem a usar e, aliás,

Observações

destruir aquilo que os trabalhadores das indústrias diariamente se dedicam a fabricar, produzir e fornecer, queiram ou não, eles são obrigados a ajudar a sustentar os pobres e os cargos públicos. O trabalho de milhões logo estaria com os dias contados se não houvesse outros milhões, como digo na *Fábula*, que

> [...] *dedicavam-se*
> *A destruir suas manufaturas.*

87 // Mas os homens não devem ser julgados pelas consequências que podem advir de suas ações, e sim pelos próprios fatos e motivos que parecem tê-los levado a agir. Se um avarento de má índole, que possui quase 100 mil libras, e gasta ao ano apenas cinquenta, embora não tenha nenhum parente para herdar sua riqueza, fosse roubado em quinhentos ou mil guinéus, é evidente que, assim que esse dinheiro entrasse em circulação, a nação ganharia com esse roubo e receberia a partir disso um benefício tão efetivo quanto um arcebispo que tivesse deixado a mesma quantia para o povo; no entanto, a justiça e a paz da sociedade exigem que se enforque aquele ou aqueles que roubaram o avarento, ainda que os envolvidos fossem meia dúzia.

Ladrões e batedores de carteira roubam para sobreviver, seja por não ser suficiente o que podem ganhar honestamente, seja talvez por terem aversão ao trabalho constante: eles querem satisfazer seus sentidos, ter mantimentos, bebidas fortes, mulheres lascivas e ficar à toa quando bem entenderem. O estalajadeiro que os acolhe e aceita seu dinheiro, e que sabe como o conseguem, está muito próximo da vilania de seus hóspedes. Mas se os explora bem, cuida de seus negócios e é um homem prudente, pode conseguir seu dinheiro e cumprir com aque-

A fábula das abelhas

les com quem trata: o fiel secretário, cuja principal ambição é o lucro de seu senhor, leva até ele a cerveja que deseja tomar e certifica-se de não perder o cliente; enquanto tal homem tiver dinheiro, pensa que não é da sua conta examinar de onde este vem. Nesse ínterim, o rico cervejeiro, que deixa todos os seus negócios a cargo de seus funcionários, não sabe nada do assunto, mas mantém sua carruagem, regala os amigos e desfruta de prazeres com folga e consciência tranquila, compra terras, constrói casas e educa os filhos com fartura, sem nunca pensar no trabalho que os desgraçados realizam, nos transportes que **88** os tolos // fazem e nos truques que os patifes desempenham para conseguir a mercadoria, de cuja imensa venda ele amontoa suas grandes riquezas.

Um salteador, com um butim considerável, dá a uma pobre e ordinária meretriz, de quem ele gosta, dez libras para vestir-se com roupas novas dos pés à cabeça; há algum merceeiro aprumado tão escrupuloso que, sabendo quem ela é, se recuse a lhe vender uma fibra de cetim? Ela precisa de sapatos, meias e luvas: a espartilheira, a modista, a costureira e o vendedor de fazendas, todos se beneficiarão; e em menos de um mês uma centena de diferentes comerciantes, que dependem daqueles a quem ela pagou, terá tomado parte nisso. O generoso cavalheiro, enquanto isso, com quase todo seu dinheiro gasto, se aventurou novamente pelas estradas, mas, no segundo dia, tendo cometido um roubo perto de *Highgate*, foi detido com um de seus cúmplices, e nas sessões que se seguiram ao julgamento ambos foram condenados, e a lei foi aplicada. O dinheiro prometido a quem os denunciasse foi destinado a três camponeses, entre os quais foi admiravelmente bem aplicado. Um deles era um fazendeiro honesto, um trabalhador sóbrio e sofrido,

Observações

mas arruinado por infortúnios: no verão passado, por conta da mortandade do gado, de cada dez vacas, tinha perdido seis; e agora, seu senhorio, a quem devia trinta libras, tinha apreendido todo o restante. O outro, um trabalhador diarista, lutava arduamente contra as vicissitudes, tinha uma esposa doente em casa e vários filhos para sustentar. O terceiro era jardineiro de um cavalheiro, sustentava o pai, que estava na prisão durante quase um ano e meio por ter sido fiador, num total de doze libras, de um vizinho; seu ato de dever filial foi tanto mais meritório, pois já tinha há algum tempo se comprometido com uma jovem cujos pais viviam em boas condições, mas que não lhe dariam seu consentimento enquanto nosso jardineiro não lhes mostrasse possuir cinquenta guinéus de sua própria lavra. Eles receberam uma quantia superior a oitenta libras, livrando cada um deles das // dificuldades a que estavam submetidos, o que os fez pensar que eram as pessoas mais felizes do mundo.

89

Nada é mais destrutivo, seja para a saúde, seja para a atenção e eficiência dos trabalhadores pobres, do que esse infame licor, cujo nome em holandês deriva de *junípero*, e que agora, pelo uso frequente e espírito lacônico da nação, passou de uma palavra de extensão mediana a um termo monossilábico, o intoxicante gim, que encanta os inapetentes, os desesperados e os loucos de ambos os sexos, e faz os beberrões esfaimados contemplarem seus andrajos e sua nudez com uma indolência estúpida, ou dela façam troça, dando risadas bobas ou galhofas ainda mais desenxabidas: é um lago de fogo que põe o cérebro em chamas, queima as entranhas e inflama cada parte interna; ao mesmo tempo, é um *Leteo* do esquecimento, em que o desgraçado submerge e afoga suas preocupações mais prementes e, com sua razão, chafurda todas as reflexões aflitivas sobre seus fedelhos que choram de fome, sobre as geadas intempestivas de inverno e sobre sua detestável casa vazia.

Nos de temperamento quente e adusto, o gim os torna briguentos, faz com que se tornem brutos e selvagens, lutando por nada, o que frequentemente foi causa de assassínio. Já despedaçou e arruinou as mais fortes constituições, lançando-as em consumições, e foi o ensejo fatal e imediato de apoplexias, frenesis e mortes repentinas. Mas como esses males não ocorrem com frequência, são tolerados e deixados de lado; o mesmo não pode ser dito das muitas doenças que acompanham esse licor, e que são diariamente e a cada hora por ele produzidas, tais como perda de apetite, febre, icterícia negra e amarela, convulsões, cálculo ou areia nos rins, hidropisia e letargia.

90 Entre os admiradores inveterados desse licor venenoso, // muitos deles do mais baixo escalão, por uma afeição sincera pela mercadoria, tornam-se seus comerciantes, e sentem prazer em ajudar os outros com aquilo que eles mesmos adoram; tal como prostitutas que se iniciam na cafetinagem a fim de subordinar os lucros de uma profissão aos prazeres de outra. Mas como esses esfomeados geralmente bebem mais do que ganham, raramente conseguem com as vendas emendar a miséria da condição a que estavam submetidos quando eram apenas consumidores. Nos subúrbios e arredores da cidade, nos lugares frequentados pela ralé, é vendido em uma ou outra parte de quase todas as casas, frequentemente nas caves e por vezes no sótão. Os pequenos comerciantes desse alívio estigial são abastecidos por outros de nível um pouco superior, donos de lojas oficialmente autorizadas, cujas vidas são tão pouco invejáveis quanto a daqueles; e entre as pessoas de classe média, não conheço meio de vida mais miserável do que esse ofício; quem

Observações

quer prosperar nesse ramo precisa, em primeiro lugar, ter um temperamento atento e desconfiado, bem como ousado e resoluto, para não se deixar levar por trapaceiros ou fraudadores, nem ser intimidado por blasfêmias e imprecações de cocheiros e soldados de infantaria; em segundo, deve ser um exímio contador de piadas grosseiras, dar gargalhadas estrondosas e se valer de todas as formas sedutoras para sacar o dinheiro de seus clientes; ser bem versado nas caçoadas e zombarias baixas a que a turba recorre para achincalhar a prudência e a sobriedade. Deve ser afável e obsequioso com os mais depreciáveis; estar sempre pronto e solícito para ajudar um carregador a arriar sua carga; apertar as mãos de uma cesteira; saudar com o chapéu a vendedora de ostras e tratar o mendigo com familiaridade; com paciência e bom humor, deve ser capaz de suportar ações abjetas e linguajar vil de putas sórdidas e fanfarrices lúbricas; e sem mostrar nenhum desagrado ou a menor aversão, deve aguentar toda fedentina e esqualor, toda barulheira // e impertinência que a mais extrema indigência, lassidão e embriaguez podem produzir na ralé mais descarada e abandonada.

O grande número de estabelecimentos de que falo, espalhados por toda cidade e arredores, é prova espantosa dos muitos atrativos que, sob a forma de ocupação legal, subsidiam a propagação e o aumento de toda indolência, entorpecimento, carência e miséria, cuja causa imediata é o abuso de aguardentes, para elevar acima da média talvez uma dúzia de homens que comercializam essa mercadoria no atacado, ao passo que entre os varejistas, mesmo tendo a qualificação exigida que indiquei, é grande o número dos que estão falidos e arruinados, por não se absterem da *taça de Circe* que oferecem aos demais; e os mais afortunados são obrigados durante toda a vida a aceitar des-

A fábula das abelhas

gostos pouco usuais, a suportar dificuldades e a engolir todas as coisas ingratas e chocantes que mencionei, para conseguir muito pouco ou quase nada além do simples sustento e do pão de cada dia.

O vulgo míope mal percebe mais de um elo na cadeia de causas; mas aqueles que conseguem alargar sua visão, e se permitem o ócio para olhar numa perspectiva de eventos concatenados, podem ver em cem lugares o *bem* brotar e pulular do *mal*, com tanta naturalidade quanto os pintinhos que irrompem dos ovos. O dinheiro procedente das taxações do malte responde por parte considerável da receita da nação, e se dele não se destilasse nenhuma aguardente, o tesouro nacional sofreria prodigamente uma perda com esse item. Mas se pusermos sob verdadeira luz as muitas vantagens e a longa lista de benesses reais que se acumulam e que se devem ao mal do qual trato, seremos obrigados a considerar as rendas que são cobradas, a terra que é lavrada, as ferramentas fabricadas, o gado utilizado e, sobretudo, a multidão de pobres sustentada pela variedade de trabalho, necessária à lavoura, à maltagem, ao transporte // e à destilação, antes de termos o produto do malte, que chamamos de *sumo*, e que é apenas o início a partir do qual vários outros destilados devem ser feitos.

Além disso, um homem arguto e bem-disposto poderia extrair uma abundância de benefícios do lixo, o qual joguei fora por tê-lo como um mal. Ele me diria que, por maior que tenham sido a indolência e a embriaguez ocasionadas pelo abuso dos destilados do malte, o seu uso moderado representou um benefício inestimável aos pobres, que não poderiam comprar nenhum cordial mais caro, que foi um alívio universal, não apenas no frio e no cansaço extremo, mas na maioria das aflições

Observações

típicas dos necessitados, e que muitas vezes supriu, para os mais destituídos, a falta de comida, bebida, roupa e moradia. Que a indolência estúpida, nas condições mais miseráveis, ocasionada por esses tragos reconfortantes, dos quais me queixei, foi uma benção para milhares porque, certamente, os mais felizes eram os que menos sentiam dor. Quanto a doenças, observaria ele, se causa algumas, também cura outras; e se o excesso desses destilados causou a morte repentina de uns poucos, o hábito de beber todos os dias prolongou a vida de muitos que teriam se acostumado; que no caso de perdas na nação propiciadas por brigas insignificantes, fomos recompensados pela vantagem daí obtida no estrangeiro, içando a coragem de soldados e animando os marinheiros ao combate; e que nas duas últimas guerras nenhuma vitória significativa foi obtida sem sua ajuda.

Quanto à explicação deprimente que apresentei sobre os varejistas e sobre aquilo que são obrigados a suportar, responderia ele que em qualquer comércio não são muitos os que adquiriram mais do que uma módica riqueza, e que aquilo que eu tinha considerado tão ofensivo e intolerável nessa profissão é trivial para os que se acostumaram a isso; que o que parecia cansativo e calamitoso a alguns era deleitoso e por vezes maravilhoso a outros, conforme as diferentes circunstâncias // e educação dos homens. Ele me faria lembrar que o benefício de um emprego sempre compensou o esforço e a labuta que fazem parte dele, sem esquecer que *Dulcis odor lucri è re qualibet;*[3] ou me diria que o odor do ganho é fragrante mesmo para os que trabalham sem a luz do dia.

---

3 Juvenal, *Sátiras*, xiv, 204-205: "De onde quer que venha, o lucro cheira bem". (N. T.)

A fábula das abelhas

Se porventura eu o pressionasse, argumentando que ter aqui e ali um grande e eminente destilador é uma compensação irrisória para os meios vis, a indigência certa e a miséria eterna de tantos milhares de desgraçados, necessários para lhes fazer fortuna, ele responderia que disso eu não poderia ser o juiz por não saber que amplo benefício eles poderiam mais tarde trazer à república. Talvez, diria ele, o homem assim levado à fortuna se empenhará no Comitê da Paz ou em outro cargo, com atenção e zelo, contra os dissolutos e descontentes; conservando seu caráter batalhador, será tão industrioso na difusão da lealdade e na reforma dos costumes, em cada rincão da grande e populosa cidade, quanto foi outrora quando a enchia de destilados; até que, por fim, ele se transformaria no flagelo das prostitutas, dos vagabundos e dos mendigos; o terror dos desordeiros e das ralés insatisfeitas, a praga constante dos carniceiros profanadores do sabá. Nesse ponto, meu bem-disposto antagonista ficaria exultante e triunfaria sobre mim, especialmente se conseguisse me apresentar um caso seguindo esse modelo. Que benção extraordinária, clamaria ele, um tal homem para seu país! Como é radiante e ilustre a sua virtude!

Para justificar sua exclamação, demonstraria a mim que é impossível apresentar uma prova mais completa de abnegação de uma alma agradecida do que quando esta é vista, às expensas de sua tranquilidade e arriscando a vida e os membros, sempre perturbando, ou mesmo, por ninharias, perseguindo aquela mesma classe de homens à qual ele deve sua fortuna, por nenhum outro motivo além de sua aversão à indolência, de sua grande devoção religiosa e de sua grande preocupação com o bem-estar público.

Observações

// (H.)

Partes diametralmente opostas
Ajudavam-se mutuamente, como que por despeito;

Nada colaborou mais para o avanço da Reforma do que a preguiça e a estupidez do clero romano; no entanto, a mesma Reforma os despertou da lassidão e da ignorância sob as quais viviam; e seguidores de Lutero, de Calvino e de outros, pode-se dizer, reformaram não apenas aqueles que foram seduzidos por suas doutrinas, mas também os que continuaram sendo seus maiores opositores. O clero da Inglaterra, por repreender severamente os cismáticos, sem o saber, suscitou inimigos tão assustadores que dificilmente conseguiu lhes responder; e mais uma vez, os dissidentes, bisbilhotando a vida e vigiando atentamente todas as ações de seus poderosos antagonistas, levaram os membros da Igreja oficial a acautelar-se mais em suas ofensas do que provavelmente teriam feito se não tivessem nenhum vigilante malicioso a temer. Deve-se muito ao grande número de huguenotes que sempre houve na França, antes de sua recente extirpação total, que esse reino possa gabar-se de ter clérigos menos dissolutos e mais instruídos do que qualquer outro país católico. Em nenhum outro lugar os clérigos // da Igreja são mais soberanos do que na Itália e, desse modo, em nenhuma outra parte lugar mais devasso; e em nenhum outro lugar é mais ignorante do que na Espanha, já que em nenhum outro lugar sua doutrina encontra menos oposição.

Quem imaginaria que mulheres virtuosas seriam, inconscientemente, instrumentos para a promoção dos interesses das prostitutas? Ou (o que parece mais paradoxal) que a in-

A fábula das abelhas

continência seria proveitosa à preservação da castidade? E, no entanto, nada é mais verdadeiro. Um jovem vicioso, após ter permanecido uma ou duas horas na Igreja, no baile, ou em qualquer outra reunião onde há uma parcela grande de mulheres bonitas e bem vestidas, terá sua imaginação mais abrasada do que se tivesse passado o mesmo tempo indo votar nas eleições em Guildhall, ou ido passear no campo entre um rebanho de ovelhas. A consequência disso é que ele vai buscar satisfazer o apetite nele despertado; e quando encontrar mulheres honestas, obstinadas e inalcançáveis, o mais natural é pensar que ele rapidamente procurará outras mais complacentes. Quem conseguiria, como mera suposição, aventar que isso é culpa das mulheres virtuosas? Elas, pobres anjos, não pensam de maneira nenhuma nos homens quando se arrumam, e buscam apenas parecer limpas e decentes, cada qual conforme sua categoria.

Longe de mim encorajar o vício, e acho que seria uma felicidade indescritível para o Estado se o pecado da impureza pudesse ser banido em definitivo; mas receio que não seja possível: as paixões de algumas pessoas são muito violentas para que possam ser refreadas por uma lei ou preceito; é sábio o governo que suporta inconvenientes menores para evitar maiores. **96** Se cortesãs e rameiras fossem processadas // com tanto rigor quanto alguns imbecis gostariam, que fechaduras ou barras de ferro seriam suficientes para preservar a honra de nossas esposas e filhas? Pois não se trata apenas de considerar que as mulheres em geral estariam expostas a grandes tentações, e que as tentativas de seduzir virgens inocentes pareceriam mais desculpáveis, mesmo para a parcela mais moderada dos homens, do que o são atualmente; mas também de que os homens perderiam a medida; e o estupro se tornaria um crime comum. Onde

Observações

6 mil ou 7 mil marinheiros chegam de uma vez só, como costuma acontecer em Amsterdã, que não viram durante muitos meses outro sexo senão o seu próprio, como supor que mulheres decentes percorreriam as ruas da cidade sem ser molestadas se não houvesse meretrizes disponíveis a um preço razoável? Razão pela qual os sábios administradores dessa cidade bem organizada sempre toleram um número indeterminado de casas em que mulheres são arrendadas de modo tão público quanto cavalos num estábulo para locação de montaria; e como há nessa tolerância um grau considerável de prudência e economia a ser levado em conta, uma breve descrição disso não será uma digressão de todo fastidiosa.

Em primeiro lugar, as casas de que falo estão autorizadas a se estabelecer apenas na parte mais desalinhada e grosseira da cidade, onde sobretudo marinheiros e estrangeiros sem nenhuma reputação se instalam e se refugiam. A rua em que a maioria está estabelecida é tida como escandalosa, e a infâmia se prolonga por toda a vizinhança que a rodeia. Em segundo, são os únicos estabelecimentos localizáveis onde se pode barganhar e marcar encontros para promover entrevistas sigilosas, durante as quais não se tolera de forma alguma que a obscenidade se manifeste; ordem essa tão estritamente observada que, afora os maus modos e a barulheira da companhia frequentadora, você não encontrará nenhuma indecência maior, e geralmente nenhuma lascívia menor, do que a que vemos no teatro. Em terceiro lugar, as mulheres comerciantes que comparecem para essas tratativas noturnas são // sempre a escória do povo e, geralmente, aquelas que de dia carregam frutas e outros víveres em seus carrinhos de mão. De fato, as vestimentas com que aparecem à noite são muito diferentes de suas roupas ordinárias; no entanto, são

A fábula das abelhas

em geral tão ridiculamente alegres que mais parecem trajes romanos de atrizes mambembes do que roupas de damas; ao que se você acrescentar o desalinho, as mãos ásperas e a educação grosseira das donzelas que usam essas peças, não há nenhum grande motivo para temer que muitos de posição superior se sintam tentados por elas.

A música nesses templos de Vênus é tocada por órgãos, não por respeito à divindade que veneram, mas pela simplicidade dos proprietários, cujo negócio consiste em obter o máximo de estrondo pelo mínimo de dinheiro que puderem gastar, e pela política do governo, que se esforça o mínimo possível para encorajar a formação de gaiteiros e rabequistas. Todos os navegadores, especialmente os holandeses, assemelham-se ao elemento ao qual pertencem, muito dados ao fuzuê e ao bramido; e o barulho provocado por meia dúzia deles, quando festejam, é suficiente para abafar o dobro de flautas ou violinos; em contrapartida, com um par de órgãos, conseguem ressoar pela casa inteira, e não têm outra despesa além de um músico lazarento, que não lhes custa nada; no entanto, não obstante as boas regras e a rígida disciplina observadas nesses mercados do amor, // o meirinho e seus subordinados estão sempre incomodando, multando e, à menor reclamação, detendo os miseráveis donos desses estabelecimentos; política essa que tem duas grandes serventias: primeiro, permite que uma vasta parcela de funcionários, de que os magistrados lançam mão em muitas ocasiões e sem os quais estes não existiriam, possa extorquir um troco das imoderadas receitas provenientes do pior dos empregos, e ao mesmo tempo punir esses devassos imprescindíveis, os alcoviteiros e as cafetinas, os quais, embora sejam abominados, não se espera destruir por completo; em segundo lugar, como

Observações

por diversos motivos poderia ser perigoso deixar que a multidão penetrasse no segredo, tolerando essas casas por meio de seu comércio, parecendo assim que são irrepreensíveis, os cautos magistrados preservam sua imagem diante dos mais fracos, que imaginam que o governo está sempre se esforçando para, embora seja incapaz de, eliminar aquilo que, na verdade, tolera; ao passo que, se realmente quisessem expulsá-las, seu poder na administração da justiça é tão soberano e amplo, e sabendo eles perfeitamente como executá-lo, que em uma semana, ou antes, em apenas uma noite, poderiam desinstalá-las.

Na Itália, a tolerância dispensada às raparigas é ainda mais descarada, como comprovam seus prostíbulos públicos. Em Nápoles e Veneza a impureza é um tipo de comércio e de tráfico. As cortesãs em Roma e as cantoneiras na Espanha formam uma corporação dentro do Estado, sujeita a taxas e impostos. Sabe-se bem que a razão pela qual muitos bons políticos toleram essas casas de luxúria não é sua irreligião, mas sim evitar um mal pior, uma impureza ainda mais execrável, e prover segurança a mulheres respeitáveis. "Há aproximadamente 250 anos", diz o senhor Didier, "estando Veneza com escassez de // cortesãs, a república viu-se obrigada a procurar um grande número delas em países estrangeiros." Doglioni, que escreveu casos memoráveis sobre Veneza, tem em altíssima conta a sabedoria da república nesse ponto, que protegeu a castidade de mulheres respeitáveis, diariamente expostas a violências públicas; as igrejas e outros lugares consagrados não eram um asilo suficiente para sua castidade.

Nossas universidades na Inglaterra estão um tanto deturpadas se não há mensalmente em alguns colégios uma licença

A fábula das abelhas

ad expurgandos renes;[4] e houve um tempo em que se permitia aos monges e padres na Alemanha ter concubinas como pagamento anual a seu prelado. // "Acredita-se geralmente", diz o senhor Bayle (a quem devo o parágrafo anterior), "que a mesquinhez foi a causa dessa vergonhosa indulgência; mas é mais provável que o propósito fosse impedir que suas mulheres pudicas tentassem os monges, acalmando a inquietação dos maridos, cujo ressentimento o clero fez bem em evitar." Isso posto, fica evidente a necessidade de se sacrificar uma parte das mulheres para se preservar a outra e de evitar a imundície de uma natureza ainda mais abominável. A partir do que creio poder concluir com justeza (que constitui o aparente paradoxo que procurei evidenciar) que a castidade pode ser apoiada na incontinência e que as melhores virtudes precisam do auxílio dos piores vícios.

(I.)

A raiz de todos os males, a avareza,
Esse vício pernicioso, maldito e perverso,
Era escrava da prodigalidade,

Relacionei muitos epítetos execráveis relacionados à palavra "avareza", seguindo a voga da humanidade, que em geral lhe confere mais insultos do que a qualquer outro vício, e, de fato, não imerecidamente; pois raro é o mal de que não tenha sido causa num ou noutro momento. Mas a verdadeira razão pela qual todo mundo exclama tanto contra ela é que todo mundo padece dela; pois quanto mais dinheiro é guardado por uns,

---

4 Em latim no original: "para limpar os rins". (N. T.)

Observações

101 tanto maior sua escassez // para outros; portanto, quando os homens ralham muito com os avarentos, em geral, o que há no fundo é interesse próprio.

E como não se pode viver sem dinheiro, os que não são providos nem têm quem lhes dê são obrigados a prestar um ou outro serviço à sociedade antes que o venha a ter; mas como todo mundo estima seu trabalho como a si mesmo, geralmente não abaixo do seu valor, a maioria das pessoas, que quer dinheiro só para gastá-lo em seguida, acredita ter feito muito mais do que o que ele vale. Trabalhem ou não, os homens não podem deixar de considerar que as coisas necessárias à sobrevivência lhes são devidas; pois acham que a natureza, sem consultá-los se têm ou não algo para comer, obriga-os a comer sempre que sentem fome; razão pela qual todos se esforçam para conseguir o que querem da maneira mais cômoda possível; portanto, quando os homens acham que o martírio a que se sujeitam para conseguir dinheiro é maior ou menor, conforme aquilo que gostariam de ter por esse meio é mais ou menos tenaz, é muito natural que a cobiça em geral lhes cause raiva; pois ela os obriga a ficar sem aquilo de que sentem vontade, ou então a se empenhar por isso muito mais do que gostariam.

Ainda que a avareza ocasione tantos males, ela é muito necessária à sociedade; ela cata e junta aquilo que o vício contrário largou e esparramou. Não fosse pela avareza, logo faltaria material aos perdulários; e, se ninguém economizasse e acumulasse mais rapidamente do que gasta, poucos poderiam gastar mais rapidamente do que conseguem. Que se trata de uma escrava da prodigalidade, como a nomeei, é manifesto pelos muitos avarentos que diariamente vemos labutar e trabalhar, privar-

A fábula das abelhas

-se e passar fome com vistas a enriquecer esplendidamente um herdeiro. Embora esses dois vícios pareçam ser muito contrários, ainda assim, muitas vezes se ajudam. Florio é um rapaz extravagante e esperto, de temperamento muito profuso; como é filho único de um pai muito rico, quer viver em grande estilo, criar cavalos e cães, // e fazer o que quiser com seu dinheiro, como alguns de seus companheiros; mas o velho unha de fome não quer se desfazer de nem um tantinho de seu dinheiro e lhe dá tão somente o necessário. Florio quer fazer um empréstimo há muito tempo com base em seu próprio crédito; porém, como esse dinheiro se perderia se ele morresse antes de seu pai, nenhum homem prudente lhe fará nenhum empréstimo. Por fim, conhece o ganancioso Cornaro, que lhe empresta com juros de 30%; agora Florio se sente feliz e gasta mil por ano. Onde Cornaro alcançaria um lucro tão prodigioso assim, se não fosse de um tonto como Florio, que pagará tão alto para jogar dinheiro fora? E como Florio conseguiria dinheiro para gastar se não tivesse topado com um usurário tão ganancioso como Cornaro, cuja excessiva cobiça o faz ignorar o risco enorme que corre aventurando tamanha soma na vida de um debochado sem estribeiras?

A avareza é o contrário da profusão apenas na medida em que significa o amor sórdido pelo dinheiro, aquela estreiteza da alma que impede os avarentos de se desprenderem do que possuem e que os torna cobiçosos apenas para acumular. Mas há um tipo de avareza que consiste num desejo voraz de riquezas com o propósito de gastá-las; o que ocorre frequentemente com a prodigalidade nas mesmas pessoas, como é evidente na maior parte de cortesãos e altos funcionários, tanto civis quanto militares. Nas construções e no mobiliário, na equipagem e

Observações

nos passatempos, exibem sua galantaria com a maior profusão; ao passo que as ações vis a que se submetem em vista do lucro, bem como as muitas fraudes e cobranças de que são culpados, revelam a avareza extremada. Essa mistura de vícios contrários expressa com exatidão o caráter de Catilina, de quem se diz que era *appetens alieni & sui profusus*, ávido pelos bens dos outros e generoso consigo próprio.

103

// (K.)

Um nobre pecado [...]

A prodigalidade, que chamo de nobre pecado, não é aquela que tem a avareza por sua companheira e faz os homens esbanjarem exageradamente com alguns aquilo que injustamente extorquem de outros, mas sim aquele agradável vício de boa índole, que faz a fumaça sair pela chaminé e os homens do comércio sorrirem; refiro-me à prodigalidade pura de homens descuidados e voluptuosos que, sendo educados sem que nada lhes falte, abominam os pensamentos vis de lucro e desperdiçam apenas aquilo que outros com dificuldade economizam; que cedem a suas inclinações a suas próprias expensas; que gozam da contínua satisfação de trocar ouro velho por prazeres novos; e que, pela vastidão excessiva de uma alma dispersa, são culpados por depreciar em demasia aquilo que a maioria das pessoas aprecia.

Quando falo tão respeitosamente desse vício, tratando-o com tanta ternura e boas maneiras, no meu íntimo, a mesma postura me faz dirigir muitos impropérios ao reverso disso, a saber, o interesse público; pois, assim como o avaro não faz nenhum bem a si mesmo e prejudica a todos, exceto seu herdeiro, assim também o pródigo é uma benção para toda a sociedade, e não faz mal a ninguém a não ser a si mesmo. É verdade que aqueles são patifes em sua maioria, do mesmo modo que estes são todos uns tontos; ainda assim, para o público em geral, são uns pedacinhos deliciosos com os quais se refestelam e, com a mesma justeza com que os franceses chamam os monges de perdizes das mulheres, podemos chamá-los de galinholas da sociedade. Não fosse a prodigalidade, nada nos permitiria reparar a rapinagem e a extorsão da avareza no poder. Quando morre um estadista cobiçoso, // que passou a vida toda se enriquecendo com os espólios da nação, e que acumulou um imenso tesouro pela pilhagem e rapinagem, todo cidadão de bem deveria se encher de alegria ao ver a prodigalidade incomum de seu filho. Eis no que consiste restituir ao público aquilo que lhe foi roubado. A devolução de subvenções é uma forma bárbara de despojamento; é ignóbil arruinar um homem mais rapidamente do que ele próprio conseguiria quando bem--disposto a tanto. Ele não alimenta um número interminável de cães de todas as raças e tamanhos, ainda que nunca cace? Não tem mais cavalos do que qualquer nobre do reino, ainda que nunca os monte? Não dá a uma vadia desventurada uma pensão que sustentaria uma duquesa, ainda que nunca se deite com ela? E não é ainda mais extravagante com as coisas que usa? Assim, deixem-no em paz, ou elogiem-no, chamem-no de patriota, de nobre espírito magnificamente liberal; e em poucos anos estará despojado de acordo com seus próprios modos. Contanto que a nação retome o que lhe pertence, não devemos disputar sobre a maneira pela qual a pilhagem é restituída.

Um monte de homens moderados, bem sei, inimigos dos extremos, vai me dizer que a frugalidade poderia com galhar-

Observações

dia ocupar o lugar dos dois vícios de que falo; que, se os homens não tivessem formas tão profusas de gastar sua riqueza, não ficariam tentados a tantas práticas danosas para reuni-la e, consequentemente, que, ao evitar ambos os extremos, o mesmo número de homens se torna mais feliz e menos vicioso sem eles do que o que conseguiriam com eles. Quem quer que pense assim se mostra mais como uma boa pessoa do que como político. A frugalidade é como a honestidade; uma virtude fraca e faminta, adequada apenas a pequenas sociedades de homens bons e pacíficos, contentes de ser pobres para viver tranquilamente; mas em uma nação grande e agitada, em pouco tempo você estará farto // disso. É uma virtude ociosa e sonhadora, que não sabe o que fazer com as mãos e, portanto, muito inútil em um país voltado para o comércio, onde há muita gente que de um jeito ou de outro deve ser posta para trabalhar. A prodigalidade tem mil invenções para impedir que as pessoas fiquem de braços cruzados; invenções essas de que a frugalidade nunca teria ideia; e assim como a profusão há de consumir uma prodigiosa riqueza, assim também a avareza conhece inúmeros ardis para juntá-la, cujo uso a frugalidade desprezaria.

Os autores sempre se permitem comparar coisas pequenas com grandes, especialmente quando começam pedindo permissão para tanto. *Si licet exemplis* etc.[5] Mas comparar grandes coisas com outras inferiores e triviais é insofrível, a não ser que se trate de uma paródia; do contrário, eu compararia o corpo político (admito que o símile é bem baixo) com uma vasilha de ponche. Nesse caso, a avareza seria aquilo que o azeda, e a

---

5 Virgílio, *Geórgicas*, IV, 176: *Si parva licet componere magnis*, "Se é lícito comparar as coisas pequenas com as grandes". (N. T.)

A fábula das abelhas

prodigalidade, o que o adoça. A água, diria que é a ignorância, a insensatez e a credulidade, uma multidão flutuante e sem sabor; ao passo que a sabedoria, a honra, a fortaleza e as demais qualidades sublimes do homem, que, separadas dos resíduos da natureza por meio da arte, o fogo da glória sublimou e refinou em sua essência espiritual, seriam equivalentes ao conhaque. Não tenho dúvidas de que se um westfaliano, um lapão ou qualquer outro estrangeiro embotado, que desconhece essa mistura salutar, tivesse que experimentar os vários ingredientes separadamente, acharia impossível compor a partir disso uma bebida tolerável. Os limões seriam muito azedos, o açúcar, muito melado, o conhaque, diria ele, seria muito forte para ser bebido em qualquer quantidade, e ainda consideraria a água uma bebida sem sabor, própria apenas para vacas e cavalos. No entanto, a experiência nos ensina que os // ingredientes mencionados, quando judiciosamente misturados, formam uma excelente bebida, apreciada e admirada por homens de paladar requintado.

Quanto aos nossos dois vícios em particular, eu poderia comparar a avareza, que causa tantos males e da qual se queixam todos aqueles que não são avarentos, com um ácido adstringente que irrita nossos dentes e desagrada qualquer paladar não corrompido; poderia comparar os adornos espalhafatosos e a esplêndida equipagem de um janota profuso com o brilho reluzente do mais fino cubo de açúcar; pois, assim como quando corrige-se a acidez daquele evitam-se os danos do ranço corrosivo que poderiam ser ocasionados nas entranhas, o outro também é um bálsamo agradável que cura e repara a dor aguda da qual sempre sofre a multidão com os apertos do avaro; enquanto as substâncias de ambas se fundem igualmente

Observações

e se consomem em benefício dos diferentes compostos a que pertencem. Eu poderia seguir adiante com o símile, conforme as proporções e a exatidão passíveis de serem observadas, mostrando como é difícil separar qualquer dos ingredientes em qualquer das misturas; mas não cansarei meu leitor enveredando-me tão longe numa comparação lúdrica quando tenho outros assuntos de maior importância para entretê-lo; e para resumir o que disse nesta observação e na anterior, devo apenas acrescentar que tenho em conta a avareza e a prodigalidade na sociedade do mesmo modo que considero dois venenos contrários na medicina, dos quais é certo que as qualidades nocivas se corrigem pelo mal mútuo que se causam, e podem ajudar um ao outro e muitas vezes formam um bom medicamento quando misturados.

107 ## // (L.)

[...] *ao passo que o luxo*
Empregava um milhão de pobres.

Se tudo o que deve ser considerado luxo (como a rigor deveria ser) consiste naquilo que não é imediatamente necessário para fazer o homem subsistir na condição de ser vivo, então não há outra coisa no mundo, nem mesmo entre os selvagens nus, entre os quais é improvável que haja algum hoje em dia que não tenha feito certas melhorias na sua maneira pregressa de viver, seja na preparação dos seus mantimentos, na organização de suas cabanas ou em outra coisa, que tinha acrescentado algo àquilo que outrora lhe bastava. Todo mundo dirá que essa definição é muito rigorosa. Sou da mesma opinião, mas, se quiser-

A fábula das abelhas

mos diminuir um centímetro dessa severidade, receio que não saberemos onde parar. Quando as pessoas dizem que a única coisa que desejam é manter-se apresentáveis e limpas, não há meio de saber o que compreendem por isso; se empregam essas palavras em seu sentido genuíno, adequado e literal, podem dar--se por satisfeitas, sem muita despesa nem incômodo, contanto que não lhes falte água. Mas esses dois pequenos adjetivos são tão abrangentes, especialmente no dialeto de algumas damas, que ninguém suspeita até onde encompridam-se. Os confortos da vida são, da mesma forma, tão variados // e extensos que ninguém consegue explicar o que as pessoas querem dizer com isso, a não ser que se saiba que tipo de vida elas levam. Constato o mesmo tipo de obscuridade nas palavras "decência" e "conveniência", e só consigo entendê-las quando estou a par das qualidades das pessoas que as empregam. As pessoas podem reunir-se na igreja, estando todas em perfeito acordo o quanto lhes aprouver; tendo a crer que, quando rogam pelo pão de cada dia, o bispo compreende várias coisas nessa súplica nas quais o sacristão não pensa.

Mas, com o que disse até aqui, mostraria apenas que se nos apartamos de chamar de luxo tudo o que não é absolutamente necessário para manter um homem vivo, então não existe luxo; pois, se são inúmeras as carências dos homens, então o que os supre não tem limites; o que certo tipo de gente chama de supérfluo será considerado indispensável pelos de qualidade superior; e nem o mundo nem a habilidade do homem podem produzir algo tão curioso ou extravagante que um soberano muito gracioso, se isso lhe tem serventia ou o diverte, não compute entre as necessidades da vida; não entendendo por isso a vida de todo mundo, mas sim a da sua sagrada pessoa.

Observações

É uma noção aceita que o luxo é tão destrutivo para a fortuna de todo corpo político quanto para cada indivíduo comprometido com ele; e que a frugalidade nacional enriquece um país da mesma maneira que a do indivíduo, menos geral, aumenta o espólio de famílias particulares. Confesso que, embora // tenha encontrado homens de melhor entendimento do que o meu sobre esse assunto, não posso evitar divergir deles. Eles argumentam da seguinte forma: enviamos, dizem eles, por exemplo, para a Turquia, lã manufaturada e outras coisas de nossa produção, pelo valor de um milhão a cada ano; em troca, importamos seda, mohair, medicamentos etc., pelo valor de 120 mil libras, que são inteiramente gastas em nosso país. Por essa transação, dizem, não ganhamos nada; mas, se a maioria de nós se contentasse com nossa própria produção, consumindo assim apenas metade da quantidade de mercadorias estrangeiras, então os turcos, que continuariam querendo a mesma quantidade de nossas manufaturas, seriam obrigados a pagar pelo resto em dinheiro contado, de modo que, como diferença, a nação deveria receber 600 mil libras *per annum*. //

Para examinar a força desse argumento, vamos supor (como eles teriam que fazer) que apenas metade da seda, // da que existe atualmente, será consumida pela Inglaterra; vamos supor igualmente que os turcos, apesar de nossa recusa em comprar acima da metade de suas mercadorias como costumávamos fazer, não podem ou não querem ficar sem a mesma quantidade de nossas manufaturas que tinham antes, e que paguem a diferença em dinheiro; isto é, que nos dariam, em ouro ou prata, a diferença excedente entre o que compram de nós e o que compramos deles. Embora o que supomos talvez possa ser feito durante um ano, é impossível que dure: comprar é trocar,

A fábula das abelhas

e nenhuma nação pode comprar produtos de outras se não tem como pagar para adquiri-los. Espanha e Portugal, cujas minas lhes fornecem anualmente novas quantidades de ouro e prata, podem comprar permanentemente com dinheiro vivo, na medida em que prossegue seu aumento anual de ouro e prata; mas, então, o dinheiro é o produto e a riqueza desses países. Sabemos que não poderíamos continuar comprando os produtos de outras nações se não recebessem nossas manufaturas como pagamento daquilo que compramos. Por que, então, julgamos que isso se daria de outro modo nas outras nações? Se para os turcos não cai mais dinheiro do céu do que para nós, vejamos qual seria a consequência do que supomos. As 600 mil libras de seda, mohair etc., que ficaram em suas mãos durante o primeiro // ano, devem fazer o preço desses produtos cair consideravelmente; disso, os holandeses e os franceses vão colher os frutos, tanto quanto nós mesmos, e se continuarmos recusando suas mercadorias como forma de pagamento por nossas manufaturas, não farão mais negócio conosco; vão se contentar com a compra daquilo de que precisam das nações que estão dispostas a assumir o que recusamos, ainda que suas mercadorias sejam muito piores que as nossas; e assim em poucos anos nosso comércio com a Turquia deverá infalivelmente arruinar-se.

Mas talvez digam que, para evitar as más consequências que apresentei, devemos adquirir as mercadorias turcas, como fazíamos antes, tendo nós a frugalidade para consumir apenas metade da quantidade e enviar o restante ao estrangeiro para ser vendido a outros. Vejamos o que isso acarretará e se a balança do comércio vai enriquecer a nação com o saldo de 600 mil libras. Em primeiro lugar, estou de acordo que, valendo-se internamente o nosso povo muito mais de nossas manufaturas,

Observações

aqueles que trabalhavam com seda, mohair etc. vão buscar sustentar-se com várias formas de preparação de artigos de lã. Mas, em segundo, não posso conceder que esses produtos possam ser vendidos como antes; pois, mesmo supondo que metade do que é utilizado internamente seja vendido pelo mesmo preço de antes, certamente a outra metade mandada ao estrangeiro sofrerá uma forte queda; pois os produtos serão enviados para mercados já abastecidos; além do que, será preciso deduzir o frete, o seguro, o armazenamento e todos os outros gastos; necessariamente, os comerciantes em geral perderão muito mais com essa metade reembarcada do que conseguem ganhar com a outra metade consumida aqui. Pois, embora as manufaturas

113 da lã sejam produto nosso, custam, // tanto para o comerciante que as manda ao estrangeiro, quanto para o lojista que as revende aqui no varejo; de modo que, se o retorno com o que exporta não compensa o que essas mercadorias lhe custaram aqui, com todos os encargos, até que ele consiga recuperar seu dinheiro e um bom lucro em espécie, o comerciante irá se arruinar, e o resultado final seria que os comerciantes, em geral, vendo que sofrem perdas na exportação de mercadorias turcas, só exportariam as nossas manufaturas para pagar a seda, o mohair etc., que seriam consumidos aqui. As outras nações logo encontrariam maneiras de lhes fornecer aquilo de que reduzimos o envio e venderiam em outras partes as mercadorias que nós recusamos. Desse modo, tudo o que conseguiríamos por meio dessa frugalidade seria: os turcos comprariam apenas metade do que compram agora de nossas manufaturas, ao passo que incentivaríamos e vestiríamos suas mercadorias, sem a venda das quais eles não conseguiriam comprar as nossas.

A fábula das abelhas

Durante vários anos, mortifiquei-me com muitas pessoas sensatas contrárias a essa opinião, que sempre consideraram que meu cálculo estava errado; até que tive o prazer de ver o saber da nação indo ao encontro dos mesmos sentimentos, como o mostra uma lei do Parlamento criada no ano de 1721,

114 em que a legislatura eximiu // uma poderosa e valiosa companhia, ignorando graves inconveniências internas, para promo-

115 ver os // interesses com o comércio turco, o que não apenas incentivou o consumo de seda e mohair, mas também obrigou os súditos, sob pena de lei, a fazer uso desses produtos, quisessem eles ou não.

Além disso, outra acusação feita contra o luxo é que este aumenta a avareza e a rapinagem; e onde reinam esses dois vícios, cargos de grande confiança são comprados e vendidos; os ministros, grandes e pequenos, que deveriam servir ao público, são corrompidos, e a todo instante os países correm o risco de serem traídos pelos que derem o lance mais alto; e, por último, que efemina e enerva o povo, pelo que as nações se tornam presa fácil dos primeiros invasores. São coisas de fato terríveis; mas o que se coloca na conta do luxo diz respeito à má administração e é culpa de maus políticos. Todo governo deveria

116 conhecer perfeitamente e perseguir firmemente // o interesse do país. Os bons políticos, por meio de uma administração hábil, estabelecendo impostos pesados sobre alguns itens, ou proibindo-os por completo, e reduzindo a aduana sobre outros, podem sempre alterar e desviar o rumo do comércio da forma que lhes aprouver; e, assim como vão sempre preferir, quando igualmente equiparado, comercializar com países que podem pagar com dinheiro ou mercadoria àqueles que não têm nada a oferecer pelo que compram, exceto a produção agrícola

Observações

e as manufaturas de seu próprio país; assim também, vão sempre evitar cuidadosamente negociar com nações que recusam mercadorias de outros países e que só aceitam o pagamento pelas suas em dinheiro. Mas, sobretudo, eles ficarão de olho na balança comercial em geral e nunca aceitarão que o total anual de importações exceda em valor àquilo que foi produzido ou manufaturado em seu próprio país para exportação durante o mesmo período. Notem que falo agora do interesse das nações que não produzem ouro ou prata; pois, do contrário, tal máxima não precisa ser seguida tão estritamente.

Se o que acabei de frisar for diligentemente observado, não se permitindo nunca que as importações sejam superiores às exportações, nenhuma nação jamais empobrecerá com luxo estrangeiro; e podem até mesmo melhorar o quanto quiserem, desde que aumentem proporcionalmente suas reservas com vistas a adquiri-lo.

O comércio é o requisito principal, mas não o único, para engrandecer uma nação; há outras coisas para se levar em conta. O *meum* e o *tuum* [meu e teu] devem ser garantidos, os crimes devem ser punidos, e todas as outras leis concernentes à administração da justiça devem ser sabiamente elaboradas e rigorosamente executadas. Os assuntos externos devem ser igualmente conduzidos com prudência, e o gabinete de toda // nação deve contar com boas informações, estando bem inteirado das transações públicas de todos os países que, seja por sua proximidade, força ou influência, podem lhe ser prejudiciais ou benéficos, a fim de tomar medidas necessárias em função do contexto, contrapondo-se a uns e ajudando a outros, como a política e o equilíbrio do poder determinar. A multidão deve ser mantida em respeito, nenhuma consciência humana deve

A fábula das abelhas

ser pressionada, e o clero não deve tomar parte nas questões de Estado para além daquilo que nosso Salvador lhe legou em seu testamento. Tais são as artes que levam à grandeza mundana: todo poder soberano que as emprega bem, que tem uma nação importante para governar, seja uma monarquia, uma república ou uma mistura das duas, nunca pode falhar na sua prosperidade, a despeito de todos os outros poderes sobre a Terra; e nenhum luxo nem qualquer outro vício são capazes de abalar sua constituição – mas, aqui, aguardo que se lancem contra mim ao berros: "Como assim!", "Deus nunca puniu e destruiu as grandes nações por seus pecados?". Sim, mas nunca sem se valer de certos meios: enfatuando a cabeça de seus governantes, permitindo que se afastassem de todas ou de algumas dessas máximas gerais que mencionei; e de todos os célebres Estados e impérios de que o mundo se vangloriou até agora, nenhum deles se arruinou sem que a causa de sua destruição se devesse principalmente a maus políticos, ao descaso, à ingerência de seus governantes.

Não há dúvida de que se deve esperar que um povo e seus descendentes tenham mais saúde e vigor voltando-se à temperança e sobriedade do que à gula e embriaguez; confesso, porém, que não tenho agora essas ideias medonhas que tinha antes. Quando ouvimos ou lemos sobre coisas que são para nós completamente estranhas, normalmente suscitam em nossa imaginação ideias daquilo que conhecemos, tal que (conforme as apreendemos) mais se lhes aproximam. Lembro-me de que quando lia // sobre o luxo da Pérsia, do Egito e de outros países onde este foi um vício reinante, e que, por meio dele, tais reinos foram efeminados e enervados, por vezes não deixava de pensar no empanturramento e beberagem de simples co-

Observações

merciantes em banquetes municipais e na bestialidade que frequentemente acompanha esses excessos; em outros momentos, fui levado a pensar nas distrações de marinheiros dissolutos, como eu havia visto, na companhia de meia dúzia de mulheres lascivas que berravam diante deles com suas rabecas; e fosse eu levado a uma dessas grandes cidades, teria esperado encontrar um terço da população doente, acamado e com náusea; outro terço imobilizado por gota, ou aleijado por enfermidade mais ignominiosa; e o restante, ainda capaz de andar sozinho, perambulando de anágua pelas ruas.

É bom ter o medo como nosso guardião enquanto nossa razão não for bastante forte para governar nossos apetites; e creio que o grande temor que tinha particularmente pela palavra "enervar", bem como por alguns pensamentos decorrentes de sua etimologia, me fez muito bem quando era um estudante. Mas, depois que comecei a ver o mundo, as consequências do luxo numa nação não mais me pareceram tão terríveis como antes. Enquanto os homens possuírem os mesmos apetites, os mesmos vícios permanecerão. Em todas as grandes sociedades, uns adoram a prostituição, outros a embriaguez. Os concupiscentes que não conseguem mulheres bonitas e limpas se contentarão com vadias sujas; e os que não podem comprar um autêntico *Hermitage* ou um *Pontac* ficarão felizes com o mais ordinário clarete francês. Os que não podem comprar vinho consumirão licores piores; um soldado raso ou um mendigo podem ficar tão bêbados com uma cerveja choca ou uma aguardente maltada quanto um nobre com um *Borgonha*, um champanhe ou um *Tokay*. A maneira mais barata e mais desleixada de satisfazer nossas paixões // prejudica tanto a constituição do homem quanto a mais elegante e cara.

A fábula das abelhas

Os maiores excessos do luxo estão nos edifícios, no mobiliário, na aparelhagem das carruagens e na vestimenta; o linho branco não enfraquece um homem mais do que a flanela; a tapeçaria, os belos quadros e os lambris não são mais nocivos do que as paredes nuas; e um canapé suntuoso ou uma carruagem em dourado não são mais enervantes do que o piso frio ou uma charrete do campo. Os prazeres refinados dos homens sensatos raramente prejudicam sua saúde, e muitos grandes Epicuros vão se recusar a comer ou beber mais do que aquilo que seu discernimento e seu estômago suportam. Um povo voluptuoso pode, como qualquer outro, cuidar bem de si; e os erros daqueles que se entregam aos luxos mais viciantes consistem menos na repetição de sua lascívia, no fato de comerem e beberem tanto (coisas que mais os enervariam), do que nas invencionices complicadas, na profusão e refinamento com que são servidos e nas enormes despesas em refeições e aventuras amorosas.

Mas vamos supor que as comodidades e prazeres dos nobres e abastados de toda grande nação os tornem inaptos para suportar as durezas e aguentar as lidas da guerra. Admito que a maioria dos membros do conselho municipal da cidade não constituiria senão um regimento de soldados bem medíocres; e acredito sinceramente que se a sua cavalaria fosse composta de vereadores, tal que o fosse em sua maioria, uma pequena artilharia de rojões seria suficiente para debandá-los. Mas o que os vereadores, os membros do conselho ou, por outra, todos os ricos têm a ver com a guerra senão pelo seu pagamento de impostos? As durezas e fadigas da guerra que são pessoalmente sofridas recaem sobre aqueles que suportam o lado mais pesado de todas as coisas, a parte indigente mais desprezível da nação, o povo trabalhador escravizado. Pois por mais excessivos

Observações

120 que possam ser a abundância e // o luxo de uma nação, alguém tem que fazer o trabalho, construir casas e navios, transportar as mercadorias e cultivar a terra. Em toda grande nação trabalhos tão variados exigem uma grande multidão, em que sempre há homens bastante folgados, ociosos, extravagantes para formar um exército; e os que são suficientemente robustos para cercar e cavar fossas, arar e sovar, ou, ainda, que não são muito enervados para ser ferreiros, carpinteiros, lenhadores, tecedores, carregadores ou condutores, ficarão sempre fortes e resistentes o bastante em uma ou duas campanhas, formando bons soldados, os quais, quando a boa disciplina é mantida, raramente têm tanta fartura e superfluidade, que isso não lhes pode fazer mal algum.

O estrago a ser temido por causa do luxo entre os que participam da guerra é que se estenda além dos oficiais. Os mais acima deles são homens de estirpe muito elevada e de educação principesca, ou ainda de talentos extraordinários e não menos experientes; e quem quer que seja escolhido por um governo sábio para comandar *en chef* um exército deverá ter um conhecimento completo das questões marciais, uma intrepidez que o mantenha calmo em meio ao perigo, entre muitas outras qualificações que são obra do tempo e da dedicação em homens céleres, de gênio destacado e de honra infinita. Músculos fortes e tendões flexíveis são vantagens triviais, não levadas em conta em pessoas de estatura e grandeza, que podem destruir cidades sem sair do seu leito e arruinar países inteiros enquanto ceiam. Como em geral são homens bem mais velhos, seria ridículo esperar que tivessem uma constituição robusta com membros ágeis; contanto que seu cérebro seja ativo e bem provido, pouco importa como é o resto do corpo. Se não conseguem suportar

A fábula das abelhas

a fadiga de montar a cavalo, podem viajar num coche ou serem transportados em liteiras. A liderança e sagacidade dos homens não são menores quando estão estropiados, // e o melhor general do rei da França hoje em dia mal pode se arrastar. Os que estão imediatamente abaixo do comandante em chefe devem ter quase as mesmas habilidades, e geralmente são homens que ascenderam a esses postos por mérito próprio. Os demais oficiais são, todos eles, em seus variados postos, obrigados a desembolsar uma quantia tão grande de seu soldo com roupas finas, apetrechos e outras coisas que o luxo do nosso tempo estima como necessárias que acabam lhes restando muito pouco dinheiro para as libertinagens; pois, à medida que ascendem e seu salário aumenta, são também obrigados a aumentar suas despesas e equipagens, as quais, como tudo mais, devem ainda assim ser proporcionais a seu cargo. Pelo que se pode depreender que a maioria deles é de certo modo impedida dos excessos que poderiam destruir a sua saúde; ao passo que o seu luxo, em outro sentido, serve para acentuar ainda mais o seu orgulho e vaidade, que são os maiores motivadores para fazê-los comportar-se como gostariam que pensassem a seu respeito. (Ver "Observação R.".)

Não há nada que refine mais a humanidade do que o amor e a honra. Essas duas paixões equivalem a muitas virtudes e, portanto, as grandes escolas de educação e boas maneiras são as cortes e os exércitos; a primeira para refinar as mulheres, a outra para polir os homens. O que a maioria dos oficiais de nações civilizadas aparenta é um perfeito conhecimento do mundo e das regras de honra, um ar de franqueza e humanidade peculiar aos militares experientes, e uma mistura de modéstia e audácia, que sugere seu lado afável e valente. Onde o bom senso

Observações

está na moda e o comportamento gentil é estimado, a gulodice e // a embriaguez não são vícios reinantes. O que os oficiais de destaque almejam principalmente não é a bestialidade, mas uma maneira esplêndida de viver; e os desejos dos que se rendem ao luxo, conforme suas variadas patentes, são mostrar-se elegantemente, exceder-se sobre os demais nos ornatos de seus equipamentos, na polidez de divertimentos e na reputação de ter um gosto criterioso sobre tudo que lhes diz respeito.

Mas ainda que houvesse mais réprobos dissolutos entre oficiais do que entre homens de outras profissões, o que não é verdade, ainda assim os mais pervertidos deles poderiam ser de grande serventia quando têm grande parcela de honra. É isso que neles encobre e compensa uma multidão de defeitos, e é isso que ninguém (por mais que se entregue aos prazeres) ousa fingir que não tem. Mas como não há argumento mais convincente que uma questão de fato, relembremos o que aconteceu há bem pouco tempo em nossas duas últimas guerras com a França. Quantos moleques insignificantes tínhamos em nossos exércitos, ternamente educados, bem-vestidos e cuidadosos em suas dietas, que suportaram todos os tipos de obrigações com bravura e bom humor?

Aqueles que têm apreensões sombrias de que o luxo enerva e efemina as pessoas precisavam ter visto em Flandres e na Espanha janotas cheios de bordado, com camisas rendadas e perucas empoadas, sob tiroteio, dirigindo-se à boca de um canhão, com tão pouca preocupação quanto o mais desleixado, fedorento, desgrenhado, que há um mês não se penteia; e ter encontrado em profusão farristas desvairados, com seu estado de saúde verdadeiramente prejudicado e sua constituição física lascada por // excesso de vinhos e mulheres, que, ainda assim, se portavam com comando e bravura contra os inimigos. A robustez é a última coisa que se exige de um oficial, e se por vezes a força tem utilidade, uma mente resoluta, que se inspira na esperança de ascensão, na emulação e no amor à glória, vai, em algum momento, valer-se dos substitutos da força corpórea.

Aqueles que conhecem sua ocupação e têm um suficiente senso de honra, tão logo se acostumem com o perigo, serão sempre oficiais competentes: e seu luxo, contanto que gastem apenas o próprio dinheiro, nunca será prejudicial à nação.

Por tudo isso, acredito ter provado o que propus nessa observação sobre o luxo. Em primeiro lugar, que, em um sentido, tudo pode ser chamado de luxo e, em outro, que não existe tal coisa. Em segundo, que, com uma administração sábia, todos podem nadar o quanto quiserem no luxo importado que a sua produção permitir comprar, sem que isso os empobreça. E, por último, que, quando as questões militares são cuidadas como devem ser, com soldados bem pagos e mantidos em disciplina, uma nação rica tem condições de viver com toda tranquilidade e abundância imagináveis; e, em muitas de suas partes, mostrar toda pompa e delicadeza que o engenho humano é capaz de inventar, sendo ao mesmo tempo temida pelos vizinhos, e sustentando o caráter das abelhas da fábula, em que eu disse que

> *Aduladas na paz e temidas nas guerras,*
> *Eram estimadas pelos estrangeiros.*
> *Pródigas na riqueza e no modo como viviam,*
> *Equilibravam todas as outras colmeias.*

(Ver o que é dito posteriormente sobre o luxo nas observações M. e Q.)

Observações

124 ## // (M.)

É o execrável orgulho, mais um milhão.

O orgulho é aquela faculdade natural por meio da qual todo mortal com alguma inteligência superestima e imagina coisas melhores a respeito de si que nenhum juiz imparcial, totalmente a par de suas qualidades e circunstâncias, poderia lhe atribuir. Não possuímos nenhuma outra qualidade tão útil à sociedade e tão necessária para enriquecê-la e fazê-la prosperar como essa; no entanto, geralmente é a mais detestada. Muito peculiar a essa nossa faculdade é que os mais tomados por ela são os menos dispostos a tolerá-la nos outros, ao passo que a hediondez de outros vícios é muito mais atenuada por aqueles que os têm. O homem casto odeia a fornicação, e a embriaguez é mais abominada pelo sóbrio; mas ninguém se sente mais incomodado com o orgulho de seu próximo do que o mais orgulhoso de todos; e se alguém consegue perdoá-lo, trata-se do mais humilde. A partir do que creio que podemos devidamente inferir que o orgulho é odioso para todo mundo e claramente todo mundo dele padece. É o que todos os homens sensatos estão prontos a admitir, e em geral ninguém nega que tem orgulho. Mas, se você entrar nas particularidades, não encontrará muitos que hão de convir que uma ação, que você sabe ser oriunda dele, procedeu desse princípio. De modo semelhante, muitos admitirão que, nas nações pecadoras de nossos dias, o orgulho e o luxo são os grandes promotores do comércio, embora se recusem a convir que, em uma época mais virtuosa (tal que estivesse livre do orgulho), o comércio necessariamente decairia em grande medida.

A fábula das abelhas

125 // O Todo-Poderoso, dizem eles, dotou-nos do domínio sobre todas as coisas que a terra e o mar produzam ou contenham; nos quais não há nada que não tenha sido feito para o uso do homem; sua habilidade e indústria, superiores às de outros animais, foram-lhe concedidas para que ambas e tudo mais ao alcance de seus sentidos tivessem-lhe maior serventia. Com base nessa consideração, entendem que seja ímpio imaginar que a humildade, a temperança e outras virtudes possam privar as pessoas dos prazeres e confortos da vida, os quais não são negados às nações mais perversas; e assim chegam à conclusão de que, sem o orgulho e o luxo, as mesmas coisas podem ser comidas, vestidas e consumidas; o mesmo número de artesãos e artífices se emprega; e que a nação, em todos os sentidos, seria tão próspera quanto em circunstâncias em que esses vícios são mais predominantes.

Quanto a peças de vestuário em particular, dirão a você que o orgulho, que nos toca de modo mais aderente do que nossas roupas, se aloja apenas em nosso coração, e que os farrapos costumam dissimulá-lo melhor do que os trajes pomposos; e que, assim como não se pode negar que sempre houve príncipes virtuosos que, com humildade sincera, portavam diademas esplêndidos e envergavam seus cetros cobiçados, sem nenhuma ambição, para o bem dos outros; assim também, é bem provável que os brocados de prata e de ouro, bem como os bordados mais esmerados, podem, sem um pingo de orgulho, ser usados por muitos cuja qualidade e fortuna lhes são apropriados. Não pode (indagam eles) um homem de bem, provido de fortuna extraordinária, servir-se a cada ano de uma variedade de trajes maior do que consegue vestir, sem ter com isso nenhum outro propósito além de pôr o pobre para trabalhar, incentivar o co-

Observações

mércio e, ao dar emprego a muitos, promover o bem-estar do seu país? E visto que a comida e a indumentária são necessárias, os dois principais artigos sobre os quais nossas preocupações mundanas se debruçam, por que // toda a humanidade não poderia reservar parte de sua renda para uma e outra sem um traço sequer de orgulho? Mas não só isso, pois não está todo membro da sociedade de certa forma obrigado a contribuir, conforme suas habilidades, para a manutenção de um ramo do comércio do qual todo mundo muito depende? Além disso, apresentar-se de modo decente é civilidade e, por vezes, um dever que, desprovido de qualquer consideração por nós mesmos, temos para com quem convivemos.

Objeções assim são geralmente feitas por moralistas arrogantes, que não suportam ouvir acusações dirigidas à dignidade de sua espécie; mas logo teremos resposta a tais objeções se as considerarmos atentamente.

Se não tivéssemos vícios, não vejo por que um homem faria mais trajes do que as ocasiões que tem para usá-los, por mais que desejasse promover o bem da nação. Pois, ainda que prefira vestir uma seda bem trabalhada a uma lã vagabunda, e um tecido fino e bem cuidado a um pano grosso, não tivesse ele em vista senão a geração de mais trabalho ao povo e, consequentemente, o bem-estar público, contudo, ele poderia ter pelas roupas a mesma consideração que os amantes da nação têm agora pelos impostos: podem até pagá-los com alacridade, mas ninguém dá mais do que o devido; especialmente onde todos são classificados com justeza conforme suas capacidades, o que não poderia deixar de ser em uma época muito virtuosa. Além do mais, em tais eras de ouro, ninguém se vestiria acima de sua condição, ninguém obrigaria a família a viver de forma austera,

A fábula das abelhas

nem trapacearia ou levaria a melhor sobre o vizinho para comprar enfeites vistosos e, consequentemente, não haveria nem a metade do consumo, assim como nem um terço da população estaria empregado como agora. Mas, para tornar isso mais claro e provar que, para sustentar o comércio, nada se compara ao orgulho, examinarei as várias opiniões dos homens sobre os indumentos e farei uma exposição, relacionada ao modo de vestir, sobre o que a experiência diária pode ensinar a todos. //

As roupas foram feitas originalmente com duas finalidades: esconder nossa nudez e proteger nosso corpo de intempéries e outros males exteriores. A estas duas, nosso ilimitado orgulho acrescentou uma terceira, o ornamento; pois o que mais, senão um excesso de vaidade estúpida, poderia ter persuadido nossa razão a imaginar esses ornamentos que devem continuamente nos lembrar de nossas carências e misérias, muito além do que de qualquer outro animal, prontamente vestido pela própria natureza? De fato, é de se admirar que uma criatura tão sensata quanto o homem, pretensamente provido de tão belas qualidades, se dignasse a valorizar a si próprio por aquilo que é roubado de um animal tão inocente e indefeso como uma ovelha, ou que se veja obrigado à coisa mais insignificante sobre a Terra, um verme moribundo [bicho-da-seda]; no entanto, ainda que se orgulhe dessas pilhagens medíocres, tem o desplante de rir dos hotentotes, no promontório mais distante da África, que se adornam com as entranhas de seus inimigos mortos, sem levar em conta que se trata de insígnias de valor com que esses bárbaros se admiram, o verdadeiro *spolia opima*;[6] e se seu orgulho

---

6 Em latim no original: "ricos espólios". (N. T.)

Observações

é mais selvagem do que o nosso, certamente é menos ridículo, visto que usam os espólios do mais nobre dos animais.

Mas, o que quer que se discorra sobre esse assunto, há muito tempo o mundo decidiu essa questão; as roupas elegantes são um ponto essencial, as belas plumas fazem os belos pássaros, e as pessoas, quando não são conhecidas, geralmente são honradas de acordo com suas roupas e outros acessórios que portam; do seu esplendor, inferimos sua riqueza e, pela maneira como as arrumam, conjecturamos a sua inteligência. // É isso que incentiva todo mundo que é consciente do seu pouco mérito, se tiver meios para tanto, a vestir-se com roupas acima da sua categoria, sobretudo em cidades grandes e populosas, onde homens desconhecidos podem a qualquer instante encontrar cinquenta estranhos para apenas um conhecido e, consequentemente, ter o prazer de se ver estimado por uma vasta maioria, não pelo que são, mas pelo que parecem ser: o que é uma grande tentação para uma maioria sequiosa de vaidade.

Quem quer que se deleite com a visão de diversas cenas da vida baixa, pode, na Páscoa, no Pentecostes e em outras festividades importantes, travar contato com dezenas de pessoas, especialmente mulheres, quase do nível mais baixo, que vestem roupas de boa qualidade e da moda. Se, ao abordá-las, você as tratar com mais cortesia e respeito do que sabem que merecem, normalmente sentirão vergonha de assumir quem são; amiúde você pode, se for um pouco inquisitivo, descobrir um cuidado redobrado que elas tomam para esconder o ofício a que se dedicam e o lugar onde vivem. A razão disso é manifesta; enquanto são tratadas com uma cortesia que não lhes é usualmente prestada, e que consideram devida apenas a seus superiores, elas sentem a satisfação de imaginar que se parecem com aquilo

A fábula das abelhas

que gostariam de ser, o que para as mentes fracas constitui um prazer quase tão substancial quanto o que poderiam receber da própria realização de seus desejos. Esse sonho dourado, do qual não gostariam de despertar, e estando certas de que a miséria da sua condição, quando conhecida, rebaixaria em muito a opinião sobre elas, faz com que se aferrem ao seu disfarce e tomem todas as precauções imagináveis para não perder, por uma pífia revelação, a estima, da qual se gabam, que suas boas roupas atraem para si.

Embora todos admitam que, quanto ao indumento e modo de vida, deveríamos nos comportar conforme nossas condições e seguir os exemplos mais sensatos e prudentes entre nossos iguais de posição social // e fortuna, ainda assim, quantos são os que, afora os miseravelmente cobiçosos, ou os orgulhosos de sua distinção, podem orgulhar-se dessa discrição? Todos vemo-nos acima de nós mesmos e, da maneira mais rápida possível, esforçamo-nos para imitar aqueles que de um modo ou de outro são superiores a nós.

A esposa do mais pobre trabalhador da paróquia, que despreza vestir uma ratina encrespada e grossa, como deveria, quase passará fome junto com seu marido para comprar um vestido de segunda mão e uma anágua, que não atenderão metade de suas necessidades, tão somente porque é deveras mais elegante. O tecelão, o sapateiro, o alfaiate, o barbeiro e todos os trabalhadores modestos, que conseguem se virar com pouco, têm a desfaçatez de usar o primeiro dinheiro que ganham para se vestir como um comerciante rico. O varejista comum, ao vestir a esposa, se vale dos modelos de seu vizinho, que lida com a mesma mercadoria no atacado; e o que alega para tanto é que doze anos atrás a loja do outro era menor que a sua.

Observações

O boticário, o merceeiro, o vendedor de tecidos e outros lojistas dignos de crédito não veem nenhuma diferença entre eles e os grandes comerciantes e, desse modo, vestem-se e vivem como estes. A mulher do comerciante, que não suporta a audácia desses artesãos, vai atrás de refúgio no outro extremo da cidade e despreza seguir qualquer outra moda que não a que ela segue dali em diante. Essa altaneira alarma a corte, as mulheres de prestígio se amedrontam ao ver as mulheres e filhas de comerciantes vestidas como elas: é intolerável esse atrevimento, esbravejam. Costureiros da moda são então convocados, e a invencionice das modas torna-se seu único objeto de estudo, a fim de que sempre possam ter novos modelos prontos para lançar assim que essas insolentes paisanas começarem a imitar o que está em voga. A mesma emulação se estende a diversas categorias, alcançando despesas inacreditáveis, até que por fim as favoritas do príncipe, bem como as de hierarquia superior, não tendo mais nada em que se destacar sobre algumas de suas inferiores, são obrigadas a dispender grandes // somas em carruagens pomposas, mobiliário magnífico, jardins suntuosos e palácios principescos.

130

É essa emulação e esforço contínuo para se sobrepujarem uns aos outros que fazem com que, após tantas mudanças e variações na moda, inventando novidades e renovando as velharias, reste ainda um *plus ultra* para os engenhosos; é isso, ou pelo menos a consequência disso, que proporciona trabalho aos pobres, que estimula a indústria e incentiva o hábil artífice a procurar ainda maiores melhorias.

Pode-se objetar que muitas dessas pessoas que seguem a moda, habituadas a vestir-se bem, usam roupas caras por costume e de modo completamente indiferente; e que o benefício

A fábula das abelhas

ao comércio que provém daí não pode ser atribuído à emulação ou ao orgulho. Ao que respondo que seria impossível que os que se preocupam tão pouco com sua vestimenta pudessem usar roupas caras se os materiais e os modismos não tivessem sido primeiramente inventados para agradar a vaidade de outros que se deleitam mais com trajes finos do que eles; além disso, todos guardam algum orgulho ainda que não o aparentem; todos os sintomas desse vício não se deixam facilmente descobrir; são múltiplos e variam conforme a idade, o humor, as circunstâncias e, muitas vezes, a constituição da pessoa. //

O colérico capitão da guarda municipal parece impaciente para entrar em ação e, expressando seu gênio guerreiro, pela firmeza de seus passos, faz a lança, na falta de inimigos, tremer em seu braço intrépido. Sua elegância marcial, conforme passa marchando, inspira-o com superioridade incomum, através da qual, esforçando-se para esquecer-se de seus afazeres, bem como de si próprio, dirige o olhar às sacadas com a ferocidade de um conquistador sarraceno; em contrapartida, o fleumático conselheiro municipal, venerável por sua idade e autoridade, contenta-se em ser considerado um homem importante; e não conhecendo nenhum meio mais fácil para expressar sua vaidade, põe-se imponente em sua carruagem, onde, reconhecido pela sua reles farda, recebe, taciturno, as homenagens prestadas pelos mais humildes.

O alferes imberbe simula uma gravidade acima de sua idade e, com uma segurança ridícula, esforça-se para imitar o semblante severo de seu coronel, adulando-se o tempo todo para que, pela sua conduta impetuosa, você o julgue audacioso. A jovem formosa, muito preocupada por não ser vista, deixa transparecer com sua contínua mudança de atitude um violen-

Observações

to desejo de ser notada, atraindo, por assim dizer, no tribunal das atenções solícitas, a admiração de seus espectadores. O peralvilho afetado, ao contrário, exibindo um ar de suficiência, está completamente tomado pela contemplação de suas perfeições, e em locais públicos demonstra tamanho desdém pelos outros que um ignorante imaginaria que o peralta acredita estar sozinho.

Ainda que se manifestem de diferentes formas, essas atitudes e outras semelhantes são, todas elas, sinais de orgulho, que são óbvios para todo mundo. Mas a vaidade do homem nem sempre é descoberta de imediato. Quando notamos um ar de humanidade, e os homens não parecem se ocupar em se admirar, nem ignoram completamente os outros, e estamos em condição de afirmar que estão vazios de orgulho, na verdade, talvez estejam apenas fartos de agradar sua vaidade, tornando-se enlanguescidos por terem saciado seus prazeres. Essa aparência // exterior de paz interna, essa calma letárgica, essa indiferença desleixada, com que é frequentemente visto um grande homem, acomodado em sua sóbria carruagem, nem sempre se dão isentas de artifício como poderia parecer. Nada é mais arrebatador para o orgulhoso do que fazer-se crer que é feliz.

O cavalheiro bem-educado põe seu maior orgulho na sua habilidade para encobri-lo com destreza, e alguns são tão competentes para ocultar essa fragilidade que, quanto mais são assim, mais eximidos, pensa o vulgo a seu respeito. Assim, o cortesão dissimulado, quando aparece em cerimônias importantes, assume um ar de modéstia e bom humor; e, embora esteja prestes a explodir de vaidade, parece completamente ignorante de sua grandeza; sabe bem que essas qualidades encantadoras o alçarão na estima dos outros e serão um complemento àquela

A fábula das abelhas

distinção que os ornatos postos sobre sua carruagem, sobre os arreios de seus cavalos e toda a equipagem restante não hesitam em anunciar, sem o seu auxílio.

E, assim como nesse caso o orgulho não é notado, posto que industriosamente ocultado, em outros também negam que o tenham quando o mostram (ou ao menos quando parecem mostrá-lo) da maneira mais pública possível. O pároco abastado, bem como todos aqueles de sua profissão, privado da folia dos leigos, faz disso o seu negócio: atém-se a um admirável tecido preto, o mais fino e caro que o dinheiro pode comprar; e distingue-se dos outros pela plenitude de sua nobre e impecável vestidura; suas perucas estão tão alinhadas com a moda quanto o exige o estilo que é obrigado a seguir; mas como a restrição se dá apenas na forma, zela para que a qualidade e a cor de seu tecido sejam tais que poucos nobres se deem conta; seu corpo está sempre asseado, bem como // suas roupas; seu rosto liso constantemente barbeado, e suas belas unhas diligentemente aparadas; sua mão branca e macia com um brilhante de límpida pureza, apropriando-se mutuamente, prestam honra uma ao outro com graça redobrada; o linho que deixa transparecer é nitidamente trabalhado, e jamais se permitiria ser visto em público com um chapéu de castor que muito envergonharia um rico banqueiro no dia de suas núpcias; a todas essas finezas na vestimenta ele acrescenta uma entrada majestosa e exprime uma imponência altiva em sua presença; no entanto, a civilidade usual, apesar da evidência de tantos sintomas concordantes, não nos permite suspeitar que qualquer de suas ações resulte do orgulho; tendo em conta a dignidade do seu ofício, o que nos outros seria vaidade, nele é apenas decência; e devemos acreditar nas boas maneiras de sua vocação; esse digno cavalheiro,

Observações

sem nenhum reparo por sua reverenda pessoa, dedica-se a toda essa preocupação e gasto meramente pelo respeito que se deve à ordem divina a que pertence, um zelo religioso que preserva sua função sagrada do desprezo de escarnecedores. De todo meu coração, nada disso deve ser chamado de orgulho; que me seja permitido ao menos dizer que, para nossa capacidade humana, se lhe parece muito.

Mas se, por fim, devo conceder que há homens que apreciam todos os apetrechos da equipagem, do mobiliário e do vestuário, mas não sentem nenhum orgulho, é certo que se todos fossem assim, a emulação, de que tratei antes, cessaria e, consequentemente, o comércio, que muito depende dela, sofreria em todos os seus ramos. Pois dizer que, se todos os homens fossem verdadeiramente virtuosos, poderiam, sem nenhuma consideração por si mesmos, consumir pelo zelo de servir quem lhes é próximo e promover o bem público, tanto quanto hoje consomem por amor próprio e emulação; dizer isso é uma escapatória infeliz e uma suposição pouco razoável. Assim como em todas as épocas existiram pessoas de bem, na nossa, sem dúvida, também contamos com elas. Inquiramos, porém, os peruqueiros e os alfaiates: em quais cavalheiros, // mesmo entre os mais ricos e de posição social elevada, poderiam ser descobertas tais opiniões sobre o bem público? Pergunte aos passamaneiros, aos merceeiros e ao fabricante de linho se as damas mais ricas e, se preferir, as mais virtuosas, quando pagam com dinheiro contado, ou pretendem pagar dentro de um prazo razoável, se elas não passam de loja em loja para comparar os preços, se não discutem e se não resistem o quanto podem, a fim de economizar cinco ou seis centavos, como as coquetes mais necessitadas da cidade. E se insistirem que, se não há

A fábula das abelhas

pessoas assim, de todo modo, poderia havê-las, respondo que isso é tão possível quanto gatos que, em vez de matar ratos e camundongos, lhes dão de comer e andam por toda casa para amamentar e cuidar de seus filhotes; ou que uma ave de rapina chama as galinhas para partilhar a comida, como faz o galo, e senta-se para chocar seus pintinhos em vez de devorá-los; mas, se todos eles fizessem assim, deixariam de ser gatos e aves de rapina; isso é incompatível com sua natureza, e as espécies de criatura a que nos referimos agora por tais nomes se extinguiriam tão logo isso acontecesse.

(N.)

Mesmo a inveja e a vaidade
Eram ministras da indústria;

A inveja é a baixeza presente em nossa natureza que nos entristece e nos deixa abatidos diante do que acreditamos ser a felicidade dos outros. Não creio que haja uma só criatura humana em seu juízo maduro que uma vez ou outra não tenha sido seriamente arrebatada por essa paixão; no entanto, nunca encontrei ninguém que ousasse confessar-se invejoso, a não ser em tom de brincadeira. Se em geral nos sentimos tão envergonhados desse vício, // isso decorre daquele hábito forte da hipocrisia, com a ajuda da qual aprendemos desde o berço a esconder até de nós mesmos a vasta extensão do amor-próprio em todas as suas diferentes vertentes. É impossível que um homem tenha melhores desejos para o outro do que para si mesmo, a não ser quando supõe impossível que estes desejos se lhe realizem; do que se segue que podemos facilmente

Observações

conhecer como essa paixão nos é suscitada. Para tanto, devemos considerar, em primeiro lugar: tão bem pensamos de nós mesmos, tão mal pensamos de nossos vizinhos, e com igual injustiça; e quando percebemos que os outros fazem ou que hão de desfrutar daquilo que, na nossa opinião, não merecem, ficamos aflitos e irritados com a causa dessa perturbação. Em segundo lugar, estamos sempre dedicados a desejar o nosso próprio bem, cada qual conforme seu juízo e inclinações; e quando observamos algo de que gostamos, e de que somos destituídos, nas mãos de outros, isso nos ocasiona, primeiramente, uma mágoa por não ter o que gostamos. Essa mágoa permanece incurável enquanto continuarmos a apreciar o que queremos. Mas, como a preservação de si é incansável, nunca deixando furtarmo-nos de tentar todos os meios para remover o mal de nós mesmos na medida de todas as nossas capacidades, a experiência nos ensina que nada na natureza pode nos aliviar mais dessa mágoa do que nossa raiva contra aqueles que possuem aquilo que apreciamos e queremos. Esta última paixão, portanto, nós a tratamos com carinho e a cultivamos para nos poupar ou abrandar, pelo menos em parte, o desassossego que a primeira paixão nos causou.

A inveja é então uma combinação de mágoa e raiva; os graus dessa paixão dependem principalmente da proximidade // ou distância dos objetos, bem como das circunstâncias. Se alguém, forçado a andar a pé, inveja um homem importante, porque este possui um coche com seis cavalos, isso nunca se dará com a violência nem lhe causará a perturbação que poderia acontecer com um homem que também possuísse um coche, mas que não pudesse se dar ao luxo de manter senão quatro cavalos. Os sintomas da inveja são tão variados e tão difíceis de descrever

A fábula das abelhas

quanto os da peste; em um momento, manifestam-se de uma forma e, em outros, de outra muito diferente. Entre as mulheres formosas, a enfermidade é muito comum, e os seus sinais, muito conspícuos nas opiniões e críticas que dirigem umas às outras. Nas jovens belas, você pode muitas vezes se deparar com essa faculdade em um grau elevado; elas frequentemente se odeiam mortalmente à primeira vista, o que não decorre senão do princípio da inveja; e você pode ler esse desdém, essa aversão desmedida, no seu semblante, quando não dominam a arte da dissimulação nem aprenderam a fingir.

Na multidão rude e grosseira, essa paixão é muito descarada, especialmente quando invejam os outros pela fortuna. Eles ralham contra quem lhes é superior, denunciam suas falhas e, aplicadamente, deturpam suas mais louváveis ações. Eles resmungam contra a Providência e, aos brados, reclamam que as coisas boas deste mundo são destinadas especialmente àqueles que não as merecem. Os mais incultos ficam por vezes tão violentamente afetados que se não fossem contidos pelo temor das leis, iriam diretamente bater naqueles aos quais sua inveja se dirige, por nenhuma outra provocação além daquilo que essa paixão lhes sugere.

Os homens de letras que sofrem os efeitos desse destempero manifestam sintomas muito diferentes. Quando invejam uma pessoa por seus dotes e erudição, preocupam-se principalmente em esconder essa debilidade, pondo-se geralmente a negar e depreciar as boas qualidades de quem é invejado: examinam cuidadosamente suas obras e sentem desgosto por cada bela passagem // que encontram; não buscam nada além de seus erros, e não desejam outra coisa além de regalar-se com um equívoco grosseiro; em suas críticas, são capciosos e seve-

Observações

ros, erguem montanhas com montículos de terra, e não só não perdoarão a menor sombra de imperfeição, mas transformarão a omissão mais insignificante num disparate capital.

A inveja é perceptível nos animais selvagens; cavalos exibem--na em seus esforços para tomar a dianteira um do outro; e os mais animados preferirão morrer na corrida antes de serem ultrapassados. Nos cães essa paixão é vista com a mesma evidência, os que estão acostumados ao afago nunca suportarão mansamente tal felicidade em outros. Vi um cãozinho de salão, que preferiria morrer sufocado com sua comida a deixar um naco sequer para um concorrente de sua raça; e podemos observar com frequência nessas criaturas o mesmo comportamento que vemos diariamente em crianças irascíveis que se tornam voluntariosas de tanto ser mimadas. Se por capricho recusam-se em algum momento a comer aquilo que haviam pedido, basta que as façamos acreditar que alguém, ou melhor, que um gato ou um cão, vai lhes tomar o alimento, para que obedeçam de bom grado e terminem a refeição mesmo sem nenhum apetite.

Se a inveja não estivesse cravada na natureza humana, não seria tão comum nas crianças, e os jovens não seriam em geral tão aguilhoados pela emulação. Os que gostariam de derivar todas as coisas benéficas à sociedade de um bom princípio atribuem os efeitos da emulação em jovens estudantes a uma virtude da mente. Como ela exige trabalho e esforço, é evidente que os que agem a partir dessa disposição cometem uma abnegação; mas, se considerarmos mais de perto, descobriremos que sacrificar conforto e prazer se deve apenas à inveja e ao amor à glória. Se nada de muito semelhante a essa paixão estivesse misturado com aquela pretendida virtude, seria im-

A fábula das abelhas

possível cultivá-la e incrementá-la com os mesmos meios que produzem a inveja. O menino que recebe uma recompensa pela superioridade de seu // desempenho tem consciência da vexação que lhe causaria se não o alcançasse: essa reflexão o faz empenhar-se para não ser ultrapassado pelos que agora considera como seus inferiores, e quanto maior seu orgulho, maior será sua abnegação para manter sua conquista. Já aquele outro que, a despeito das penas por que passou para ser bem-sucedido, perdeu o prêmio, está desgostoso e, consequentemente, indignado com aquele que tem que considerar como a causa do seu revés. Exibir essa raiva, porém, seria ridículo e não lhe teria nenhuma serventia; assim, de duas uma: ou se contenta em ser menos estimado do que o outro menino ou, renovando seus esforços, torna-se mais proficiente. E aposto dez contra um que um marmanjo desinteressado, amável e tranquilo escolherá a primeira opção, tornando-se indolente e inerte, ao passo que o maroto cobiçoso, impertinente e iracundo se submeterá a provações inacreditáveis e se tornará, por sua vez, um vencedor.

A inveja, tão comum entre os pintores, é de grande serventia para seu aperfeiçoamento: não quero dizer com isso que os pequenos borradores invejam os grandes mestres, mas a maioria deles é manchada por esse vício em contraposição àqueles imediatamente acima deles. Se o pupilo de um famoso artista possui gênio brilhante e rara dedicação, de início ele venera seu mestre; mas, à medida que seu talento se desenvolve, começa insensivelmente a invejar aquilo que antes admirava. Para conhecer a natureza dessa paixão, e compreender que ela consiste no que designei, basta observarmos como o pintor empenhado não apenas se iguala, mas supera o homem que invejava, dissipando sua aflição e abrandando sua raiva; e se antes o odia-

Observações

va, agora se alegra por serem amigos, se é que o outro há de consenti-lo.

As mulheres casadas acometidas desse vício, que não são poucas, estão sempre se esforçando para suscitar a mesma paixão em seu esposo; e quando conseguem, a inveja e a emulação mantêm os homens nos // freios; e corrigem os maus maridos da preguiça, da bebedeira e de outras condutas indevidas, melhor do que qualquer sermão que se tenha pregado desde o tempo dos apóstolos.

Assim como todo mundo seria feliz se pudesse desfrutar do prazer e evitar a dor, também o amor-próprio leva-nos a ver toda criatura que parece satisfeita como um rival na felicidade; e a satisfação que temos vendo essa felicidade abalada, sem nenhuma vantagem nossa senão o prazer que sentimos diante dessa contemplação, é chamada de amar o mal pelo mal; e o motivo resultante dessa debilidade é chamado de malícia, outro rebento derivado da mesma origem; pois, se não houvesse nenhuma inveja, não poderia haver nenhuma malícia. Quando as paixões estão adormecidas, não podemos apreendê-las, e com frequência as pessoas acham que não têm tal debilidade em sua natureza justamente porque naquele momento não são por ela afetadas.

Um cavalheiro bem vestido, que se sujou todo por causa de um coche ou de uma charrete, desperta muito mais riso naqueles que lhe são de condição inferior do que entre seus iguais, pois aqueles o invejam mais: sabem que se sente vexado com o ocorrido e, ao imaginarem-no mais feliz do que eles, ficam contentes de vê-lo, por sua vez, com seus desgostos. Mas uma jovem dama, quando de temperamento sério, em vez de rir, sentirá pena, porque um homem limpo é uma visão

A fábula das abelhas

que lhe deleita, e não há motivo para inveja. Diante de desastres, ou rimos, ou nos apiedamos de quem os sofre, conforme nossas reservas de malícia ou de compaixão. Se uma pessoa cai ou fica machucada de maneira tão superficial que não desperta nenhuma compaixão, nós rimos, e nesse caso a piedade e a malícia se alternam em nós: "na verdade, meu caro senhor, lamento muito o ocorrido, e peço-lhe desculpas por ter rido, sou o maior imbecil do mundo"; então ri de novo; e mais uma vez, "realmente eu sinto muito", e assim por diante. Alguns são tão maliciosos que ririam se um homem tivesse sua perna quebrada, e outros tão compassivos que podem // de todo coração apiedar-se de um homem pela menor manchinha em sua roupa; mas nenhum homem é tão selvagem a ponto de nenhuma compaixão o tocar, nem dotado de uma natureza tão boa a ponto de não se sentir afetado por um prazer malicioso. Que estranho o modo como nossas paixões nos governam! Invejamos um homem por ser rico, e então o odiamos de maneira absoluta. Mas se nos tornarmos seu igual, acalmamo-nos, e a menor condescendência sua nos torna amigos; mas, se nossa posição é visivelmente superior à dele, apiedamo-nos de seus infortúnios. A razão pela qual os homens verdadeiramente sensatos invejam menos que os outros é que a admiração que têm por si mesmos é menos hesitante do que a dos tontos e imbecis; pois, embora não aparentem aos outros, a firmeza de seu pensamento dá-lhes segurança sobre seu verdadeiro valor, o que os homens de mente limitada não podem nunca sentir dentro de si, embora frequentemente simulem tal segurança.

O ostracismo dos gregos foi um sacrifício que homens de valor faziam à inveja epidêmica, aplicado frequentemente como remédio infalível para curar e prevenir-se dos males da melan-

Observações

colia e do rancor do povo. Uma vítima do Estado apazigua os murmúrios de toda uma nação, e a posteridade frequentemente se surpreende com barbáries dessa natureza, que ela própria teria cometido sob as mesmas circunstâncias. Trata-se de uma concessão à malícia das pessoas, que nunca se sentem mais gratificadas do que quando veem um grande homem humilhado. Nós acreditamos que amamos a justiça e que importa ver o mérito recompensado; mas, se os homens permanecem por muito tempo ocupando os postos elevados de honra, metade de nós começa a aborrecer-se, passando então a buscar suas falhas; se não encontramos nenhuma, supomos que as escondem, e a maioria de nós desejará vê-los destituídos. Os melhores homens devem sempre prevenir-se dessa cena asquerosa, tendo em conta aquelas pessoas que não são seus amigos íntimos nem próximos, pois nada nos irrita mais do que a repetição de elogios com que não nos identificamos de forma nenhuma.

Quanto mais uma paixão é composta de muitas outras, mais difícil é defini-la; e quanto mais atormenta os que são por ela subjugados, maior // a crueldade que inspira contra os outros. Portanto, nada mais caprichoso ou pernicioso que o ciúme, composto de amor, esperança, medo e bastante inveja. Esta última já foi suficientemente considerada, e aquilo que tenho a dizer sobre o medo, o leitor encontrará na "Observação R.". Assim, para melhor explicar e ilustrar essa estranha mistura, os ingredientes de que falarei em seguida são a esperança e o amor.

Ter esperança é almejar, com algum grau de confiança, que a coisa desejada virá a acontecer. A firmeza e a imbecilidade de nossa esperança dependem inteiramente do maior ou menor grau de nossa confiança, e toda esperança comporta alguma dúvida; pois, quando nossa confiança atinge o extremo de ex-

A fábula das abelhas

cluir todas as dúvidas, torna-se uma certeza, e damos por certo aquilo de que antes tínhamos apenas esperança. Um tinteiro de prata é algo de que se pode falar, pois todo mundo sabe o que isso significa, mas uma esperança certa, não: quando um homem faz uso de um epíteto que destrói a essência do substantivo ao qual se une, isso não quer dizer absolutamente nada; e quanto mais claramente entendemos a força do epíteto, bem como a natureza do substantivo, mais palpável é a besteira da combinação heterogênea. A razão, portanto, pela qual algumas pessoas não se chocam ao ouvir um homem falar de esperança certa, como se falasse de gelo quente ou de carvalho líquido, não é porque haja menos besteira no primeiro caso do que nos dois últimos, mas porque a palavra "esperança", refiro-me à essência da palavra, não é tão claramente compreendida pela maioria das pessoas como as palavras e as essências de gelo e carvalho. //

O amor, em primeiro lugar, significa afeição, como a que os pais e as amas experimentam em relação às crianças, ou que os amigos têm um pelo outro; consiste numa inclinação e num bem-querer em relação à pessoa querida. Interpretamos de modo agradável suas palavras e ações, e sentimos uma propensão a desculpar e perdoar seus erros, se é que vemos algum; sob todos os aspectos, seus interesses são nossos interesses, mesmo que para nosso prejuízo, e sentimos uma íntima satisfação por simpatizar com seus sofrimentos e também com suas alegrias. O que acabo de dizer não é impossível, por mais que pareça; pois quando somos sinceros ao participar de seus infortúnios, o amor-próprio nos faz acreditar que os sofrimentos que sentimos aliviam e atenuam os de nosso amigo, e enquanto essa terna reflexão alivia nossa dor, um prazer secreto surge de nossa aflição pela pessoa que amamos.

Observações

Em segundo lugar, entendemos por amor uma forte inclinação, distinta em sua natureza de todas as outras afeições de amizade, gratidão e consanguinidade, que as pessoas de sexo oposto, após se admirarem, nutrem uma pela outra: é nesse sentido que o amor entra na composição do ciúme; e é o efeito dessa paixão, bem como seu feliz disfarce, que nos incita a buscar a preservação de nossa espécie. Este último apetite é inato aos homens e às mulheres, quando seu desenvolvimento não é defeituoso, tanto quanto a fome e a sede, ainda que raramente sejam afetados por isso antes do período da puberdade. Se pudéssemos despir a natureza e bisbilhotar seus recônditos mais profundos, descobriríamos as sementes dessa paixão, antes de ela se manifestar, // de maneira tão evidente quanto os dentes de um embrião antes de as gengivas terem se formado. Poucas são as pessoas saudáveis de um ou de outro sexo sobre as quais não tenha causado alguma impressão antes dos 20 anos. Todavia, como a paz e a felicidade da sociedade civil exigem que isso seja mantido em segredo, nunca é falado em público; assim, entre as pessoas bem-educadas, é tido como altamente criminoso mencionar explicitamente em companhia de alguém qualquer coisa relacionada a esse mistério da descendência. Por conta disso, mesmo o nome desse apetite, embora seja o mais necessário à continuação da humanidade, tornou-se odioso, e os epítetos apropriados que juntamos à lascívia são *asqueroso* e *abominável*.

Esse impulso da natureza em pessoas de costumes austeros e pudor rígido frequentemente perturba o corpo durante bastante tempo antes que se compreenda ou se saiba do que se trata, e é notável que os mais refinados e instruídos são, em geral, os mais ignorantes nesse assunto; a esse respeito, apenas

A fábula das abelhas

chamo atenção para a diferença entre o homem no estado de natureza selvagem e a mesma criatura na sociedade civil. No primeiro caso, homens e mulheres, deixados na rudeza e incultos da ciência das modas e dos costumes, não demorariam a descobrir a causa dessa perturbação e a encontrar, como os outros animais, um remédio ao seu alcance; além do que, provavelmente não precisariam de preceitos nem do exemplo dos mais experientes. Mas, no segundo caso, onde as regras da religião, do direito e da decência devem ser seguidas e obedecidas antes de quaisquer comandos da natureza, os jovens de ambos os sexos devem ser munidos e fortificados contra esse impulso; desde a infância, é preciso habilmente atemorizá-los para que se afastem de suas mais remotas abordagens. O próprio apetite e todos os seus sintomas, embora sejam nitidamente sentidos e compreendidos, devem ser reprimidos com cuidado e severidade, e nas mulheres, terminantemente repudiados; e se necessário, negados com pertinácia, mesmo quando visivelmente afetadas por eles. E se esse apetite causar indisposições, um médico as curará, ou então, elas suportarão pacientemente // em silêncio; é do interesse da sociedade preservar a decência e a polidez, preferindo deixar as mulheres enlanguescerem, definharem e morrerem a ter que lhes permitir sentir algum alívio de forma ilícita; e entre a parte privilegiada da humanidade, gente de berço e fortuna, espera-se que o matrimônio nunca seja contraído sem que se tenha examinado o estado e a reputação das famílias; quando feito o arranjo dos partidos, que a voz da natureza seja a última a ser ouvida.

Os que gostariam que o amor e a lascívia se tornassem sinônimos confundem o efeito com sua causa. Mas tal é a força da educação e do hábito de pensar que nos é ensinado que, às

Observações

vezes, pessoas de ambos os sexos estão verdadeiramente apaixonadas uma pela outra sem sentir nenhum desejo carnal e sem penetrar nas intenções da natureza e o fim proposto por ela, sem os quais essas pessoas jamais seriam afetadas por esse tipo de paixão. É certo que existe gente assim, mas muito maior são os que fingem ter tais ideias refinadas por astúcia e dissimulação. Os amantes verdadeiramente platônicos são, em geral, pessoas pálidas e fracas, dotadas de uma constituição fria e fleumática em ambos os sexos; as pessoas sãs de temperamento robusto e bilioso, constituídas de uma compleição sanguínea, nunca cogitam um amor tão espiritual que exclua todos os pensamentos e desejos relacionados ao corpo. Mas se os amantes mais seráficos quiserem conhecer a origem de sua inclinação, faça-os tão somente supor que um outro alguém terá os prazeres corporais da pessoa amada; e pelos suplícios que hão de sofrer com essa reflexão, logo descobrirão a natureza // dessa paixão. Em contrapartida, os pais e os amigos experimentam uma satisfação quando refletem sobre as alegrias e confortos que um casamento feliz produzirá naqueles que querem bem.

Os curiosos, que são hábeis em anatomizar a parte invisível do homem, observarão que quanto mais esse amor for sublime e isento de pensamentos sensuais, mais é espúrio e degenerado de sua honestidade original e simplicidade primitiva. O poder e a sagacidade dos políticos, bem como o trabalho e o cuidado que tomam ao civilizar a sociedade, nunca foram mais conspícuos do que na feliz ideia de jogar nossas paixões umas contra as outras. Lisonjeando nosso orgulho e aumentando ainda mais a boa opinião que temos a nosso respeito, por um lado, e inspirando-nos, por outro, um pavor superlativo e uma aversão mortal à vergonha, os moralistas astuciosos fizeram com

A fábula das abelhas

que aprendêssemos de bom grado a duelar com nós mesmos e, se não conseguimos subjugar, ao menos devemos esconder ou disfarçar a nossa paixão predileta, a luxúria, que nós mal reconhecemos quando a encontramos em nosso íntimo. Oh, que prêmio maravilhoso nos aguarda por toda essa nossa abnegação! Pode alguém ser tão sério a ponto de abster-se de rir quando considera que todo esse engano e insinceridade exercidos sobre nós e sobre os outros não tem como recompensa senão a nossa vã satisfação de fazer com que nossa espécie pareça mais elevada e afastada de outros animais do que realmente é; e em nossa consciência, sabemos que é? E, no entanto, isso é um fato e através dele percebemos claramente a razão pela qual foi necessário tornar odiosa qualquer palavra ou ação pela qual pudéssemos explorar o desejo inato que sentimos de perpetuar nossa espécie; e a razão pela qual quando nos submetemos sem resistência à violência de um apetite arrebatador (ao qual é penoso resistir) e inocentemente obedecemos à mais premente exigência da natureza sem manejos ou hipocrisias, como as **146** outras criaturas, // isso é estigmatizado com o ignominioso nome de brutalidade.

O que chamamos de amor não é um apetite genuíno, mas adulterado, ou, antes, uma combinação, um amontoado de várias paixões contraditórias que se misturam em uma. Como se trata de um produto da natureza deturpado pelo costume e pela educação, sua verdadeira origem e seu principal motivo, conforme já indiquei, estão reprimidos nas pessoas bem-educadas, quase escondidos delas mesmas: tudo isso explica por que os que são afetados por essa paixão, conforme variam em idade, vigor físico, resolução, temperamento, circunstâncias e costumes, sejam tão diferentes, caprichosos, surpreendentes e inexplicáveis.

Observações

É essa paixão que torna o ciúme tão perturbador, e a inveja daí decorrente é frequentemente fatal. Os que imaginam que possa haver ciúme sem amor não compreendem essa paixão. Podem bem os homens não terem a menor afeição por sua esposa e, ainda assim, zangar-se com sua conduta e até suspeitar dela, com ou sem razão. Mas o que os afeta nesses casos é o seu orgulho, a preocupação com sua reputação. Podem odiá-la sem sentir nenhum remorso; quando se acham ultrajados, podem golpeá-la e ir dormir satisfeitos; maridos assim podem, eles mesmos, espreitá-la ou fazer com que outro a vigie; mas sua vigilância não é tão severa; não indagam até as minúcias nem são tão industriosos em seus exames, tampouco sentem aquela ansiedade do coração diante do medo da descoberta, como quando o amor se mistura às paixões.

O que confirma minha opinião é que nunca observamos esse comportamento entre um homem e sua amante; pois quando o amor dela por ele acaba, e ele suspeita da sua infidelidade, abandona-a e não se incomoda mais com isso. Em contrapartida, a coisa mais difícil de imaginar, mesmo para um homem sensato, é que se separe dela enquanto a ama, quaisquer que possam ser as faltas dela. Se num acesso de raiva ele a machuca, sente-se mal com isso; seu amor o faz refletir sobre o // mal que lhe causou, e então quer se reconciliar com ela. Ele pode falar que a odeia; e muitas vezes no seu íntimo desejaria que fosse enforcada; mas, se ele não consegue se livrar inteiramente de sua fragilidade, nunca conseguirá desenredar-se dela; ainda que sua imaginação a represente como a culpada mais monstruosa, e tenha decidido e jurado mil vezes nunca mais se aproximar dela, não há como confiar; mesmo quando está totalmente convencido da sua infidelidade, se o seu amor persiste, seu desespero nunca é tão duradouro que, entre as crises de ira mais negras, não se aplaque e encontre intervalos lúcidos de esperança; ele elabora desculpas para ela, pensa em perdoar e, para tanto, engatilha sua capacidade de inventar todas as possibilidades que possam torná-la menos criminosa.

(O.)

Os verdadeiros prazeres, confortos e comodidades

Que o bem supremo consiste no prazer, tal era a doutrina de Epicuro, que, mesmo assim, levou uma vida exemplar de continência, sobriedade e outras virtudes, o que fez a gente de épocas posteriores disputar sobre o significado de prazer. Aqueles que argumentam com base na temperança desse filósofo dizem que ser virtuoso era o que Epicuro entendia por deleite: Erasmo fala-nos em seus *Colóquios* que não há maiores epicuristas do que os cristãos pios. Outros, refletindo sobre os costumes dissolutos da maior parte de seus seguidores, sustentam que, por prazer, ele não teria querido dizer senão os prazeres sensuais e a satisfação de nossas paixões. Não entrarei no mérito dessa contenda, mas sou da opinião de que, sejam os homens bons ou maus, aquilo com que se deleitam é // seu prazer; sem precisar procurar etimologias em línguas mais cultas, acredito que um inglês pode adequadamente chamar de prazer [*pleasure*] tudo aquilo que o apraz [*pleases him*]; e, conforme essa definição, não devemos discutir sobre os prazeres humanos nem sobre seus gostos: *Trahit sua quemque voluptas.*[7]

---

7 Virgílio, *Bucólicas*, 2, 65: "Cada um é movido por seu gosto". (N. T)

Observações

O homem mundano, voluptuoso e ambicioso, apesar de destituído de qualquer mérito, cobiça a precedência em toda parte e deseja ser mais digno que seus superiores: ele almeja palácios espaçosos com jardins aprazíveis; seu principal deleite consiste em ir além dos outros com seus cavalos imponentes, suas carruagens magníficas, sua numerosa comitiva e seu mobiliário dispendioso. Para satisfazer sua luxúria, deseja mulheres distintas, jovens e belas, dotadas de encantos e semblantes variados, que venerem sua grandeza e estejam realmente por ele apaixonadas; sua adega seria provida da mais fina flor de cada país produtor de vinhos excelentes; à sua mesa desejaria poder ser servido de grande variedade de pratos, cada um deles contendo uma diversidade selecionada de iguarias difíceis de adquirir, evidência patente de uma culinária elaborada e criteriosa, enquanto uma música harmoniosa e uma bajulação bem treinada distrairiam alternadamente seus ouvidos. Mesmo nas bagatelas mais fúteis, não emprega senão o serviço dos operários mais hábeis e engenhosos, para que seu juízo e preferência se mostrem de modo evidente nas menores coisas que lhe pertencem, da mesma forma que sua riqueza e qualidade são manifestas nas coisas de maior valor. Ele deseja ter a companhia de vários grupos de pessoas espirituosas, jocosas e polidas; entre as quais alguns seriam famosos por sua erudição e conhecimento universal. Para seus assuntos sérios, deseja encontrar homens de talento e experiência, // diligentes e confiáveis. Seus serviçais seriam jeitosos, corteses e discretos, de aparência adequada e conduta elegante: deles, o que mais se exige é um cuidado respeitoso com tudo o que é *seu*, presteza sem afobação, prontidão sem ruído e uma obediência ilimitada às suas ordens: nada lhe parece mais fastidioso do que dirigir

A fábula das abelhas

a palavra a quem lhe serve; por isso, será atendido apenas por quem, ao observar sua expressão, aprender a interpretar suas vontades a partir de seus menores gestos. Ele adora ver um esmero elegante em cada coisa que o rodeia e, no que é destinado à sua pessoa, deseja uma limpeza suprema religiosamente observada. Para o quadro principal de empregados da casa, gostaria de pessoas de linhagem, honra e distinção; organizadas, perspicazes e econômicas; pois, embora adore ser honrado por todos e receba com alegria o respeito de pessoas comuns, contudo, a homenagem prestada por pessoas de qualidade o arrebata de modo mais transcendental.

Embora chafurde no mar da luxúria e da vaidade e dedique-se inteiramente a provocar e a entregar-se a seus apetites, deseja que o mundo pense que está totalmente livre do orgulho e da sensualidade, dando uma interpretação favorável a seus vícios mais gritantes. E mais: se sua autoridade pode conseguir isso, cobiça a ideia de se fazer passar por sábio, valente, generoso, bondoso e dotado de todas as virtudes de que acredita ser merecedor. Ele gostaria que acreditássemos que a pompa e o luxo a seu serviço são uma das tantas pragas que o importunam, e toda a grandeza que o rodeia, um fardo penoso que, para sua desgraça, é inseparável da alta esfera na qual vive; que sua nobre inteligência, enaltecida muito acima das capacidades do vulgo, almeja fins elevados, não podendo, pois, apreciar tais prazeres inúteis; que o ápice de sua ambição é promover o // bem-estar público; e que o seu maior prazer é ver seu país prosperar, que todos ali sejam felizes. Esses prazeres são bem verdadeiros aos olhos dos viciosos e mundanos. E quem quer que consiga, por habilidade ou fortuna, gozar a vida com seus modos refinados e, por isso, ser tido em alta conta, será considerado pela

Observações

parte mais elegante da sociedade como alguém extremamente feliz.

Mas, por outro lado, a maioria dos filósofos antigos e dos moralistas mais sérios, especialmente os *estoicos*, não admitiria que nada que fosse um verdadeiro bem pudesse ser tomado por outros. Sabiamente, eles levaram em conta a instabilidade da fortuna e o favor dos príncipes; a vaidade da honra e a aclamação popular; a precariedade da riqueza e de todas as posses deste mundo; e assim firmaram a verdadeira felicidade na serenidade calma de uma mente satisfeita, livre de culpas e de ambições; uma mente que, tendo subjugado todo apetite sensual, despreza o sorriso e o olhar reprovador da fortuna, que não sente prazer senão na contemplação, não desejando nada além do que todo mundo é capaz de dar a si próprio: uma mente que, armada de firmeza e resolução, aprendeu a aceitar as maiores perdas sem se preocupar, a suportar dores sem aflição e a aguentar injúrias sem ressentimento. Muitos deles declararam ter alcançado esse patamar elevado de abnegação e, se neles acreditarmos, que foram alçados acima do comum dos mortais, supridos por uma força que se estende muito além do grau mais extremo de sua primeira natureza: que podiam contemplar a ira dos tiranos e os perigos mais iminentes sem nenhum terror, preservando sua tranquilidade em meio a tormentos; que, mesmo com a morte, podiam defrontar-se intrepidamente, e deixavam o mundo com uma relutância que não seria maior do que o gosto que exibiam ao adentrá-lo.

151   Entre os antigos, tal tipo sempre exerceu a maior influência; // outros, porém, que não eram idiotas, recusaram esses preceitos, considerando-os impraticáveis, e trataram essas noções como romanescas; se puseram a provar que o que esses estoicos afir-

A fábula das abelhas

mavam de si mesmos ultrapassava toda força e possibilidade humanas; as virtudes de que se gabavam, portanto, podiam não ser nada além de pretensões assoberbadas, plenas de arrogância e hipocrisia; no entanto, a despeito dessas censuras, as pessoas sérias e a grande maioria dos homens sábios que viveram até os nossos dias concordam com os estoicos nos pontos mais importantes: que não pode haver nenhuma verdadeira felicidade naquilo que depende de coisas perecíveis; que a paz interior é a maior graça que se pode ter; que nenhuma conquista se compara àquela sobre nossas paixões; que o conhecimento, a temperança, a fortaleza, a humildade e outros embelezamentos da mente são as aquisições mais valiosas; que nenhum homem pode ser feliz se não é um homem bom; e que apenas os virtuosos são capazes de desfrutar dos *verdadeiros prazeres*.

Decerto, não me causaria surpresa se me questionarem por que na *Fábula* chamei de verdadeiros prazeres aqueles que são diretamente opostos aos que, eu hei de convir, os sábios de todas as épocas têm exaltado como os mais valiosos. Ao que responderei: porque não chamo de prazeres as coisas que os homens dizem ser as melhores, mas sim aquelas coisas que lhes parecem causar mais prazer; como posso acreditar que o maior deleite de um homem são os embelezamentos da mente, quando o vejo dedicar-se diariamente a perseguir prazeres contrários? Diz-se que John nunca corta, de um pudim, mais que o suficiente para que não se diga que não pegou nada; pode-se vê-lo com esse pedacinho que, depois de muito mastigado e ruminado, vai sendo engolido como feno picado; após o que começa a comer // um bife com um apetite voraz, empanturrando-se até a goela. Não é irritante ouvir John bradar todos os dias que o pudim é tudo o que mais adora e que não dá a mínima ao bife?

Observações

Eu poderia fazer bravata sobre a fortaleza e o desprezo por riquezas, como fazia o próprio Sêneca, e me comprometer a escrever duas vezes mais que ele em favor da pobreza por apenas um décimo de sua fortuna; poderia ensinar o caminho do *summum bonum* com a mesma exatidão que o caminho de minha casa; poderia dizer ao povo que, para se desvencilhar de todos os compromissos mundanos e purificar a mente, ele deve se despojar de suas paixões, da mesma forma que os homens levam a mobília para fora de casa para limpar a fundo um quarto; e sou declaradamente da opinião que, numa mente despida de todos os medos, desejos e inclinações, a malícia e os golpes mais severos da fortuna não podem causar maior injúria do que um cavalo cego num estábulo vazio. Numa teoria como essa, tenho pleno domínio; mas a prática é muito difícil; e se você chegar perto de mim para roubar minha carteira, se intentar me tirar alimentos na minha cara quando estou faminto, ou se fizer o menor gesto de que vai cuspir em meu rosto, não me atreveria a prometer comportar-me filosoficamente. Mas, se sou forçado a submeter-me a todos os caprichos de minha natureza indômita, dirá você, isso não é argumento para que outros tenham tão pouco domínio sobre os seus e, portanto, estou disposto a prestar reverência à virtude onde quer que a encontre, contanto que não me obrigue a reconhecê-la onde não constatar nenhuma abnegação, nem a julgar os sentimentos dos homens por suas palavras quando tenho diante de mim seus modos de viver.

153 Procurei em homens de os todos níveis e posições sociais, // e confesso que em nenhum lugar encontrei maior austeridade nos costumes, ou maior desprezo pelos prazeres mundanos, do que em algumas casas de religiosos, onde as pessoas livremente

A fábula das abelhas

se abstêm e se retiram do mundo para travar combate consigo mesmas, sem outra ocupação senão subjugar seus apetites. Pode haver maior evidência de uma perfeita castidade e de um superlativo amor à pureza imaculada em homens e mulheres do que, na flor da idade, quando a luxúria é mais intensa, privar-se da companhia uns dos outros e, por renúncia voluntária, interditar para o resto da vida não apenas a impureza, mas até mesmo os afagos mais aceitáveis? Seria cabível pensar que quem se abstém da carne e, frequentemente, de todo tipo de alimento está no caminho certo para dominar todos os desejos carnais; e quase poderia jurar que quem diariamente espanca com açoites indizíveis seu dorso e ombros nus, que desperta de seu sono regularmente à meia-noite, deixa a cama por devoção, não tem em consideração o seu conforto. Quem pode ter maior desprezo por riquezas, mostrar-se menos avaro, do que o que não quer tocar em ouro ou prata, nem mesmo com pés? Pode algum mortal apresentar-se menos concernido com o luxo, ou mais humilde, do que o homem que faz da pobreza a sua escolha, contentando-se com sobras e migalhas, recusando-se a comer qualquer pão que não seja dado pela caridade alheia?

Esses exemplos admiráveis de abnegação fariam com que me curvasse diante da virtude se não tivesse sido dissuadido e advertido contra tantas pessoas eminentes e sábias, que, unanimemente, me dizem que estou enganado e que tudo que vi é farsa e hipocrisia; que o amor seráfico que fingem possuir não é senão discórdia entre eles; que por mais penitentes que freiras e frades pareçam em seus diversos conventos, // nenhum deles sacrifica seus desejos prediletos; que, entre as mulheres, nem todas que se passam por virgens o são; e que, se eu fosse levado a seus segredos e examinasse algumas de suas intimidades

Observações

subterrâneas, as cenas de horror logo me convenceriam de que algumas delas devem ter sido mães. Que, entre os homens, eu encontraria a calúnia, a inveja e a maldade, no mais alto grau, ou então a gula, a embriaguez e impurezas mais execráveis do que o próprio adultério. E quanto às Ordens Mendicantes, não diferem em nada de outros mendigos robustos senão em seus hábitos; estes últimos enganam as pessoas com um tom de piedade e exibem uma aparência miserável, mas assim que não os vemos mais, deixam de lado suas lamúrias, saciam seus apetites e gozam um do outro.

Se até as regras estritas e tantos outros sinais explícitos de devoção observados nessas ordens religiosas merecem tão dura censura, melhor então perdermos a esperança de encontrar a virtude em qualquer outro lugar; pois, se examinarmos cuidadosamente as ações dos antagonistas e dos maiores acusadores desses devotos, encontraremos quando muito uma mera aparência de abnegação. Os reverendos clérigos de todas as seitas, mesmo das igrejas mais reformadas de todos os países, cuidam do ciclope *Evangeliophorus*, primeiramente, *ut ventri bene sit*, e em seguida *ne quid desit iis quae sub ventre sunt*.[8] Ao que // desejariam que você ainda acrescentasse umas casas ajeitadas, um belo mobiliário, um bom aquecimento no inverno, jardins aprazíveis no verão, roupas limpas e dinheiro suficiente para educar os filhos; precedência em todos os encontros, respeito de todos e, por fim, o tanto de religião que lhe aprouver. Essas coisas que mencionei são confortos necessários da vida, que

---

8 "Que o ventre esteja satisfeito" e "que não falte nada daquilo que está sob o ventre". Erasmo, *Colóquios*, "Cyclops, sive Evangeliophorus". (N. T.)

os mais modestos não têm vergonha de pedir e cuja ausência muito lhes incomoda. A bem dizer, tais religiosos são feitos do mesmo humo e têm a mesma natureza corrupta que os outros homens; nascem com as mesmas enfermidades, estão sujeitos às mesmas paixões e propensos às mesmas tentações; portanto, se são diligentes em sua vocação e conseguem abster-se do assassinato, do adultério, da blasfêmia, da embriaguez e de outros vícios abomináveis, sua vida é chamada de imaculada e sua reputação, ilibada; seu ofício os torna santos; e // não obstante a satisfação de tantos apetites carnais e desfrute de tantas comodidades luxuosas, podem estipular para si o valor que o seu orgulho e dotes lhes permitir.

Não tenho nada contra isso, embora não veja aí nenhuma abnegação, sem a qual não pode haver nenhuma virtude. Será uma mortificação não desejar uma participação nos bens mundanos maior do que a que satisfaz qualquer homem razoável? Ou é tão meritório assim não ser criminoso, abstendo-se de indecências que são repugnantes aos bons costumes, e que nenhum homem cometeria, mesmo que não tivesse nenhuma religião?

Sei que vão me dizer que a razão pela qual os clérigos se ressentem com tanta violência a qualquer momento, quando são minimamente afrontados, e perdem por completo a paciência quando seus direitos são invadidos, diz respeito ao grande cuidado que tomam para preservar sua vocação e sua profissão do desprezo, não para o seu próprio bem, mas para melhor servir aos outros. O mesmo motivo os torna tão solícitos com os confortos e comodidades da vida; pois, se se submetessem a insultos, se se contentassem com uma alimentação rude e se se vestissem de modo mais simples que outras pessoas, a mul-

Observações

tidão, que julga pela aparência, estaria em condições de pensar que a Providência cuida menos do clero do que dos outros e, assim, não apenas depreciaria sua pessoa, mas também desprezaria todas as repreensões e instruções vindas do clero. Trata-se de um argumento admirável e, como é bastante usado, tentarei examinar sua importância.

Não partilho da opinião do erudito doutor Eachard,[9] de que a pobreza é uma daquelas coisas que põe os clérigos em descrédito, a não ser que constitua uma // oportunidade para descobrir o lado fraco deles. Pois, quando os homens estão sempre lutando contra sua condição inferior e não podem suportar seu fardo sem relutância, é aí então que mostram como se incomodam com a pobreza que lhes recai, como se alegrariam se sua situação melhorasse e como valorizam as coisas boas deste mundo. Aquele que arenga sobre o desprezo das riquezas e o vazio dos prazeres terrenos, trajando uma batina surrada e esfarrapada, já que não tem outra, não usaria seu velho chapéu encardido se lhe dessem um melhor; bebe cerveja barata em casa com semblante grave, mas se lançaria sobre um copo de vinho se pudesse alcançá-lo em outra parte; sem apetite come uma gororoba, mas engole avidamente ali onde pode apetecer seu paladar, e expressa uma alegria incomum quando é convidado para um jantar esplêndido: há de ser desprezado, não por ser pobre, mas porque não sabe sê-lo com o contentamento e a resignação que prega aos outros, mostrando assim que suas inclinações são o contrário de sua doutrina. Mas quando um homem, pela grandeza de sua alma (ou pela vaidade obstinada,

---

9 John Eachard, *Grounds and Occasions of the Contempt of the Clergy and Religion Enquired into* (1670). (N. T.)

A fábula das abelhas

o que para ele é a mesma coisa) resolve verdadeiramente subjugar seus apetites; quando recusa todas as ofertas de conforto e luxo que lhe podem fazer, e abraça de bom grado uma pobreza voluntária; quando rejeita tudo aquilo que possa satisfazer seus sentidos e sacrifica realmente todas as suas paixões em vista do orgulho de atuar nesse papel, o vulgo, longe de desprezar, estará pronto para deificá-lo e adorá-lo. Quão afamados se tornaram os filósofos cínicos apenas por recusar a dissimulação e superfluidades? Não se dignou o monarca mais ambicioso que o mundo já nos deu a visitar Diógenes em seu barril e retribuir uma incivilidade estudada com a mais elevada gentileza que um homem orgulhoso como ele seria capaz de fazer? //

158 A humanidade tende muito a acreditar no que os outros dizem quando vê algumas circunstâncias que corroboram o que lhe é dito; mas quando nossas ações contradizem diretamente o que dizemos, é puro descaramento querer que acreditem em nós. Se um jovem alegre e robusto, de bochechas rosadas e mãos quentes, que acaba de retornar de um exercício rigoroso, ou de um banho frio, diz-nos, em um clima gélido, que não se importa com o calor, somos facilmente induzidos a acreditar nele, especialmente se de fato dispensa isso e se sabemos, dadas as suas circunstâncias, que não lhe falta combustível nem roupa. Mas se ouvíssemos a mesma história vinda da boca de um desgraçado pobre e esfomeado, com as mãos inchadas e com um semblante lívido, vestindo farrapos puídos, não acreditaríamos em uma palavra do que diz, especialmente quando o vemos tremendo e com calafrios, rastejando em direção a um banco onde chegam raios de sol; e concluiríamos, diga o que quiser, que umas roupas quentes e um bom aquecimento lhe

Observações

seriam muito bem-vindos. A pertinência do que foi exposto é simples. Portanto, se há clérigos sobre a Terra que querem fazer crer que são desapegados do mundo e que consideram a alma superior ao corpo, pois que se privem de se mostrar mais preocupados com os prazeres sensuais do que o que geralmente fazem com seus prazeres espirituais; e podem ficar certos de que nenhuma pobreza, enquanto suportarem-na com fortaleza, jamais lhes acarretará desprezo, por mais miseráveis que possam ser as circunstâncias.

Vamos supor um pastor com um pequeno rebanho que lhe foi confiado e do qual cuida muito bem: ele prega, faz visitas, exorta, repreende seus seguidores com zelo e prudência e dirige-lhes todos os tipos de ofício divino em seu poder para fazê-los felizes. Não há dúvida de que os que estão sob seu cuidado devem lhe ser muito gratos. Suponhamos, agora, que esse bom homem, com a ajuda de um pouco de abnegação, está contente de viver com metade de sua renda, aceitando apenas vinte libras por ano em vez de // quarenta, as quais poderia exigir; além disso, que ama tanto seus paroquianos que nunca vai abandoná-los por qualquer nomeação, nem mesmo para um bispado, mesmo que este lhe fosse oferecido. Não consigo ver o que há de difícil nessa tarefa para um homem que professa a mortificação e que não tem nenhum apreço por prazeres mundanos; no entanto, atrevo-me a estar certo de que um padre tão desinteressado, não obstante a grande degeneração da humanidade, será amado, estimado, e todos falarão bem dele; estou quase a jurar que, mesmo que ele fosse além, dando mais da metade da sua modesta renda aos pobres, não vivendo senão de aveia e água, dormindo sobre a palha e vestindo os panos mais grosseiros já feitos, seu modo miserável de vida não se

A fábula das abelhas

refletiria, nem constituiria um menosprezo, sobre si mesmo ou sobre a ordem à qual pertence; pelo contrário, sua pobreza nunca seria mencionada senão em vista da sua glória enquanto perdurasse a sua memória.

Mas (diz uma jovem dama caridosa) você, capaz de deixar um pároco morrer de fome, não tem uma réstia de compaixão pela esposa e pelos filhos dele? Diga-me, o que restaria de quarenta libras anuais, após essa quantia ter sido tão impiedosamente dividida? Ou será que você preferiria que a pobre mulher e as inocentes criancinhas vivessem também de aveia e água, deitando sobre a palha, seu desgraçado inescrupuloso, com todas as suas suposições e abnegações? Será possível que, mesmo todos eles tendo de viver sob sua taxação assassina, menos de dez libras ao ano possam manter uma família? – Não se irrite, minha boa senhora Abigail,[10] // tenho por demais apreço pelo seu sexo a ponto de prescrever uma dieta tão magra a homens casados; mas confesso ter esquecido da esposa e das crianças. E a razão principal foi que pensei que padres pobres não têm nenhuma necessidade disso. Quem poderia imaginar que o pároco, que deve ensinar aos outros pelo exemplo e pelo preceito, não foi capaz de resistir a esses desejos que até mesmo o mundo ímpio chama de irracionais? Por que razão, quando um aprendiz se casa antes da hora, a não ser que tenha encontrado uma moça rica, todos os seus parentes zangam-se com ele e toda a gente o culpa? Nenhuma outra senão por não ter ele nenhum dinheiro naquele momento e, estando obrigado aos serviços de seu mestre, não contar com nenhum tempo a seu dispor; e

---

10 *Mrs. Abigail; or an Account of a Female Skirmish between the Wife of a Country Squire, and the Wife of a Doctor in Divinity* (1700). (N. T.)

Observações

talvez por ter pouca capacidade para sustentar uma família. O que devemos dizer a um pároco com vinte libras ou, se preferir, quarenta libras ao ano, o qual, uma vez comprometido da forma mais rigorosa com todos os serviços da paróquia, e que os deveres de sua profissão exigem, tem pouco tempo e em geral ainda menos habilidade para ganhar mais? Não é um disparate que se case? Mas por que deveria um jovem ajuizado, que não é acometido de nenhum vício, ser impedido de alegrias lícitas? Muito justo; o casamento é lícito, assim como um coche; mas o que acontece com as pessoas que não têm dinheiro suficiente para mantê-lo? Se pretende ter uma esposa, que procure uma com dinheiro, ou que espere por um benefício maior, ou coisa que o valha, para mantê-la generosamente, assumindo todos os prováveis encargos. Mas nenhuma mulher com dinheiro vai querer tê-lo, e ele não pode ficar sem: tem muito apetite e todos os sintomas de boa saúde; nem todo mundo consegue viver sem uma mulher; é melhor se casar do que se consumir em chamas. // Qual a enorme abnegação aqui? O jovem ajuizado está completamente disposto a ser virtuoso, mas não há como enganar suas inclinações; ele promete não ser um caçador clandestino, sob a condição de que dessa caça não lhe falte carne; e ninguém deve duvidar de que, se necessário, ele tem condições de sofrer o martírio, ainda que ele próprio admita não ter força suficiente para suportar pacientemente um arranhão no dedo.

Quando vemos tantos membros do clero entregarem-se à sua luxúria, esse apetite brutal, anelando em seguida uma pobreza inevitável que, se não a suportam com maior firmeza do que manifestam em todas as suas ações, necessariamente os tornaria desprezíveis a todos, que crédito podemos lhes dar quando querem nos convencer de que se conformam ao mundo

A fábula das abelhas

não porque gostam dos seus vários recatos, conveniências e ornamentos, mas apenas para preservar seu ofício do desprezo, com vistas a ser mais útil a outros? Não temos razão para acreditar que o que dizem está cheio de hipocrisia e falsidade, e que a concupiscência é o único apetite que querem satisfazer? Que os ares altivos e a prontidão para perceber uma injúria, a elegância cuidadosa ao se vestir e o paladar refinado, observados na maioria deles, que dispõe de meios para exibi-los, são resultado do orgulho e da luxúria, presente tanto neles quanto nos demais, e que os clérigos não estão em posse de uma virtude mais intrínseca do que qualquer outra profissão?

A essa altura, receio ter proporcionado um verdadeiro desprazer a muitos de meus leitores, detendo-me muito na realidade do prazer; mas não pude evitá-lo; uma coisa me vem à cabeça para corroborar o que já frisei, e não posso deixar de mencionar. É o seguinte: os que governam os outros por todo o mundo são pelo menos tão sábios quanto as // pessoas que são por eles governadas, num sentido geral. Se por essa razão desejarmos tomar um padrão de nossos superiores, não teremos senão que lançar nossos olhos sobre as cortes e os governos do universo, e logo notaremos, pelas ações dos mais destacados, o tipo de opinião com o qual se identificam, e quais os prazeres prediletos dos que mais se distinguem. Pois se é permitido julgar as inclinações das pessoas pela maneira como vivem, ninguém poderia sentir-se menos ofendido com isso do que os que têm maior liberdade para fazer o que querem.

Se os grandes do clero, assim como os laicos de qualquer país, não têm nenhum apreço por prazeres mundanos e não se esforçam para satisfazer seus apetites, por que a inveja e a

Observações

vingança são tão intensas entre eles e todas as outras paixões, mais aperfeiçoadas e refinadas nas cortes dos príncipes do que em qualquer outro lugar? E por que seus repastos, suas recreações e todo seu modo de vida são justamente os que sempre são aprovados, cobiçados e imitados pelas pessoas mais lascivas do mesmo país? Se, ao desprezar todos os ornamentos visíveis, passam a amar apenas o embelezamento da mente, por que se apropriam de tantos acessórios e fazem uso dos mais prediletos brinquedos de luxo? Por que um ministro do tesouro, ou um bispo, ou então um grão-senhor ou o Papa de Roma, para serem bons e virtuosos, esforçando-se em dominar suas paixões, têm necessidade de uma renda maior, de um mobiliário mais caro, ou de uma assistência maior para seu serviço pessoal, do que um simples homem? Que virtude é essa cujo exercício exige tanta pompa e superfluidade tal como visto entre homens poderosos? Um homem com apenas um prato por refeição tem tanta oportunidade para praticar a temperança quanto aquele que é constantemente servido de três peças do cardápio contendo uma dúzia de pratos em cada um. Pode-se praticar tanta **163** resignação e completa abnegação // dormindo sobre um colchão minguado, sem cortinas nem dossel, quanto sobre um leito de veludo de dezesseis pés de altura. As posses virtuosas da mente não são carga nem fardo: um homem pode firmemente suportar infortúnios num sótão, perdoar as ofensas a pé e ser casto sem ter uma camisa para vestir; portanto, não poderei nunca acreditar que um remador qualquer possa, quando lhe confiam tal função, carregar todo saber e religião que um homem possa conter junto com uma balsa de seis remos, especialmente se é apenas para fazer a travessia de Lambeth a

A fábula das abelhas

Westminster; ou que essa humildade é uma virtude tão pesada que necessita de seis cavalos para ser arrastada.[11]

Dizer que, como os homens não são tão fáceis de governar por seus iguais quanto por seus superiores, é necessário, para manter a multidão em temor respeitoso, que aqueles que nos governam devem superar os outros na aparência e, consequentemente, que todos os que ocupam posições importantes devem ter condecorações de honra e insígnias de poder para diferenciar-se do vulgo, é uma objeção frívola. Em primeiro lugar, isso só pode ter serventia a príncipes pobres e governos fracos e precários que, sendo, na verdade, incapazes de manter a paz pública, são obrigados a compensar, pelo aparato do seu espetáculo, o que lhes falta de poder verdadeiro. Por isso o governador da Batávia nas Índias Orientais se vê forçado a exibir uma grandiosidade e a viver em um esplendor acima de seus méritos, a fim de estarrecer os nativos de Java, que, se tivessem habilidade e conduta, seriam fortes o suficiente para destruir dez vezes mais o número de senhores que têm; no entanto, príncipes e Estados grandiosos, que mantêm enormes frotas no mar e inúmeros exércitos em terra, não têm necessidade de tais estratagemas; pois o que os torna temíveis no estrangeiro nunca deixará de garantir sua segurança interna. Em segundo lugar, // em todas as sociedades o que deve proteger a vida e a riqueza do povo de atentados praticados por homens perversos é o rigor das leis e a administração diligente de uma justiça imparcial. O roubo, o arrombamento e o assassinato não

---

11 Dispondo de uma carruagem com seis cavalos, o arcebispo de Canterbury residia oficialmente em Lambeth, às margens do rio Tâmisa e de frente para a catedral de Westminster. (N. T.)

Observações

são impedidos pela toga escarlate dos membros do conselho municipal, pelas cadeias de ouro dos xerifes, pelas finas rédeas de seus cavalos, ou qualquer outra pompa chamativa. Esses ornamentos espetaculosos são proveitosos em outro sentido: servem de lições eloquentes a seus aprendizes e são úteis para incentivar, não para intimidar. Mas os homens sem princípios devem ser amedrontados por policiais rudes, prisões invioláveis, carcereiros vigilantes, o carrasco e a forca. Se Londres ficasse durante uma semana destituída de oficiais de polícia e de guardas para proteger as casas à noite, metade dos banqueiros estaria arruinada nesse período; e se meu mui senhor prefeito não tivesse para se defender nada além de seu espadagão de dois gumes, seu grande manto de cerimônia e seu bastão dourado, rapidamente estaria despojado de todos os seus adereços dentro de sua imponente carruagem, em meio às ruas da cidade.

Mas vamos admitir que os olhos da gentalha se deslumbrem com um espalhafato vistoso; se a virtude fosse o principal deleite dos grandes homens, por que a sua extravagância se estenderia a coisas que o populacho não sabe compreender, inteiramente ocultas da vista do público, como suas diversões privadas, a pompa e o luxo da sala de jantar e do quarto de dormir, bem como as raridades no armário? Poucos do vulgo sabem que existe um vinho que custa um guinéu a garrafa, que pássaros não maiores que uma cotovia são por vezes vendidos cada um a meio guinéu, ou que um único quadro pode valer muitas mil libras. Além disso, como é possível imaginar que os homens dispendam uma soma tão grande para um aparato político e que sejam tão solícitos para ganhar a estima de pessoas que tanto desprezam em tudo o mais, a não ser que sirva para agradar seus apetites? Se // concedermos que o esplendor

A fábula das abelhas

e toda elegância da corte são insípidos, além de tão somente enfadonhos ao príncipe, e que juntos servem para preservar a majestade real do desprezo, podemos dizer o mesmo de meia dúzia de filhos ilegítimos, a maioria deles fruto do adultério cometido pela mesma majestade, concebidos, educados e feito príncipes às expensas da nação? Portanto, é evidente que essa intimidação da multidão por meio de um modo de vida distinto é apenas um disfarce e um pretexto, sob os quais os grandes homens gostam de abrigar suas vaidades e se entregar a cada apetite sem sofrer nenhuma censura.

Um burgomestre de Amsterdã, trajando seu simples paletó preto, seguido talvez de um lacaio, é tão plenamente respeitado e mais bem obedecido do que o senhor prefeito de Londres, com toda sua equipagem e sua grande comitiva. Onde há poder verdadeiro, é ridículo pensar que qualquer moderação ou austeridade deve sempre tornar a pessoa, na qual está depositado esse poder, desprezível em seu ofício, do imperador ao sacristão de uma paróquia. Catão, em seu governo na Espanha, o qual desempenhou com tanta glória, tinha apenas três servos para servi-lo; alguém ouviu dizer que alguma de suas ordens foi ignorada por causa disso, ainda que ele adorasse beber? E quando esse grande homem marchou a pé pelas areias escaldantes da Líbia e, morrendo de sede, recusou-se a tocar na água que lhe foi trazida enquanto seus soldados não a tivessem bebido; alguma vez nós lemos que essa abstinência heroica enfraqueceu sua autoridade ou diminuiu a estima que lhe tinha seu exército? Mas para que irmos tão longe? Há muito tempo não se via um príncipe menos inclinado à // pompa e ao luxo do que o atual rei da Suécia, que, encantado com o título de herói, não apenas sacrificou a vida de seus súditos e o bem-estar de seus

Observações

domínios, mas (coisa mais rara entre soberanos) a sua própria comodidade e todos os confortos da vida, em vista de um implacável espírito de vingança; e, no entanto, é obedecido até a ruína de seu povo, sustentando obstinadamente uma guerra que quase destruiu totalmente seu reino.

Isso foi escrito em 1714.[12] Assim, demonstrei que os prazeres verdadeiros de todos os homens em natureza são mundanos e sensuais, quando os julgamos por sua prática; digo todos os homens em natureza porque os cristãos devotos, os únicos a serem excetuados aqui, sendo regenerados e assistidos sobrenaturalmente pela Graça Divina, não podem ser considerados em natureza. Como é estranho que os homens neguem tão unanimemente isso! Pergunte não apenas aos teólogos e moralistas de todas as nações, mas também a todos os ricos e poderosos, sobre o prazer verdadeiro, e eles lhe dirão, como os estoicos, que não pode haver verdadeira felicidade nas coisas mundanas e corruptíveis; mas, então, examine a vida deles, e você descobrirá que só se deleitam dessa forma.

O que devemos fazer diante desse dilema? Devemos ser tão pouco caritativos, ao julgar os homens por suas ações, dizer que todo mundo prevarica e, se não concordam com essa opinião, deixá-los dizer o que quiserem? Ou devemos ser assim tão imbecis, confiando no que dizem, pensar que seus sentimentos são sinceros, e assim não acreditar em nossos próprios olhos? Ou, antes, devemos nos esforçar para acreditar em nós mesmos e neles também, dizendo, com Montaigne, // que eles imaginam e se deixam completamente persuadir que acreditam naquilo que, no entanto, não acreditam? Tais são as suas pala-

---

12 Mandeville acrescentou esse trecho em nota em 1723. (N. T.)

A fábula das abelhas

vras: "alguns enganam o mundo, e gostariam que acreditassem que acreditam naquilo que não acreditam; mas um número muito maior engana a si mesmo, sem considerar nem compreender plenamente o que é acreditar".[13] Mas isso torna toda a humanidade tola ou impostora; o que, para ser evitado, não deixa alternativa senão dizer aquilo que o senhor Bayle tentou provar ao longo de suas reflexões sobre o cometa: o homem é uma criatura tão inexplicável que, mais comumente, age contra seus princípios; e isso está tão longe de ser injurioso // à natureza humana que, pelo contrário, é um elogio; pois ou dizemos isso, ou pior.

Essa contradição na constituição do homem é a razão pela qual a teoria da virtude é tão bem compreendida, e a sua prática, tão raramente encontrada. Se você me perguntar para onde se deve olhar em busca dessas belas e ilustres qualidades dos primeiros-ministros e dos grandes favoritos dos príncipes, tão elegantemente pintadas em dedicatórias, discursos, epitáfios, sermões fúnebres e inscrições laudatórias, eu respondo: aqui mesmo e em nenhuma outra parte. Onde é que você buscaria a excelência de uma estátua senão naquela parte que você vê? Apenas em sua superfície polida que se encontra a habilidade e o trabalho do escultor, para ele se jactar; aquilo que está fora da vista, está intacto. Se preferir quebrar a cabeça ou abrir o peito para procurar o cérebro e o coração, você não conseguirá senão mostrar a sua ignorância e destruir a obra. Isso tem

---

13 No original, transcrição da tradução inglesa, *Miscellaneous Reflections, Occasion'd by the Comet Which Appear'd in December 1680* (1708) de *Pensées sur la comète*, em que o próprio Bayle, na seção 184, cita os *Ensaios* (ii, 12) de Montaigne. (N. T.)

Observações

frequentemente me levado a comparar a virtude dos grandes homens com os grandes vasos chineses, que exibem uma bela figura e servem como decoração até mesmo para uma chaminé; pelo volume que ostentam e pelo preço que lhes é atribuído, pensariam que são muito úteis; mas olhe dentro de milhares deles e você não encontrará senão poeira e teias de aranha.

169

// (P.)

> [...] *mesmo os pobres*
> *Viviam melhor do que os ricos de outrora,*

Se delinearmos a origem das nações mais prósperas, veremos que nos princípios remotos de toda sociedade os homens mais ricos e considerados foram durante um bom tempo destituídos de muitos dos grandes confortos da vida que agora são desfrutados pelos mais humildes e miseráveis. Desse modo, muitas coisas que outrora eram consideradas invenções do luxo são agora conferidas mesmo àqueles que são tão miseravelmente pobres que se tornaram objetos da caridade pública; a ponto de serem tidas como tão necessárias que pensamos que não deveriam faltar a nenhuma criatura humana.

Nas primeiras eras, o homem sem dúvida alimentava-se de frutos da terra, sem qualquer preparação prévia, e repousava-se nu como os outros animais sobre o colo de sua mãe comum. O que quer que tenha contribuído desde então para tornar a vida mais confortável, que deve ter sido consequência do pensamento, da experiência e de algum trabalho, merece mais ou menos o nome de luxo, conforme mais ou menos esforço se exigiu, o quanto desviou da simplicidade primitiva. Nossa admiração

A fábula das abelhas

não se estende além do que é novo para nós, e todos deixamos de lado a excelência de coisas a que nos acostumamos, por mais singulares que sejam. Cairia no ridículo o homem que encontrasse luxo no traje simples de uma pobre criatura que perambulasse com um vestido grosseiro, doado pela igreja a miseráveis, com uma camisa ordinária; e, no entanto, quantas pessoas, quantos diferentes ofícios, e quantas variedades de habilidades e ferramentas devem ser empregados para se ter o mais ordinário tecido de Yorkshire? Que profundidade de pensamento e engenhosidade, quanto // empenho, trabalho e tempo devem ter custado até que o homem pudesse aprender a cultivar e preparar, de uma semente, um produto tão útil como o linho?

Não deve ser vaidosamente minuciosa a sociedade onde essa mercadoria admirável, uma vez feita, não é considerada adequada para ser usada, nem mesmo pelo mais pobretão, se não lhe for dada uma brancura perfeita, o que só será possível com a ajuda de vários elementos reunidos num mundo de trabalho e paciência? Ainda não terminei: será que não podemos refletir não apenas sobre o custo despendido nessa invenção luxuosa, mas também sobre o pouco tempo que dura a brancura, no que consiste boa parte de sua beleza, já que a cada seis ou sete dias no máximo precisa ser limpo; e que essa peça constitui um gasto contínuo, enquanto dura, para quem a veste; não podemos então, dizia eu, refletir sobre tudo isso sem precisar achar que se trata de uma extravagante peça de delicadeza, que mesmo os que recebem esmolas da paróquia não somente deveriam ter a roupa inteira feita por essa manufatura operosa, mas também que, tão logo fique encardida, para restaurá-la à sua pureza original, utilizem um dos compostos mais judiciosos e difíceis de que a química pode se orgulhar; com o qual,

Observações

dissolvido em água e com a ajuda do fogo, se prepara a mais detergente e, contudo, inocente *lixivium* que a indústria humana foi, até aqui, capaz de inventar?

Uma coisa é certa: houve um tempo em que as coisas de que falo seriam impostadas com uma expressão grandiosa, e onde todo mundo teria raciocinado da mesma forma; mas a época em que vivemos chamaria de tolo um homem que falasse de extravagância e delicadeza se visse uma pobre mulher que, após vestir seu robe de uma coroa, durante uma semana inteira, o lavasse com um pedaço de sabão fedorento de quatro centavos de libra.

As artes da cervejaria e panificação foram a passos lentos levadas à sua perfeição atual, pois, para inventá-las de uma só vez, e // *a priori*, teriam sido necessários mais conhecimento e uma visão mais profunda sobre a natureza da fermentação do que o maior dos filósofos até agora conseguiu obter; no entanto, os frutos de ambas são hoje apreciados pelos mais miseráveis de nossa espécie, e um coitado faminto não pode se passar por mais humilde, ou não suplica de forma mais modesta, do que quando pede um pedaço de pão ou um gole de cerveja leve.

O homem aprendeu por experiência que nada é mais macio do que as pequenas plumas e a parte inferior dos pássaros, e descobriu que, quando as amontoa, elas opõem, por elasticidade, uma suave resistência a qualquer peso posto em cima e se inflam por si mesmas assim que a pressão cessa. Empregá-las com o propósito de dormir sobre elas foi, sem dúvida, primeiramente, uma invenção para congratular a vaidade e a comodidade dos ricos e poderosos; mas, com o tempo, isso se tornou tão comum que quase todo mundo repousa sobre um colchão

A fábula das abelhas

de plumas; e substituí-las por flocos de lã é tido como uma solução miserável dos mais necessitados. Que enorme patamar o luxo não teve que alcançar para que se considere uma dureza ter de repousar sobre uma lã macia de animais!

Das cavernas, cabanas, casebres, tendas e barracas, às quais de início a humanidade se dedicou, chegamos a casas aquecidas e bem construídas, e as habitações mais humildes vistas nas cidades são edifícios regulares planejados por pessoas habilitadas no conhecimento de proporções e arquitetura. Se os antigos bretões e gauleses saíssem de seus túmulos, como ficariam estupefatos ao contemplar as portentosas estruturas que por toda parte foram erguidas para os pobres! Se notassem a magnificência de um *Chelsey-College*, de um *Greenwich-Hospital* // ou, superando todos, de um *Hôtel des Invalides* em Paris, e vissem o cuidado, a abundância, as superfluidades e a pompa com que as pessoas sem nenhuma posse são tratadas nesses palácios majestosos, os que já foram os mais grandiosos e ricos sobre a Terra teriam motivos para invejar os mais rebaixados de nossa espécie atualmente.

Outra mostra de luxo desfrutada pelos pobres, que não é reputada dessa forma e da qual certamente apenas os mais ricos não se abstiveram na idade de ouro, é o uso da carne de animais para comer. No que concerne às modas e aos costumes, conforme as épocas em que vivem os homens, eles nunca examinam o verdadeiro valor e o mérito das causas, e geralmente julgam as coisas não segundo a razão, mas sim pelo costume. Houve um tempo em que os ritos funerários para dispor os mortos eram realizados com fogo, e os cadáveres dos maiores imperadores eram queimados até as cinzas. O enterro dos defuntos na terra era um funeral para escravos, ou uma punição para os piores

Observações

malfeitores. Hoje em dia, nada é mais decente ou honroso do que o enterro, e a cremação dos corpos é reservada a crimes de cores sombrias. Por vezes, as ninharias nos causam horror e, em outros momentos, ficamos diante de enormidades sem nenhuma preocupação. Se vemos um homem andando de chapéu dentro de uma igreja, mesmo que esta não esteja no horário de seus serviços, isso nos choca; mas se numa noite de domingo encontramos meia dúzia de companheiros bêbados na rua, tal visão causa pouca ou nenhuma impressão sobre nós. Se numa comemoração uma mulher se veste com roupas de homem, seus amigos considerarão que se trata de uma brincadeira; e quem acha isso muito errado é tido como severo: no palco isso é feito sem nenhuma repreensão, e // as damas mais virtuosas permitirão que a atriz o faça, mesmo que todo mundo tenha uma visão completa de suas pernas e coxas; mas tão logo a mesma mulher se ponha novamente de saia, mostrando a perna a um homem, não acima de seu joelho, o ato seria considerado muito atrevido, e todos a chamariam de impudente.

Muitas vezes pensei que, não fosse pela tirania que o costume nos inflige, os homens dotados de uma tolerável boa natureza jamais poderiam aceitar a matança de tantos animais para a sua alimentação diária, enquanto a terra generosa lhes proporcionasse abundantemente tamanha variedade de vegetais saborosos. Sei que a razão não excita nossa compaixão senão de modo frágil, e por isso não me surpreendo que os homens tenham tão pouca comiseração por essas criaturas imperfeitas como lagostas, ostras, mariscos e todos os peixes em geral. Como são mudos e sua formação interna, bem como sua figura externa, diferem enormemente da nossa, e a maneira como se expressam para nós é ininteligível, não é de estranhar que

A fábula das abelhas

seu martírio não afete nosso entendimento, que não chega a alcançá-lo; pois nada agita tanto a nossa piedade quanto os sintomas da miséria que, de imediato, golpeiam nossos sentidos; já vi pessoas muito tocadas com o barulho de uma lagosta viva posta no espeto, mas que poderiam matar meia dúzia de aves com prazer. Porém, em animais tão perfeitos como ovelhas e bois, em que o coração, o cérebro e os nervos diferem tão pouco dos nossos; e nos quais a separação dos espíritos do sangue, os órgãos da sensação e, consequentemente, a própria sensação, são os mesmos que os das criaturas humanas, não posso imaginar como um homem, não endurecido no sangue nem calejado pela carnificina, seja capaz de ver uma morte violenta e as dores agudas que disso decorrem sem nenhum incômodo.

Em resposta a isso, a maioria das pessoas considerará suficiente dizer que, sendo todas as coisas feitas admitidamente a serviço do homem, não pode haver nenhuma crueldade em dispor // dessas criaturas para o uso que lhes foi destinado; mas já ouvi homens dando essa resposta quando, no seu íntimo, reprovavam a falsidade dessa asserção. Não há numa multidão nem sequer um homem, de cada dez, que deixará de reconhecer (a não ser que tenha sido criado num abatedouro) que, de todas as ocupações, jamais pensaria, para si, na de açougueiro; e me pergunto até mesmo se houve alguém que tenha matado uma galinha, na primeira vez, sem nenhuma relutância. Algumas pessoas não se deixam persuadir a experimentar nenhuma das criaturas que conheceram e com que se familiarizaram diariamente enquanto estava viva; outros não estendem seu escrúpulo para além de suas próprias aves domésticas, e se recusam a comer o que alimentaram e cuidaram; no entanto, todos se alimentarão de bom grado e sem remorso de carne bovina, de

Observações

carneiro e de aves quando estas são trazidas do mercado. Parece-me que esse comportamento tem algo de parecido com uma consciência culpada; como se se esforçassem para se salvar da imputação de um crime (que sabem que de alguma parte lhes é atribuído), afastando-se ao máximo da causa disso; e posso perceber aí alguns traços fortes de piedade e inocência primitivas que, mesmo com todo o poder arbitrário dos costumes e a violência do luxo, não se conseguiu conquistar.

Vão me dizer que aquilo em que me baseio é uma loucura da qual os homens sábios estão isentos, o que admito; mas já que isso procede de uma verdadeira paixão inerente à nossa natureza, basta demonstrar que nascemos com uma repugnância a matar e, consequentemente, a comer animais; pois é impossível que um apetite natural nos incite a agir, ou a desejar que outros o façam, no sentido daquilo pelo que temos aversão, por mais disparatada que pareça essa aversão.

Todo mundo sabe que os cirurgiões, quando cuidam de feridas e fraturas perigosas, das extirpações de membros e outras operações terríveis, são muitas vezes // obrigados a submeter seus pacientes a tormentos extraordinários, e quanto mais desesperador e calamitoso é o caso com que lidam, mais se acostumam com gritos e sofrimentos corporais dos outros; por esse motivo, nossa *lei inglesa*, por um afetuoso cuidado com a vida de seus súditos, permite-lhes [aos cirurgiões] não fazer parte de nenhum júri envolvendo casos de vida e morte, como que supondo que sua profissão é suficiente para endurecer e extinguir neles aquela ternura, sem a qual nenhum homem é capaz de estabelecer um verdadeiro valor para a vida de seus semelhantes. Ora, se não devemos nos incomodar com o que fazemos com bestas selvagens, não imaginando que haja cruel-

A fábula das abelhas

dade ao matá-los, por que então, de todas as profissões, os açougueiros e apenas eles, junto com os cirurgiões, são excluídos de fazer parte do júri pela mesma lei?

Não vou insistir aqui naquilo que Pitágoras e outros homens sábios disseram sobre a barbárie de comer carne; já me afastei muito da minha trilha; e peço então ao leitor que, se quer saber mais sobre isso, examine a fábula que se segue //; ou então, se estiver cansado, que a deixe de lado, com a certeza de que, como quer que faça, lhe serei igualmente obsequioso.

Um mercador romano, durante uma das guerras púnicas, foi lançado à costa da África. Com grande dificuldade ele e seu escravo conseguiram chegar a terra firme sãos e salvos; mas, ao ir em busca de socorro, se depararam com um leão enorme. Era uma dessas raças que viviam à época de Esopo, que não apenas podia falar várias línguas, mas inclusive se mostrava muito familiarizada com as questões humanas. O escravo subiu numa árvore, mas seu mestre, não acreditando estar seguro ali, e tendo ouvido muito sobre a generosidade dos leões, caiu prostrado diante dele, exibindo todos os sinais de temor e submissão. O leão, que tinha acabado de encher a pança, ordenou que ficasse de pé e que por ora deixasse seus medos em suspenso, assegurando-lhe, também, que ninguém o tocaria se lhe desse boas razões para não ser devorado. O mercador obedeceu e, tendo agora alguma réstia de esperança de se safar, apresentou um relato sombrio sobre o naufrágio que tinha sofrido; esforçando-se a partir de então para despertar a piedade do leão, pleiteou sua causa com uma abundância de boa retórica; mas, observando pelo semblante da besta fera que lisonjas e belas palavras não o impressionavam, recorreu a argumentos de maior consistência e, raciocinando a partir da

Observações

excelência e das habilidades da natureza humana, desenvolveu uma objeção: seria muito improvável que os deuses não lhe tivessem destinado um fim melhor do que ser comido por uma besta selvagem. A partir disso, o leão tornou-se mais atento, dignando-se aqui e ali a fazer uma réplica até que, por fim, o seguinte diálogo se seguiu entre eles:

— Oh, animal vaidoso e cobiçoso, disse o leão, cujo orgulho e avareza o levaram a abandonar sua terra natal, onde suas necessidades naturais poderiam ser abundantemente supridas, aventurando-se por mares revoltos e montanhas perigosas // em busca de superfluidades, por que você estima que sua espécie é superior à nossa? Se os deuses lhes concederam superioridade sobre todas as criaturas, então por que suplica a um inferior?

— Nossa superioridade (respondeu o mercador) consiste não na força física, mas na força do entendimento; os deuses nos dotaram de uma alma racional que, embora invisível, é o que há de melhor em nós.

— Não desejo tocar em nada senão no que em você é bom para comer; mas por que você valoriza tanto essa parte que é invisível?

— Porque é imortal e, após a morte, encontrará a recompensa das ações feitas em vida; e o justo gozará a bem-aventurança e tranquilidade eternas na companhia de heróis e semideuses nos Campos Elíseos.

— Que tipo de vida você levou?

— Eu honrei os deuses e procurei servir aos homens.

— Então, por que teme a morte se você acha que os deuses são tão justos quanto você o foi?

— Tenho uma mulher e cinco filhos pequenos que vão passar necessidade se me perderem.

A fábula das abelhas

— Pois eu tenho dois filhotes que não são grandes o bastante para se virarem por conta própria, que têm necessidade agora e que, na verdade, morreriam de fome se eu não lhes conseguisse nada. Seus filhos serão atendidos de uma maneira ou de outra; pelo menos, seja quando eu o tiver devorado, seja se você tivesse se afogado.

Quanto à excelência das duas espécies, o valor das coisas entre vocês sempre aumenta quando estas escasseiam, e, para cada milhão de homens, há apenas um leão; além disso, na grande veneração que o homem finge ter por sua espécie, a sinceridade é tão pouca que não vai além do orgulho de fazer parte dela; é uma estupidez gabar-se da ternura ostentada e da atenção dedicada a seus pequenos, ou dos excessivos e duradouros tormentos na educação deles: nascido o homem como o animal mais necessitado e desamparado, tudo isso não é senão instinto da natureza, que em todas as criaturas sempre proporcionou o cuidado dos pais com as necessidades e limitações da prole. Mas se um homem realmente estimasse sua espécie, como é possível // que frequentemente 10 mil deles, quando não dez vezes mais, sejam destruídos em poucas horas pelo capricho de dois homens? Os homens de todas as posições sociais desprezam seus inferiores, e se você pudesse penetrar no coração de reis e príncipes, dificilmente encontraria um que tivesse estima maior por grande parte da multidão que governa do que a que manifesta pelo gado que lhe pertence. Por que tantos pretendem descender sua raça, mesmo que apenas espuriamente, de deuses imortais? Por que todos permitem que os outros se ajoelhem diante deles, e sintam mais ou menos prazer ao lhes ser prestadas honras divinas, senão para insinuar que são de uma natureza mais excelsa, uma espécie superior à de seus súditos?

Observações

Selvagem eu sou. Mas nenhuma criatura pode ser chamada de cruel a menos que, por malícia ou insensibilidade, extinga sua compaixão natural: o leão nasceu sem compaixão; seguimos o instinto de nossa natureza; os deuses nos destinaram a viver das sobras e despojos de outros animais; e enquanto encontrarmos mortos, nunca caçaremos animais vivos. Apenas o homem, o homem malévolo, faz da morte um esporte. A natureza ensinou o seu estômago a não precisar de nada além de vegetais; mas o seu violento interesse por mudança e a avidez ainda maior por novidades incitaram-no a destruir animais injustamente e sem nenhuma necessidade, pervertendo sua natureza e deformando seus apetites, como quer que seu orgulho e luxúria os chamem. O leão tem // um fermento dentro de si que consome a pele mais resistente e os ossos mais duros, bem como a carne de todos os animais, sem exceção. Seu estômago cheio de frescuras, em que o calor digestivo é fraco e inexpressivo, só pode admitir as partes mais tenras se mais da metade da concocção for trabalhada antecipadamente pelo artifício do fogo; no entanto, qual animal você poupou para satisfazer os caprichos de um lânguido apetite? Digo "lânguido"; pois o que é a fome de um homem comparada a de um leão? A sua, quando é desesperadora, faz você desmaiar; a minha me enlouquece: várias vezes tentei aplacar a violência da minha com raízes e ervas, mas em vão; apenas grandes quantidades de carne podem apaziguá-la.

E, no entanto, apesar da ferocidade de nossa fome, os leões frequentemente retribuíram o benefício recebido; mas o homem ingrato e pérfido se alimenta da ovelha que o veste, e não poupa nem as crias inocentes, que tomou sob seus cuidados e custódia. Se você me disser que os deuses fizeram do homem mestre

A fábula das abelhas

de todas as outras criaturas, não é tirania destruí-las por pura crueldade? Não, animal instável e vacilante, os deuses fizeram vocês para a sociedade, e planejaram que milhões de sua espécie, quando bem unidos, constituiriam o poderoso Leviatã. Um único leão tem alguma importância na criação, mas o que dizer de um único homem? Uma parte ínfima e insignificante, um átomo desprezível de uma grande besta. O que a natureza planeja, ela executa, e não é seguro julgar seus propósitos senão pelos efeitos que ela exibe: se sua intenção era que o homem, na qualidade de homem pela superioridade de sua espécie, // se assenhoreasse de todos os outros animais, o tigre, e até a baleia ou a águia, obedeceriam sua voz.

Mas se sua perspicácia e compreensão excedem as nossas, não deveriam os leões, em deferência a essa superioridade, seguir as máximas dos homens, para quem nada é mais sagrado do que aquela segundo a qual a razão do mais forte é sempre a que predomina? Multidões inteiras dos seus conspiraram e planejaram a destruição de apenas um, após terem convindo que os deuses os tinham feito superior a todos; e várias vezes um único dos seus arruinou e aniquilou multidões inteiras que, aos mesmos deuses, ele tinha jurado defender e preservar. O homem nunca reconheceu a superioridade sem o poder, e por que eu faria de modo diferente? A excelência da qual me gabo é visível, todos os animais tremem ao ver um leão, e não por um pânico aterrorizante. Os deuses me deram rapidez para alcançar e força para conquistar tudo aquilo que se acercar de mim. Onde haverá uma criatura com dentes e garras como os meus? Repare na espessura destas mandíbulas maciças, considere sua largura e sinta a firmeza deste pescoço musculoso. O cervo mais ágil, o javali mais selvagem, o

Observações

cavalo mais vigoroso e o touro mais forte são minhas presas onde quer que os encontre.

Assim falou o leão, e o mercador desmaiou.

O leão, na minha opinião, levou a questão muito além; no entanto, quando, para amaciar a carne dos animais machos, pela castração, impedimos a firmeza de seus tendões e de cada uma de suas fibras, o que lhes aconteceria normalmente sem isso, confesso que me parece razoável que uma criatura humana deveria comover-se quando reflete sobre o cuidado cruel que dispensa a esses animais submetidos à engorda para o abate. Quando um grande e manso boi castrado, após ter resistido à força de golpes dez vezes mais fortes do que os que teriam matado seu assassino, sucumbe por fim atordoado, e é preso ao chão com cordas amarradas a seus chifres, assim que o grande talho é feito e as jugulares são cortadas em pedaços, que mortal // conseguiria ouvir sem compaixão os mugidos de dor sufocados pelo seu sangue, os suspiros amargos que exprimem a sequidão de sua angústia, os gemidos profundos e sonoros que emite pela aflição vinda do fundo do seu coração forte e palpitante? Olhe para as convulsões agitadas e violentas de seus membros; veja que, enquanto seu sangue retido e fumegante esguicha, seus olhos se enturvam e enlanguescem; e observe seus sobressaltos, sua respiração arfante e seus últimos esforços pela vida, sinais certos de seu destino se aproximando. Quando uma criatura dá provas tão convincentes e tao inegáveis do terror que a invade, das dores e agonias que sente, há algum seguidor de Descartes tão acostumado com sangue que não possa refutar, por comiseração, a filosofia daquele vão raciocinador?

A fábula das abelhas

(Q.)

[...] pois frugalmente
Viviam agora de seu salário.

Quando as pessoas têm uma receita pequena e são também honestas, é a partir daí então que a maioria delas começa a ser frugal, e não antes. A frugalidade na // ética é aquela virtude oriunda do princípio de que os homens se abstêm do supérfluo e, desprezando as invenções operosas que a arte proporciona, seja o conforto, seja a comodidade, se contentam com a simplicidade natural das coisas e são cuidadosamente temperantes no desfrute delas, sem o menor vestígio de cobiça. A frugalidade assim definida é talvez mais rara do que muitos imaginam; mas o que geralmente se entende por isso é uma qualidade mais fácil de se encontrar, e consiste num *medium* entre a profusão e a avareza, tendendo em geral a esta última. Assim como essa economia prudente, que alguns chamam de poupar, é, nas famílias particulares, o método mais certo para aumentar seu patrimônio, assim também alguns imaginam, num país estéril ou fértil, que, quando o mesmo método é seguido por todos (o que consideram factível), terá o mesmo efeito sobre toda a nação, e que, por exemplo, os ingleses poderiam ser muito mais ricos do que são, se fossem tão frugais quanto alguns de seus vizinhos. Isso, a meu ver, é um erro e, para prová-lo, começaria remetendo o leitor ao que foi dito sobre esse assunto na "Observação L." para então seguir adiante.

A experiência nos ensina que, em primeiro lugar, assim como as pessoas diferem em suas opiniões e percepções das coisas, também variam em suas inclinações; um homem é dado à co-

Observações

biça, outro à prodigalidade e um terceiro apenas a poupar. Em segundo lugar, que os homens nunca, ou muito raramente, são recuperados de suas paixões preferidas, nem pela razão nem por qualquer preceito, e que se alguma coisa os afasta daquilo a que são naturalmente propensos, isso ocorre pela mudança nas circunstâncias ou na sua sorte. // Se refletirmos sobre essas observações, veremos que, para que uma nação se torne pródiga na sua generalidade, é preciso que a produção de um país seja considerada em proporção ao número de seus habitantes, e que os bens de que dispõem em profusão tenham um preço baixo. Por outro lado, para que uma nação se torne frugal na sua generalidade, os bens necessários à vida devem ser escassos e, consequentemente, caros. Portanto, o que quer que faça o melhor político, a profusão ou frugalidade de um povo em geral deve sempre depender, e sempre dependerá, apesar de tudo, da proporção entre a fertilidade e a produção do país, o número de habitantes e os impostos que devem suportar. Se alguém quiser refutar o que eu disse, então que prove pela história que alguma vez houve um país com frugalidade nacional sem uma necessidade nacional.

Examinemos, então, quais são as coisas indispensáveis para engrandecer e enriquecer uma nação. As primeiras dádivas que qualquer sociedade humana pode desejar são um solo fértil e um clima favorável, um governo moderado e mais terra do que gente. Essas coisas tornarão os homens brandos, amáveis, honestos e sinceros. Nessa condição, eles serão tão virtuosos quanto puderem, sem o menor prejuízo público, e, consequentemente, serão tão felizes quanto lhes aprouver. Mas não terão nenhuma arte nem ciência; sua tranquilidade durará o tempo que seus vizinhos lhes permitirem; serão pobres, ignorantes e

A fábula das abelhas

quase completamente destituídos daquilo que chamamos de **184** comodidades da vida; // e todas as virtudes cardeais juntas não bastarão para proporcionar entre eles um casaco decente ou um pote de mingau. Pois, nesse estado de tranquilidade indolente e inocência estúpida, assim como você não precisa temer grandes vícios, não espere nenhuma virtude considerável. O homem nunca se esforça senão quando suscitado por seus desejos; enquanto permanecem adormecidos, sem que nada os desperte, sua excelência e habilidades permanecerão encobertas, e essa máquina inerte, sem a influência de suas paixões, pode ser comparada a um grande moinho de vento sem um sopro de ar.

Se você quer uma sociedade de homens forte e poderosa, toque as paixões deles. Divida a terra, mesmo que nunca tenha sobrado tanta, e o desejo de possuí-la vai torná-los cobiçosos. Desperte-os, ainda que apenas em tom de brincadeira, de sua indolência com louvores, e o orgulho os fará trabalhar de verdade; ensine ofícios e outras atividades, e você acarretará a inveja e a emulação entre eles. Para aumentar seu número, estabeleça uma variedade de manufaturas, e não deixe um pedaço de terra sem cultivar; torne a propriedade inviolavelmente protegida, com privilégios iguais para todos os homens; não permita que ninguém aja senão dentro da legalidade, e deixe todos pensarem o que quiserem; pois um país que mantém todos que querem trabalhar, e onde outras máximas são observadas, será sempre populoso e nunca precisará de pessoas enquanto houver gente no mundo. Se você os quer valentes, guerreiros, encaminhe-os à disciplina militar, faça bom uso do medo e bajule sua vaidade com arte e assiduidade. Mas se, além disso, você transformá-los numa nação opulenta, instruída e polida, ensine-lhes o comércio com países estrangeiros e, quando possível, que se lancem a

Observações

conquistar o mar, o que, para ser alcançado, exige que nenhum esforço ou indústria seja poupado; e não permita que nada o detenha na busca dessas coisas. E, então, promova a navegação, valorize o mercador e incentive o comércio em cada um de seus ramos; isso trará riquezas e, onde estas já existirem, as artes e ciências logo se seguirão. Com a ajuda do que acabo de mencionar e de uma boa // administração, políticos podem tornar um povo potente, renomado e florescente.

Mas se você quer uma sociedade frugal e honesta, a política mais adequada é preservar os homens na sua simplicidade nativa, não se esforce para aumentar seu número; nunca permita que se familiarizem com estrangeiros ou com superfluidades; elimine, pois, e mantenha-os longe de qualquer coisa que possa despertar seus desejos ou aperfeiçoar sua inteligência.

A grande riqueza e o tesouro estrangeiro vão sempre desdenhar dos homens, a não ser que você admita seus companheiros inseparáveis, a avareza e o luxo: onde o comércio é considerável, a fraude será introduzida. Ser ao mesmo tempo bem-educado e sincero é quase uma contradição; e, portanto, enquanto o homem aumenta seu conhecimento e seus costumes são polidos, devemos esperar ver ao mesmo tempo o alargamento de seus desejos, o refinamento de seus apetites e o aumento de seus vícios.

Os holandeses podem atribuir o quanto quiserem sua grandiosidade presente à virtude e à frugalidade de seus ancestrais; mas o que fez aquela desprezível mancha de terra tão considerável entre as principais potências da Europa foi sua sabedoria política em preterir todas as coisas em prol do comércio e da navegação, a liberdade de consciência ilimitada que prevalece entre eles e a dedicação incansável da qual sempre se valeram

A fábula das abelhas

para aplicar os meios mais eficazes para encorajar e aumentar o comércio em geral.

Antes de Filipe II da Espanha passar a dirigir sua fúria contra eles com aquela inaudita tirania, a frugalidade deles nunca chamou atenção. Suas leis foram espezinhadas, seus direitos e amplas imunidades lhes foram arrancados e sua constituição foi feita em pedaços. Vários de seus principais nobres foram condenados e executados sem um processo jurídico devido. Suas reclamações e protestos foram punidos tão severamente como crimes de resistência, e os que conseguiram escapar do massacre foram pilhados por soldados vorazes. E como isso era intolerável para um povo sempre acostumado com // governos mais brandos, que desfrutava de maiores privilégios do que quaisquer das nações vizinhas, eles preferiram antes morrer combatendo a perecer nas mãos de cruéis carrascos. Se considerarmos a força que a Espanha tinha à época e a difícil situação em que esses Estados miseráveis estavam, jamais se ouviu falar de luta mais desigual; no entanto, tamanha foi a fortaleza e resolução que apenas sete dessas províncias, que lograram se unir, conseguiram resistir à maior e mais disciplinada das nações da Europa, na mais longa e sangrenta guerra que já se viu na história antiga ou moderna.

Em vez de se tornarem vítimas da fúria espanhola, conformaram-se com uma existência com um terço de suas receitas e despenderam a maior parte de sua renda na defesa contra seus inimigos impiedosos. Essas dificuldades e calamidades de uma guerra deflagrada dentro de suas entranhas levou-os pela primeira vez a uma extraordinária frugalidade, e o prolongamento das mesmas dificuldades por mais de oitenta anos não poderia se lhes tornar senão costumeiras e habituais. Mas toda

Observações

sua arte de poupar e a vida na penúria jamais lhes permitiriam defrontar-se com um inimigo tão poderoso, se sua indústria em promover a pesca e a navegação em geral não os tivessem ajudado a suprir suas necessidades naturais e as desvantagens sob as quais se encontravam.

O país é tão pequeno e populoso que não há terra suficiente (embora não haja um centímetro desaproveitado) para alimentar um décimo de seus habitantes. A Holanda é tomada de grandes rios, e está abaixo do nível do mar, o que levaria a inundá-la a cada maré e a varrê-la do mapa em um único inverno, se não estivesse protegida por diques e muros enormes: a manutenção // destes, bem como de comportas, baixios, moinhos e outras coisas indispensáveis, que são obrigados a usar para evitar seu alagamento, custa-lhes por ano um gasto maior do que poderia ser acumulado por um imposto geral sobre a terra de quatro xelins a libra sobre a renda do proprietário.

Causa alguma surpresa que um povo sob tais circunstâncias, carregado de impostos mais elevados do que em qualquer outra nação, fosse obrigado a poupar? Mas por que eles devem servir de padrão a outros que, além de estarem numa situação melhor, são muito mais ricos no seu território e têm, para o mesmo número de pessoas, uma extensão de terra dez vezes maior? Os holandeses e nós muitas vezes compramos e vendemos nos mesmos mercados, e até agora nossas opiniões podem ser consideradas as mesmas; por outro lado, os interesses e as razões políticas das duas nações sobre a economia privada de cada uma delas são muito diferentes. É do interesse deles ser frugais e gastar pouco: porque precisam importar tudo, exceto manteiga, queijo e peixe, e por isso consomem, deste último, três vezes mais que o mesmo número de pessoas aqui. É do

A fábula das abelhas

nosso interesse comer muita carne bovina e de carneiro para manter o fazendeiro e melhorar a nossa terra, de que dispomos bastante para alimentarmo-nos, e que poderia muito mais se fosse mais bem cultivada. Os holandeses talvez tenham uma frota maior e mais dinheiro vivo do que nós, mas estes devem ser considerados apenas como seus instrumentos de trabalho. Assim como um transportador pode ter mais cavalos do que um homem dez vezes mais rico, e um banqueiro que não tem mais do que 1.500 ou 1.600 libras efetivas pode ter em geral mais dinheiro vivo do que um nobre cavalheiro que tem 2 mil libras por ano. Quem mantém três ou quatro diligências para conseguir seu pão é, para o cavalheiro que possui uma carruagem por prazer, o que // os holandeses são em relação a nós: não tendo nada além de peixe, são transportadores e fretadores para o resto do mundo, ao passo que a base de nosso comércio depende principalmente de nosso próprio produto.

Outro exemplo de que o que obriga a maior parte das pessoas a poupar são os impostos pesados, a escassez de terra e coisas tais que ocasionam uma carência de suprimentos, pode ser tomado do que se observa entre os holandeses. Na província da Holanda, há um grande comércio e uma quantidade de dinheiro acumulado inimaginável. A terra é tão fértil quanto o próprio esterco e, como já disse, não há uma polegada que não seja cultivada. Em Gueldres e Overissel não há praticamente nenhum tipo de comércio, e muito pouco dinheiro: o solo é infecundo e uma abundância de terra é desperdiçada. Qual, então, a razão para que os mesmos holandeses, nessas duas províncias, embora mais pobres que os da primeira, sejam menos mesquinhos e mais hospitaleiros? Nenhuma outra senão que seus impostos, na maioria dos casos, são menos exorbitantes

Observações

e que, em proporção ao número de habitantes, dispõem de muito mais terra. O que se poupa na província da Holanda é feito às expensas de suas barrigas: é sobre a comida, a bebida e o combustível que incidem os impostos mais pesados; mas eles vestem roupas melhores e têm um mobiliário mais rico do que o que você encontrará em outras províncias.

Aqueles que são frugais por princípio são assim em todas as coisas, mas na Holanda as pessoas estão poupando apenas as coisas de que necessitam diariamente e que são logo consumidas; naquilo que dura, são bastante diferentes: em quadros e estátuas de mármore, são dispendiosos; em seus edifícios e jardins, extravagantes beirando a loucura. Em outros países, você pode se deparar com pátios majestosos e palácios imensos que pertencem a príncipes, o que ninguém pode esperar encontrar numa comunidade onde a igualdade é tão observada; mas, em toda a Europa, não encontrará construções privadas tão suntuosamente magnificentes como a grande maioria das // casas de comerciantes e de outros cavalheiros em Amsterdã e outras grandes cidades dessa pequena província; e a maioria dos que constroem ali despende em suas habitações uma parte de seu patrimônio muito maior do que qualquer outro povo sobre a Terra.

A nação de que estou tratando nunca esteve em maiores apuros, nem seus negócios em uma situação mais penosa, desde que se tornou república, do que no ano de 1671 e no início de 1672. O que sabemos com alguma certeza de sua economia e constituição se deve principalmente a Sir William Temple,[14]

---

14 Sir William Temple (1628-1699), *Observations upon the United Provinces of the Netherlands*, 1673. (N. T.)

A fábula das abelhas

cujas observações sobre seus costumes e governo, evidenciadas em várias passagens de suas memórias, foram feitas por volta dessa época. Os holandeses eram, então, de fato muito frugais; mas, desde aquela época, e já não sendo suas calamidades tão prementes (ainda que para a gente comum, sobre a qual pesa mais o fardo principal de taxas e impostos, as coisas talvez continuem as mesmas), uma grande mudança foi feita entre os mais afortunados, em suas equipagens de carruagem, nos divertimentos e em todo seu modo de viver.

Aqueles que sustentam que a frugalidade dessa nação não decorre tanto da necessidade quanto de uma aversão generalizada ao vício e ao luxo nos farão pensar no caráter público da sua administração, na exiguidade dos salários, na prudência ao barganhar provisões, víveres e outras coisas indispensáveis, no grande cuidado que tomam para não serem enganados por aqueles que os servem e // na severidade com aqueles que rompem seus contratos. Mas o que gostariam de atribuir à virtude e à honestidade dos ministros se deve inteiramente aos seus regulamentos estritos concernentes à administração do tesouro público, da qual a sua admirável forma de governo não os deixará se afastar; de fato, um homem de bem pode se fiar na palavra de outro se assim estão de acordo; mas uma nação inteira não deve nunca confiar na honestidade de ninguém, mas naquilo que é construído com base na necessidade; infeliz é o povo, e sempre precária a sua constituição, cujo bem-estar depende das virtudes e da consciência de ministros e políticos.

Os holandeses geralmente se esforçam para promover ao máximo a frugalidade entre seus súditos não porque se trata de uma virtude, mas porque, de modo geral, é do seu interesse,

Observações

como mostrei antes; e, à medida que este muda, alteram suas máximas, como ficará claro no exemplo seguinte.

Assim que seus navios regressam das Índias Orientais para casa, a Companhia paga os homens, e muitos deles recebem a maior parte do que ganharam durante sete ou oito anos de trabalho, e algumas vezes quinze ou dezesseis anos. Esses pobres coitados são encorajados a gastar seu dinheiro com toda profusão imaginável; e, considerando que a maioria deles era réprobo quando partiu, e que sob uma disciplina rigorosa e uma dieta miserável foram, por muito tempo, submetidos a um trabalho penoso, sem nenhum dinheiro e em meio ao perigo, não é difícil torná-los perdulários tão logo tenham bastante dinheiro.

Eles esbanjam em vinho, mulheres e música o tanto que podem fazer pessoas com seu gosto e educação, e lhes é permitido (contanto que se abstenham de fazer maldades) divertir-se e cometer excessos com mais licenciosidade do que se costuma autorizar a outros. Em algumas cidades, você pode vê-los acompanhados de três ou quatro mulheres lascivas, poucos deles sóbrios, correndo, urrando pelas ruas em plena luz do dia, // com uma rabeca. E se o dinheiro, segundo pensam, não vai embora muito rápido por esses meios, vão descobrir outros, a ponto de, por vezes, lançar punhados ao populacho. Essa loucura continua na maioria deles enquanto alguma coisa lhes restar, o que nunca dura muito, e por isso são apelidados *de senhores de seis semanas*, que é geralmente o tempo para que a Companhia tenha outros navios prontos para partir, onde esses miseráveis enfatuados (não tendo mais dinheiro algum) são novamente forçados a entrar e onde poderão dispor de tempo livre para se arrepender de sua loucura.

A fábula das abelhas

Nesse estratagema há uma dupla política: primeiramente, se esses marinheiros que se acostumaram com o clima quente, com o ar e a comida insalubres, se tornassem frugais e permanecessem em seu país, a Companhia seria continuamente obrigada a empregar novatos, dos quais (além de não conhecerem bem seu ofício) dificilmente um em cada dois sobrevive em alguns lugares das Índias Orientais, o que muitas vezes acarretaria um grande encargo e os desenganaria. Em segundo lugar, as grandes somas tão frequentemente distribuídas entre esses marinheiros são, por esses meios, colocadas imediatamente em circulação em todo o país, donde, através de tributos pesados e outros impostos, a maior parte é logo trazida de volta ao tesouro público.

A fim de convencer os campeões da frugalidade nacional com outro argumento, de que aquilo em que insistem é impraticável, vamos supor que eu esteja enganado em tudo aquilo que disse na "Observação L." em favor do luxo e da sua necessidade para manter o comércio. Em seguida, examinemos o que uma frugalidade generalizada produziria num país como o nosso, se, pela arte e manipulação, as pessoas fossem obrigadas a praticá-la, tivessem ou não necessidade disso. Admitamos então que todo o povo da Grã-Bretanha consumirá apenas quatro quintos do que consome agora, economizando assim um quinto de sua renda: não vou falar // da influência que isso teria sobre quase todo o comércio, bem como sobre o agricultor, o pecuarista e o proprietário de terras, mas suponho favoravelmente (o que ainda assim é impossível) que o mesmo trabalho continuará sendo feito e, consequentemente, que os mesmos trabalhadores continuarão empregados como agora. A consequência disso seria que, a não ser que todo o di-

Observações

nheiro se desvalorize prodigiosamente de uma só vez e todas as coisas, contra qualquer raciocínio, aumentem consideravelmente de preço, ao fim de cinco anos todos os trabalhadores, assim como os operários mais pobres (pois não me ocuparei do resto), teriam em dinheiro vivo tanto quanto gastam agora num ano inteiro, o que, a propósito, seria mais dinheiro do que jamais a nação conseguiu reunir de uma só vez.

E agora, tomados de alegria por esse aumento de riqueza, vejamos as condições em que estariam os trabalhadores e, raciocinando pela experiência e pelo que diariamente observamos neles, julguemos qual seria seu comportamento em tal caso. Todos sabem que existe um grande número de diaristas, como fiandeiros, alfaiates, tecelões e outros vinte e tantos ofícios; os quais, se por quatro dias de trabalho numa semana conseguem se sustentar, dificilmente serão persuadidos a trabalhar cinco; e há milhares de trabalhadores de vários segmentos que, mesmo tendo apenas o que lhes permite subsistir, vão inventar cinquenta inconvenientes, desobedecer seus amos, apertar seu cinto, endividar-se, para poder tirar uma folga. Quando os homens demonstram proclividade tão extraordinária ao ócio e ao prazer, que razão temos para pensar que trabalhariam, a não ser que fossem obrigados por uma necessidade imediata? // Quando vemos um artífice que não pode ser impingido a trabalhar até terça-feira, porque na segunda de manhã lhe restaram dois xelins do pagamento da última semana, por que imaginar que ele trabalharia alguma vez se tivesse quinze ou vinte libras em seu bolso?

O que seria, num tal ritmo, de nossas manufaturas? Se um mercador quiser exportar tecido, ele próprio deverá fabricá-lo, pois o fabricante de tecidos não conseguirá um só homem

A fábula das abelhas

dos doze que trabalham para ele. Se o que falo acontecesse apenas com os sapateiros diaristas, e com ninguém mais, em menos de doze meses metade de nós andaria descalço. O uso principal e mais urgente do dinheiro numa nação é pagar o trabalho dos pobres, e quando o dinheiro escasseia, sentirão primeiro sempre os que tiverem um grande número de trabalhadores a pagar; no entanto, apesar dessa grande necessidade de moeda, onde a propriedade estivesse bem protegida, seria mais fácil viver sem dinheiro do que sem pobres; pois quem iria trabalhar? Por isso, a quantidade de moeda em circulação num país deveria ser sempre proporcional ao número de mão de obra empregada; e o salário dos trabalhadores deveria ser proporcional ao preço das provisões. Do que se demonstra que tudo o que se obtém em abundância barateia o trabalho, onde os pobres são bem manobrados; os quais, assim como se deve evitar que passem fome, não devem receber o tanto que lhes permita poupar. Se aqui e ali alguém da classe mais baixa, por uma dedicação incomum, e apertando seu cinto, consegue alçar-se acima da condição na qual foi criado, ninguém deve impedi-lo; ou melhor, é inegavelmente mais sábio que cada pessoa na sociedade e que cada família particular levem uma vida frugal; mas é do interesse de todas // as nações ricas que a maior parte dos pobres quase nunca seja ociosa e que, ainda assim, gaste continuamente o que ganha.

Todos os homens, como muito bem observa Sir William Temple, são mais propensos ao conforto e ao prazer do que ao trabalho, quando não são estimulados a este último por orgulho ou avareza; e os que vivem da sua jornada de trabalho raramente são influenciados de forma veemente por um deles. De modo que, para incitá-los, não contam senão com suas necessidades

Observações

que, por prudência, devem ser aliviadas, mas seria insensato curá-las. A única coisa que torna um trabalhador industrioso é uma quantidade moderada de dinheiro; pois assim como muito pouco vai, de acordo com seu temperamento, desanimá-lo ou enfurecê-lo, muito o tornaria insolente e preguiçoso.

Um homem que afirmasse que muito dinheiro pode destruir uma nação seria digno de riso. No entanto, tal foi o destino da Espanha; ao que o erudito don Diego Saavedra[15] atribui a ruína de seu país. Os frutos da terra em épocas passadas // tornaram a Espanha tão rica que o rei da França, Luís XI, tendo vindo à corte de Toledo, ficou estupefato com seu esplendor e disse que nunca tinha visto nada comparável, nem na Europa nem na Ásia; ele, que em suas viagens pela Terra Santa, tinha percorrido todas as suas províncias. Só no reino de Castela (se podemos dar crédito a alguns escritores), vindos de todas as partes do mundo para a Guerra Santa, havia 100 mil soldados de infantaria, 10 mil soldados a cavalo e 60 mil carruagens para transporte de carga, que Alonso III sustentava à sua própria custa, pagando todos os dias tanto os soldados quanto os oficiais e os príncipes, cada qual conforme seu patamar e dignidade. Não apenas isso, mas também até o reinado de Fernando e Isabel (que equiparam Colombo) e algum tempo depois, a Espanha foi um país fértil, onde o comércio e a manufatura floresceram, e que teve um povo instruído e industrioso do qual podia se gabar. Mas, assim que esse imenso tesouro, obtido

---

15 Don Diego de Saavedra Fajardo, *Idea de um Príncipe Politico-Christiano representada en cien empresas*, 1640. Mandeville o cita a partir da tradução inglesa, *The Royal Politician represented in One Hundred Emblems*, 1700. (N. T.)

A fábula das abelhas

com mais risco e crueldade do que o mundo jamais conhecera, e que para ser adquirido, segundo confissão dos próprios espanhóis, custou a vida de 20 milhões // de índios; assim que, dizia eu, esse oceano de tesouros virou uma onda sobre eles, perderam o tino, e sua indústria os abandonou. O agricultor deixou o arado; o mecânico, as ferramentas; o comerciante, a contabilidade; e todos, zombando do trabalho, entregaram-se aos prazeres e viraram fidalgos. Pensaram que tinham razão para se valorizar acima de todos os seus vizinhos, e doravante apenas a conquista do mundo lhes serviria.

A consequência disso foi que outras nações forneceram aquilo que sua própria preguiça e orgulho lhes negavam; e quando todos viram que, apesar de todas as proibições feitas pelo governo contra as exportações de metais preciosos, os espanhóis iriam se desfazer do seu dinheiro; e que você teria que embarcá-lo por conta e risco próprios, então o mundo inteiro se pôs a trabalhar para a Espanha. O ouro e a prata, sendo anualmente divididos e repartidos entre todos os países comerciantes, encareceram tudo, tornando industriosa a maioria das nações europeias, exceto os proprietários do metal, que, desde que conseguiram tamanha aquisição, se sentavam de braços cruzados e esperavam, todos os anos, com impaciência e ansiedade, a chegada de seus proventos de ultramar, para pagar aos outros o que já tinham gasto; e foi assim que *por meio de muito dinheiro*, pela criação de colônias e outros erros ocasionados por tal riqueza, a Espanha, país fecundo e bem povoado, com todos os seus títulos e posses grandiosos, tornou-se uma via árida e vazia, através da qual ouro e prata da América iam para o resto do mundo; e essa nação, que foi rica, vívida, diligente e laboriosa, tornou-se um povo lento, ocioso, orgulhoso, mendicante. É o que basta sobre a Espanha. O outro país onde o

Observações

197 dinheiro pode ser considerado o seu produto // é Portugal, e a figura que esse reino, com todo seu ouro, desempenha na Europa não é, creio eu, muito invejável.

Desse modo, a grande arte para fazer uma nação feliz e aquilo que chamamos de próspera consiste em dar a todos uma oportunidade de trabalhar; para empreender isso, faça com que a primeira atenção do governo se dirija a promover uma variedade tão grande de manufaturas, artes e ofícios quanto o engenho humano for capaz de inventar; e que a segunda seja estimular a agricultura e a pesca em todos os seus setores, de modo que toda a terra e também o homem deem o máximo de sua capacidade; pois, se a primeira é infalível para reunir grandes multidões de pessoas em uma nação, a outra é o único método para fazê-las subsistir.

Mediante essa política, e não de insignificantes regulações da profusão e da frugalidade (que sempre seguirão seu próprio curso conforme as circunstâncias dos povos), deve-se esperar a grandiosidade e a felicidade das nações; deixemos o valor do ouro e da prata subir ou descer, pois a satisfação de todas as sociedades sempre dependerá dos frutos da terra e do trabalho

198 das pessoas; ambos // reunidos constituem um tesouro mais certo, mais inesgotável, mais real do que o ouro do Brasil ou a prata de Potosí.

(R.)

Ninguém honrado [...]

A honra, no seu sentido figurado, é uma quimera desprovida de verdade ou existência, uma invenção de moralistas e de po-

A fábula das abelhas

líticos, e significa um certo princípio de virtude, sem relação com a religião, encontrado em alguns homens, mantendo-os cumpridores de seus deveres e compromissos, quaisquer que sejam; por exemplo, um homem de honra conspira com outros para assassinar um rei; ele é então obrigado a ir até o fim nisso; e se, tomado de remorso ou levado por bons sentimentos, espanta-se com a enormidade de seu plano, denuncia o complô e torna-se testemunha contra seus cúmplices, então perde sua honra, pelo menos // aos olhos do grupo ao qual pertencia. A melhor coisa desse princípio é que o vulgo é dele destituído, e é encontrado somente nas pessoas de melhor estrato, assim como algumas laranjas têm caroços e outras não, ainda que exteriormente sejam idênticas. Nas famílias importantes, é como a gota, geralmente considerada hereditária; e todos os filhos de grandes senhores nascem com ela. Em alguns, que nunca sentiram nada parecido, ela é adquirida por conversação e leitura (especialmente de romances de aventura); em outros, por ascensão profissional; mas não há nada que incentive mais o seu crescimento do que uma espada; algumas pessoas, na primeira vez que embainharam uma, chegaram a sentir fortes pontadas em 24 horas.

O principal e mais importante cuidado que um homem de honra deve ter é com a preservação desse princípio, e, antes que o perca, melhor perder seu emprego e seus bens, ou, melhor, a própria vida; razão pela qual, qualquer que seja a humildade que por bons modos venha a manifestar, como detentor de um invisível ornamento lhe é permitido estipular um valor inestimável para si mesmo. O único método para preservar esse princípio é viver de acordo com as regras de honra, que são as leis que devem acompanhá-lo: é obrigado a ser sempre digno de

Observações

confiança, a preferir o interesse público ao seu próprio, a não dizer mentiras nem trapacear ou prejudicar ninguém, e a não sofrer nenhuma afronta, que é um termo artificial para toda ação feita com o propósito de menosprezá-lo.

Os homens de honra ao modo antigo, cujo último caso registrado que me ocorre foi o de Dom Quixote, observavam de forma primorosa todas essas leis e muitas outras que não mencionei; mas os modernos parecem ser mais remissos: têm uma profunda veneração pela última delas, mas não prestam igual obediência a nenhuma das outras, e quem quer que cumpra estritamente apenas essa, cometerá grandes violações de todas as restantes com as quais está vinculada.

Um homem de honra é sempre considerado imparcial e, evidentemente, sensato, pois nunca se ouviu dizer // que um homem de honra fosse um tolo; por essa razão, as leis não lhe dizem respeito, e sempre lhe é permitido ser juiz de sua própria causa; se a menor injúria lhe é feita, ou a seu amigo, seu parente, seu criado, seu cachorro ou qualquer coisa que lhe apraza ter sob sua honrosa proteção, deverá imediatamente exigir alguma satisfação; se for provado que houve afronta, e que aquele que a cometeu é também um homem de honra, um duelo deverá se suceder. Por tudo isso, é manifesto que um homem de honra deve ser dotado de coragem e que, sem ela, seus outros princípios não passam de uma espada sem ponta. Examinemos, pois, em que consiste a coragem e se, como crê a maioria, ela é algo importante que os homens valentes têm em sua natureza, distinto de todas as suas outras qualidades ou não.

Não há nada tão universalmente sincero sobre a Terra como o amor que todas as criaturas, capazes de senti-lo, têm por si mesmas; e como não há amor que não implique o cuidado de

A fábula das abelhas

preservar a coisa amada, então nada é mais sincero, em qualquer criatura, do que sua vontade, seus desejos e esforços para se preservar. Essa é uma lei da natureza por meio da qual nenhuma criatura é dotada de apetite ou paixão que não tenda direta ou indiretamente à preservação de si ou de sua espécie.

Os meios pelos quais a natureza constrange toda criatura a ser continuamente agitada por essa atividade de autopreservação estão enxertados nela, e (no homem) são chamados de desejos, os quais, ou o compelem a almejar aquilo que acredita que o manterá vivo ou lhe dará prazer, ou o determinam a evitar aquilo que imagina que pode o desagradar, machucar ou destruir. Todos esses desejos ou paixões têm seus próprios sintomas, por meio dos quais se manifestam nos que são por eles perturbados, e, a partir da variedade de perturbações que fazem em nós, recebem suas várias denominações, como já foi demonstrado quando tratamos do orgulho e da vergonha.

A paixão suscitada em nós, quando apreendemos que um mal se acerca, se chama medo: a // perturbação que nos é produzida é sempre mais ou menos violenta, em proporção não ao perigo em si, mas à apreensão do mal temido, real ou imaginário. Estando o nosso medo sempre em proporção à apreensão que temos do perigo, segue-se que, enquanto essa apreensão durar, um homem pode se livrar do seu medo tanto quanto de uma perna ou de um braço. Num susto, é verdade, a apreensão do perigo é tão súbita e nos ataca tão vivamente (por vezes a ponto de tomar a razão e os sentidos) que, quando passa, muitas vezes não nos lembramos de ter tido nenhuma apreensão; embora, pelo resultado, seja evidente que tenha acontecido, pois como poderíamos ter ficado assustados se não tivéssemos apreendido que algum perigo estava se acercando de nós?

Observações

A maioria das pessoas acha que essa apreensão deve ser controlada pela razão, mas confesso que essa não é minha opinião. Os que já estiveram assustados vão lhe dizer que, assim que conseguiram se recobrar, isto é, fazer uso da razão, sua apreensão foi controlada. Mas não há aqui controle algum, pois, no susto, ou o perigo foi completamente imaginário, ou ele já passou, quando se pode fazer uso da razão; e, portanto, se entendem que não há perigo, não surpreende que não estejam apreensivos. Mas quando o perigo é permanente, deixe-os então fazer uso de sua razão, e perceberão que ela lhes pode servir para examinar a dimensão e a realidade do perigo, e se descobrirem que é menor do que imaginavam, a apreensão diminuirá consequentemente; mas se o perigo se mostra real e parecido em todos os aspectos, conforme se mostrou de início, então a razão, ao invés de diminuir a apreensão, vai antes aumentá-la. Enquanto dura o medo, nenhuma criatura // consegue partir para a ofensiva; e, no entanto, diariamente vemos animais lutarem obstinadamente, atacando um ao outro até a morte; deve haver, portanto, alguma outra paixão capaz de sobrepujar esse medo, e a que lhe é mais contrária é a ira, que, para ser examinada a fundo, devo pedir licença para fazer outra digressão.

Nenhuma criatura pode subsistir sem comida, nenhuma de suas espécies (falo dos animais mais perfeitos) pode durar muito tempo a não ser que os mais jovens nasçam tão depressa quanto os mais velhos morrem. Portanto, o primeiro e mais impetuoso apetite que a natureza lhes deu é a fome, e o seguinte é a luxúria; um os incita a procriar, assim como o outro os obriga a comer. Ora, se observarmos que a ira é a paixão em nós suscitada quando somos contrariados ou estorvados em

A fábula das abelhas

nossos desejos, e que ela concentra toda a força das criaturas para que, por meio dela, possam se esforçar mais vigorosamente para se livrar, vencer ou destruir tudo aquilo que obstrui a busca de sua autopreservação, perceberemos, então, que, a não ser que sejam atacadas ou que sua liberdade e a dos que amam seja ameaçada, nada é mais significativo para mobilizar a ira do que a fome e a luxúria. São esses apetites que os tornam mais ferozes, pois devemos observar que os apetites das criaturas são tão efetivamente contrariados quando querem e não conseguem encontrar o que desejam (embora talvez com menos violência) como quando são impedidas de gozar daquilo que têm diante dos olhos. O que acabei de dizer parecerá mais evidente se lembrarmos o que ninguém pode ignorar, que é o seguinte: todas as criaturas sobre a terra vivem ou de frutos e seus produtos, ou, ainda, da carne de outros animais, criaturas como elas. Estes, que chamamos de animais predado-
203 res, a natureza os muniu conformemente e lhes deu armas e //
força para vencer e dilacerar em pedaços aqueles que destinou a ser seu alimento, dando-lhes também um apetite muito mais agudo que o de outros animais que vivem de plantas etc. Pois, quanto aos primeiros, se uma vaca adorasse a carne de carneiro tanto quanto o pasto, sendo feita como é, não tendo garras nem unhas, dispondo apenas de uma fileira de dentes dianteiros de igual tamanho, passaria fome mesmo que estivesse no meio de um rebanho de ovelhas. Quanto aos segundos, em relação à sua voracidade, se a experiência não nos ensinasse, a razão bastaria: em primeiro lugar, é altamente provável que a fome que leva uma criatura a se fatigar, a se exaurir e a se expor ao perigo para cada pedaço que come, é mais penetrante do que a que apenas a obriga a comer o que tem diante de si e que pode

Observações

obter agachando-se. Em segundo lugar, é preciso considerar que, assim como os animais predadores possuem um instinto por meio do qual aprendem a desejar ardentemente, a rastrear e alcançar as criaturas que lhes são um bom alimento, os outros animais também têm igualmente um instinto que os ensina a evitar, a se esconder e a fugir daqueles que os caçam. Do que necessariamente se segue que, embora os animais predadores possam comer quase continuamente, eles vivem, porém, com a barriga muito mais vazia do que as outras criaturas, cujas provisões não lhes escapam nem manifestam resistência. Isso necessariamente perpetua e aumenta sua fome, que, por isso, se torna um constante combustível de sua ira.

Se você me perguntar o que suscita essa ira nos touros e nos galos, que lutam até a morte, mesmo não sendo animais predadores, nem muito vorazes, respondo: a luxúria. As criaturas, cuja raiva procede da fome, tanto os machos quanto as fêmeas, atacam tudo aquilo que podem dominar e lutam obstinadamente contra todos. Mas os animais cuja fúria é provocada por um fermento venéreo, geralmente os machos, exacerbam-se principalmente contra outros machos da mesma espécie. Podem vir, acidentalmente, a fazer o mal a outras criaturas; mas os principais objetos de seu ódio são seus rivais; e é apenas contra estes que suas proezas e vigor físico // são exibidas. Constatamos também, em todas as criaturas das quais o macho é capaz de satisfazer um grande número de fêmeas, uma superioridade mais destacada que a natureza manifesta em sua constituição e aparência, bem como na sua ferocidade, do que o que se observa nas criaturas em que o macho se contenta com uma ou duas fêmeas. Os cães, ainda que tenham se tornado animais domésticos, são de uma voracidade proverbial e, sendo

A fábula das abelhas

carnívoros, os que lutassem não demorariam a se tornar animais predadores se não os alimentássemos; o que observamos neles prova cabalmente o que desenvolvi até aqui. Os que são genuinamente de raça de briga, sendo vorazes tanto o macho quanto a fêmea, farão qualquer coisa da presa e se deixarão matar antes de abrir mão dela. Como a fêmea é muito mais salaz do que o macho, não há nenhuma diferença na sua constituição, exceto seu sexo, e ela é a mais feroz dos dois. O touro é uma criatura terrível quando mantido isolado, mas quando tem vinte ou mais vacas para variar, em pouco tempo se torna tão manso quanto qualquer uma delas; e uma dúzia de galinhas estragaria o melhor galo de rinha na Inglaterra. Veados e cervos são tidos como criaturas castas e timoratas, e, de fato, vivem assim quase o ano todo, exceto durante o cio, quando então de súbito tornam-se admiravelmente bravos e muitas vezes atacam seus próprios criadores.

Que a influência desses dois principais apetites, a fome e a luxúria, sobre o temperamento de animais não é tão bizarra como alguns imaginam, pode-se demonstrar, parcialmente, pelo que se observa em nós mesmos; pois, embora nossa fome seja infinitamente menos violenta que a de lobos e outras criaturas devoradoras, no entanto, vemos que as pessoas saudáveis e com estômago resistente são mais irascíveis e perdem mais rápido a paciência por bobagens, quando têm que esperar sua refeição por um período além do usual, do que em qualquer outro momento. No mesmo sentido, embora a luxúria no homem não seja tão intensa como nos touros e outras criaturas salazes, ainda assim, nada // provoca tão imediata e violentamente a raiva em homens e mulheres do que o que contraria seus amores quando estão efusivamente apaixonados; e os mais

Observações

temerosos e finamente educados de qualquer um dos sexos desafiariam os maiores perigos e poriam de lado todas as outras considerações para conseguir a destruição de um rival.

Até aqui procurei demonstrar que nenhuma criatura pode tomar a ofensiva na luta enquanto dura seu medo; que o medo não pode ser dominado senão por outra paixão; que a que lhe é mais contrária e mais eficaz para vencê-lo é a ira; que os dois principais apetites de cujo revés se pode incitar esta última paixão são a fome e a luxúria, e que em todos os animais a propensão à ira e a obstinação na luta geralmente dependem da violência de um desses apetites ou deles dois reunidos. Do que se segue que a bravura ou a coragem natural não é senão efeito da ira, e que todos os animais ferozes devem ser ou muito vorazes, ou muito luxuriosos, quando não ambos.

Vamos agora examinar o que, seguindo essa regra, devemos pensar sobre nossa própria espécie. Pela delicadeza da pele do homem e o grande cuidado que se exige durante anos para criá-lo; pela estrutura de suas mandíbulas, a uniformidade de seus dentes, a largura de suas unhas e pela pequenez de ambos, não é provável que a natureza o tenha feito para a rapinagem; por essa razão, sua fome não é tão voraz quanto a dos animas predadores; nem é tão salaz como outros animais assim chamados; e sendo, além disso, muito industrioso para suprir suas necessidades, não têm nenhum apetite predominante para perpetuar sua ira, e deve, consequentemente, ser um animal timorato.

O que acabei de dizer sobre o homem deve ser compreendido apenas em seu estado selvagem; pois se o examinarmos como membro de uma sociedade e como um animal educado, encontraremos uma criatura muito diferente. Assim que seu //
orgulho encontra espaço para atuar, e a inveja, a avareza e a ambi-

ção começam a apoderar-se dele, este desperta de sua inocência e estupidez naturais. Conforme aumenta seu conhecimento, seus desejos se expandem e, consequentemente, suas necessidades e apetites são multiplicados. Segue-se daí que frequentemente será contrariado na busca dessas coisas, deparando-se nesse estado com muito mais desapontamento para incitar sua ira do que na sua condição anterior; em pouco tempo, o homem se tornaria a criatura mais nociva e perniciosa, se fosse deixado sozinho, sempre que pudesse sobrepujar seu adversário, se não tivesse nenhum mal a temer senão a pessoa que o irritou.

Desse modo, o primeiro cuidado que todos os governos devem tomar é refrear a ira humana, quando esta for nociva, com punições severas e, assim, aumentando seu temor, impedir os males que poderia produzir. Quando diversas leis são rigorosamente executadas para restringir que o homem faça uso da força, a autopreservação o ensina a ser pacífico; e como é do interesse de todos ser perturbado o mínimo possível, seus temores serão continuamente expandidos e ampliados conforme avança em experiência, inteligência e previsão. Como consequência, do mesmo modo que infinitas serão as maneiras de provocar a sua ira no Estado civilizado, infinitos também serão os temores que vão descoroçoá-lo; e assim, em pouco tempo, seu medo o ensinará a apagar sua ira; e, podendo recorrer a um método oposto, a mesma autopreservação, para a qual a natureza o havia antes provido de ira, o ensinará a dominar esta, bem como o restante de suas paixões.

A única paixão útil que o homem possui no sentido da paz e tranquilidade de uma sociedade é o seu medo, e quanto mais se levar adiante essa condição, tanto mais ajustado e gover-

Observações

nável ele será; pois, por mais útil que a ira seja a um homem, como criatura isolada, ainda assim não convém aos costumes da sociedade: // sendo a natureza sempre a mesma na formação dos animais, faz com que todas as criaturas sejam semelhantes àqueles que as engendraram e criaram, conforme a localidade que as molda e as diversas influências externas que as rodeiam; consequentemente, todos os homens, tenham nascido nas cortes ou nas florestas, são suscetíveis à ira. Quando essa paixão se sobrepõe (como por vezes acontece com pessoas de todas as categorias) a todos os medos que um homem tem, sua coragem é verdadeira, e lutará tão intrepidamente como um leão ou um tigre, mas apenas nessa situação; e vou me esforçar para provar que aquilo que no homem é chamado de coragem, quando não tem ira, é espúrio e artificial.

Por meio de um bom governo é possível manter, internamente, uma sociedade sempre tranquila, mas ninguém pode garantir a paz externa para sempre. A sociedade pode encontrar oportunidade para expandir seus limites e ampliar seu território, ou outros povos podem invadir o seu, ou, ainda, pode acontecer qualquer outra coisa que obrigue o homem a lutar; por mais civilizados que possam ser os homens, nunca esquecem que a força vai além da razão. Os políticos devem assim alterar suas medidas e suprimir alguns dos medos do homem; devem fazer o possível para persuadi-lo de que tudo o que lhe foi dito antes sobre a barbárie que é matar os homens cessa tão logo estes se tornam inimigos do domínio público, e que os seus adversários não são tão bons nem tão fortes quanto eles mesmos. Quando essas coisas são bem manejadas, dificilmente deixam de arrastar os mais ousados, os mais briguentos e os mais cruéis para o combate; porém, se não estiverem muito bem

A fábula das abelhas

preparados, não respondo pelo seu comportamento: se conseguir fazê-los subestimar seus inimigos, logo você poderá // incitar-lhes a ira; enquanto esta durar, lutarão mais obstinadamente do que qualquer tropa disciplinada; mas se algum imprevisto acontecer, como um grande estrondo repentino, uma tempestade, ou se intervir qualquer acidente estranho e incomum que pareça ameaçá-los, o medo se apoderará deles, desarmará sua raiva, fazendo-os fugir até o último homem.

Essa coragem natural, assim que as pessoas começam a ter um pouco mais de perspicácia, torna-se logo desacreditada. Em primeiro lugar, aqueles que sentiram a pungência dos golpes do inimigo nem sempre vão acreditar no que lhes é dito para desprezá-los, e muitas vezes não é fácil lhes provocar a ira. Em segundo, uma vez que a ira consiste numa ebulição dos espíritos, não é uma paixão de longa duração (*ira furor brevis est*),[16] e se os inimigos resistirem ao primeiro ataque dessas pessoas tomadas de ira, geralmente conseguirão se impor. Em terceiro, enquanto as pessoas estão tomadas de ira, todo conselho e disciplina não tem efeito, e não se consegue conduzi-los na batalha com arte ou disciplina. Sendo então a ira, sem a qual nenhuma criatura tem uma coragem natural, completamente inútil numa guerra que deve ser conduzida com estratégia e firmada numa arte regrada, é preciso que o governo encontre um equivalente da coragem que faça com que os homens lutem.

Quem quer que almeje civilizar os homens, estabelecendo-os num corpo político, deve conhecer a fundo todas as paixões e apetites, a força e a fraqueza de sua constituição, e saber como utilizar suas maiores fragilidades para o proveito do público.

---

16 Horácio, *Epístolas* I, 2, 62: "A ira é uma loucura passageira". (N. T.)

Observações

Na "Investigação sobre a origem da virtude moral", mostrei como os homens são facilmente induzidos a acreditar em qualquer coisa que é dita em seu louvor. Portanto, se um legislador ou político, por quem têm grande veneração, lhes dissesse que a maioria dos homens tem dentro de si um princípio de bravura, distinto da ira ou de qualquer outra paixão, que os faz desprezar o perigo e enfrentar a própria morte // com intrepidez, e que os que o possuem em maior grau são os mais estimados de sua espécie, é muito provável, tendo em conta o que foi dito, que a maioria deles, ainda que nunca tenha sentido nada desse princípio, tomaria isso por verdade; e os mais orgulhosos, tocados por essa lisonja, e não muito versados na diferenciação das paixões, imaginariam sentir seu peito insuflado por esse princípio, confundindo orgulho com coragem. Se for possível persuadir mesmo que apenas um em cada dez a declarar abertamente que possui esse princípio, sustentando tal declaração contra todos os detratores, em breve haverá meia dúzia afirmando o mesmo. Quem quer que tenha uma só vez admitido seu comprometimento, não resta ao político senão tomar todos os cuidados imagináveis para bajular de mil maneiras o orgulho daqueles que se gabam e que estão dispostos a apoiá-lo: o mesmo orgulho, que primeiramente o atraiu, o obrigará sempre a defender o que afirmou, até que, finalmente, o medo de descobrir o que realmente possui em seu coração se tornará tão forte que sobrepujará o próprio medo da morte. Apenas aumente o orgulho do homem, e o medo da vergonha lhe será sempre proporcional; pois, quanto maior a estima de si, mais se sacrificará e maiores tormentos suportará para evitar a vergonha.

Assim, a grande arte para tornar um homem corajoso consiste, primeiro, em fazê-lo admitir esse princípio de bravura dentro de si; e, depois, inspirar-lhe tanto horror pela vergonha quanto a natureza lhe deu pela morte; e há coisas pelas quais o homem tem, ou pode ter, uma aversão maior do que tem pela morte, isso é evidente no caso do suicídio. Quem faz da morte a sua escolha deve considerá-la menos terrível do que o que evita graças a ela; pois, seja o mal temido presente ou porvir, real ou imaginário, ninguém se mataria voluntariamente senão para evitar algo. Lucrécia resistiu bravamente a todos os ataques do seu violador, mesmo quando este ameaçava sua vida, o que mostra que ela // estimava mais sua virtude do que sua vida; mas, quando ele ameaçou sua reputação com a infâmia eterna, ela se rendeu completamente e, em seguida, deu cabo de si; sinal claro de que estimava menos sua virtude do que sua glória, e sua vida menos do que as outras duas. O medo da morte não a fez ceder, pois resolveu morrer antes que o fizesse, e sua submissão deve ser considerada apenas como um suborno para que Tarquínio deixasse de manchar sua reputação; de modo que a vida não estava nem em primeiro nem em segundo lugar na estima de Lucrécia. Assim, a única coragem útil ao corpo político, e que geralmente é chamada de verdadeira bravura, é artificial e consiste *num horror superlativo da vergonha, que se inculca nos homens de orgulho exaltado* por meio da bajulação.

Assim que as noções de honra e vergonha são acolhidas numa sociedade, não é difícil fazer os homens lutarem. Primeiramente, certifique-se de que estejam persuadidos da justiça da causa que defendem, pois nenhum homem luta com vontade se acha que está errado; mostre-lhes, em seguida, que seus altares, suas posses, esposas, filhos e tudo aquilo que os rodeia e lhes é caro está em xeque no conflito atual ou ao menos pode ser afetado no futuro; depois, ponha um penacho em seus que-

Observações

pes e distinga-os dos outros, fale do espírito cívico, do amor à pátria que enfrenta o inimigo com intrepidez e despreza a morte, do honroso leito marmóreo aos que são abatidos em luta e outras palavras retumbantes, e todo homem orgulhoso pegará em armas e lutará até a morte antes de se pôr em retirada // se já tiver amanhecido. Um homem no exército é uma baliza para o outro, e cem homens isolados e sem testemunha, que seriam todos covardes, tornam-se, por medo de incorrer no desprezo do outro, valentes por estarem juntos. Para prolongar e avivar essa coragem artificial, todos os que tentarem escapar devem ser punidos com a pecha da ignomínia; e os que lutaram bem, tenham vencido ou sido derrotados, devem ser bajulados e saudados solenemente; os que foram mutilados devem ser recompensados, e os que foram mortos devem ser, sobretudo, tornados conhecidos, habilmente pranteados, conferindo-lhes encômios extraordinários; pois prestar honras aos mortos sempre será um método seguro para adular os vivos.

Quando digo que a coragem de que se faz uso em guerras é artificial não imagino que por meio dessa mesma arte todos os homens se tornem igualmente valentes: como os homens não possuem a mesma quantidade de orgulho e diferem entre si pela aparência exterior e estrutura interna, é impossível que sejam igualmente adequados para as mesmas funções. Alguns homens nunca serão capazes de aprender música e, no entanto, se tornarão bons matemáticos; outros tocarão violino de maneira exímia, mas não passarão de uns mequetrefes durante toda a vida, convivam eles com quem for. Mas, para mostrar que não fujo do tema, provarei que, à parte o que já disse sobre a coragem artificial, o que diferencia o maior de todos os heróis do covarde mais insigne é inteiramente corpóreo, o que depende

A fábula das abelhas

da estrutura interna do homem. Constituição é ao que me refiro; pelo que se deve entender a mistura ordenada ou desordenada dos fluidos em nosso corpo. A constituição que favorece a coragem consiste no vigor físico natural, na elasticidade e na devida contextura dos espíritos mais sutis; deles depende completamente aquilo que chamamos de firmeza, resolução e pertinácia. É o único ingrediente que a bravura natural e a artificial têm em comum; é, para ambas, aquilo que a goma é para as paredes brancas, que evita // que descasquem e as faz durar. Que existam algumas pessoas muito medrosas, e outras muito pouco, com relação a coisas estranhas e inesperadas, isso se deve igualmente à firmeza ou debilidade do tônus dos espíritos. O orgulho não tem nenhuma serventia num susto, pois enquanto este dura não conseguimos pensar; e como esta última situação é considerada uma desonra, as pessoas ficam sempre irritadas com qualquer coisa que as assuste tão logo a surpresa passe; e quando termina uma batalha, os vencedores não dão nenhuma clemência e são muito cruéis, sinal de que seus inimigos lutaram bem, causando-lhes de início grandes medos.

Que a resolução depende do tônus dos espíritos, manifesta-se também pelo efeito de bebidas fortes, cujas partículas ardentes que se acumulam no cérebro os intensificam; a forma como opera é semelhante à da ira, que, como disse antes, é uma ebulição dos espíritos. É por essa razão que a maioria das pessoas, quando embriagada, fica mais rapidamente desequilibrada e propensa à ira do que em outros momentos, e alguns se exasperam loucamente sem a menor provocação. Observa-se também que a aguardente torna os homens mais briguentos do que o vinho quando num mesmo grau de embriaguez; porque os espíritos das bebidas destiladas têm quantidade abundante

Observações

de partículas ardentes, o que não ocorre com os vinhos. A contextura de espíritos em algumas pessoas é tão fraca que, embora tenham bastante orgulho, nenhuma astúcia pode fazê-las lutar ou superar seus medos; mas isso é um defeito no princípio dos *fluidos*, assim como outras deformidades são uma deficiência dos *sólidos*. Essas pessoas pusilânimes nunca são totalmente incitadas à ira quando há perigo; e mesmo que sempre fiquem mais ousadas quando bebem, // raramente tornam-se resolutas a ponto de atacar alguém, afora mulheres ou crianças, ou pessoas que sabidamente não ousariam resistir. Essa constituição é muitas vezes influenciada pelo estado de saúde e pela doença, deteriorando-se por grandes perdas de sangue; às vezes é corrigida com uma dieta; e é isso o que o duque de La Rochefoucauld quer dizer quando escreve: "a vaidade, a vergonha e, acima de tudo, a constituição fazem muitas vezes a coragem dos homens e a virtude das mulheres".[17]

Não há nada que aprimore mais essa útil coragem marcial, de que estou tratando, nem que melhor mostre também sua artificialidade, do que a prática; pois, quando os homens são disciplinados, passam a conhecer todas as armas letais e mecanismos de destruição; quando gritos, clamores, o fogo e a fumaça, gemidos de dor dos feridos, o semblante fantasmagórico dos moribundos, e todas as diversas cenas de carcaças mutiladas e membros sanguinolentos arrancados começam a se tornar familiares, seus temores são rapidamente mitigados; não que agora tenham menos receio de morrer do que antes, mas, estando tão acostumados a ver os mesmos perigos, são menos apreensivos com sua realidade do que antes: como são

---

17 Máxima 220. (N. T.)

A fábula das abelhas

merecidamente valorizados por cada sítio e cada batalha em que se encontram, é impossível que a participação em muitos combates não constitua os passos sucessivos para o aumento de seu orgulho; e seu medo da vergonha, que, como disse antes, será sempre proporcional a seu orgulho, aumenta à medida que a apreensão do perigo diminui, não surpreendendo assim que a maioria deles aprenda a não mostrar, senão pouco, nenhum medo: e alguns grandes generais são capazes de manter a presença de espírito e aparentar uma calma serenidade em meio a todo estrondo, horror e confusão que compareçem numa batalha.

O homem é uma criatura tão palerma que, intoxicado com os vapores da vaidade, se regozija com pensamentos de louvores futuramente prestados à sua memória // com tanto êxtase que chega a negligenciar sua vida presente; ou melhor, ele corteja e cobiça a morte apenas imaginando que aumentará a glória já adquirida. Não há grau extremo de abnegação que um homem orgulhoso e de constituição devida não possa atingir, nem paixão tão violenta que não possa sacrificar por outra superior; e nesse ponto não posso senão admirar a simplicidade de alguns homens bons que, quando ouvem falar da alegria e espontaneidade de homens santos que sofreram perseguições por sua fé, imaginam que tal constância ultrapassa toda força humana, a não ser que seja amparada por alguma ajuda miraculosa dos céus. Como a maioria das pessoas reluta em reconhecer todas as fragilidades de sua espécie, também ignora a força de nossa natureza e não sabe que alguns homens de firme constituição podem atingir um alto grau de entusiasmo sem nenhum outro auxílio além da violência de suas paixões; no entanto, é certo que houve homens que, contando apenas com

Observações

o orgulho e a sua constituição para defender as piores causas, suportaram a morte e os tormentos com tanta exaltação enquanto o melhor dos homens, animado por piedade e devoção, nunca o conseguiu em nome da verdadeira religião.

Para provar essa asserção, eu poderia mostrar muitos exemplos; mas um ou dois serão suficientes. Giordano Bruno, de Nola, que escreveu aquela tolice de blasfêmia, intitulada *Spaccio dela Bestia triunphante*, e o infame Vanini foram ambos executados por terem abertamente professado e ensinado o ateísmo. Este último poderia // ter sido perdoado antes da execução se tivesse se retratado de sua doutrina; mas, em vez de abjurar, escolheu ser queimado até as cinzas. Conforme se encaminhava ao mourão, estava tão longe de mostrar alguma preocupação que estendeu a mão a um médico conhecido seu, para que avaliasse a calma de sua mente pela regularidade de seu pulso, e, aproveitando a oportunidade para fazer uma comparação ímpia, proferiu uma sentença por demais execrável para ser mencionada.[18] Ao que podemos acrescentar um tal Mahomet Effendi que, como nos conta o senhor Paul Ricaut, foi condenado à morte em Constantinopla por ter fomentado algumas noções contrárias à existência de Deus. Também ele poderia ter salvado sua vida confessando seu erro e renunciando-o dali em diante; mas escolheu antes persistir em suas blasfêmias, dizendo: "ainda que ele não tivesse nenhuma recompensa a

---

18 De acordo com a *Historiarum Galliæ ab excessu Henrici IV* (ed. Toulouse, 1643, p. 209) de G. B. Gramont, cujo pai foi o decano do Parlamento de Toulouse que condenou Vanini e testemunhou a execução deste, a sentença foi: "Illi [Cristo] in extremis præ timore imbellis sudor, ego imperterritus morior" [Antes de morrer o Cristo suou de medo como um covarde, eu morro sem receio]. (N. T.)

A fábula das abelhas

216 esperar, o amor pela verdade obrigou-o a sofrer o martírio em sua defesa".[19] //

Fiz essa digressão principalmente para mostrar a força da natureza humana e o que um simples homem pode fazer contando apenas com seu orgulho e constituição. O homem certamente pode ser tão violentamente estimulado por sua vaidade como um leão por sua ira; e não apenas isso: a avareza, a vingança, a ambição e quase todas as paixões — a piedade não é exceção —, quando são extraordinárias, podem, por sobrepor-se ao medo, fazer-lhe as vezes da coragem, com o que ele próprio se confunde; como ensina a experiência diária a quem quer que examine e esmiúce os motivos pelos quais alguns homens agem. Mas, para que possamos perceber de forma mais clara qual a verdadeira base desse pretendido princípio, examinemos a condução das questões militares e descobriremos que em nenhum outro lugar o orgulho é tão abertamente encorajado como lá. Com relação às roupas, os oficiais mais subalternos usam vestimentas mais opulentas, ou pelo menos as mais alegres e vistosas, do que as geralmente usadas por pessoas que têm quatro ou cinco vezes a sua renda. A maioria deles, especialmente os que têm família e quase não conseguem se manter, ficaria muito satisfeita, em toda a Europa, se pudesse gastar menos com essas coisas; mas trata-se de uma exigência que lhes é imposta para sustentar seu orgulho, da qual eles não se dão conta.

Mas as formas e os meios para suscitar o orgulho do homem, capturando-o através disso, em nenhuma outra parte são mais grosseiramente conspícuos do que no tratamento que recebem

---

19 Sir Paul Rycaut, *The Present State of the Ottoman Empire* (1670). (N. T.)

Observações

os soldados rasos, cuja vaidade deve ser trabalhada (posto que são muitas) da forma mais barata que se possa imaginar. Não damos importância às coisas com que estamos acostumados; se não, qual mortal, que nunca tivesse visto um soldado, deixaria de rir ao ver um homem ornado com aparato tão sordidamente barato e com afetada elegância? A mais rude manufatura feita de lã, // tingida com pó de tijolo, cai bem nele porque imita um pano escarlate ou de carmesim; e para fazê-lo achar que se parece com seus superiores, se possível, com pouco ou nenhum gasto: em vez de cordões de prata ou de ouro, seu gorro é enfeitado com o pior fio de lã branca ou amarela, o que, em outras pessoas, permitiria encaminhá-las ao manicômio de Bedlam; no entanto, esses belos atrativos e os sons baqueteados sobre a pele de um novilho arrastaram e levaram mais homens à destruição, na realidade, do que jamais conseguiram todos os olhares fatais e vozes enfeitiçantes de mulheres, na brincadeira. Hoje em dia, um porqueiro põe sua casaca vermelha e acredita a sério em todos que o chamam de cavalheiro; dois dias depois, o sargento Kite lhe desfecha um ágil golpe com seu bastão por ter erguido seu mosquete um pouquinho acima do que devia. Quanto à verdadeira dignidade dessa profissão, nas duas últimas guerras, quando os oficiais precisavam de recrutas, foram autorizados a alistar indivíduos condenados por roubo e outros crimes graves, o que mostra que ser soldado é preferível somente à forca. Com o soldado de cavalaria é ainda pior que com o de infantaria; pois, mesmo quando está mais repousado, sofre a humilhação de ter de se preparar para um cavalo que causa mais dispêndio do que ele. Quando um homem reflete sobre tudo isso, sobre o tratamento que soldados geralmente recebem de seus superiores, o seu pagamento e o pouco caso

A fábula das abelhas

que lhes dão quando não precisam mais deles, será que ele se surpreende com o fato de que uns miseráveis possam ser tão imbecis, orgulhando-se de ser chamados de senhores soldados? No entanto, não fossem assim, nenhuma arte, disciplina ou dinheiro seriam capazes de torná-los tão valentes como milhares deles o são.

Se atentarmos aos efeitos que a bravura do homem teria fora do exército, sem a interferência de fatores que a adoçassem, // descobriremos que ela seria muito perniciosa à sociedade civil; pois, se um homem pudesse dominar todos os seus medos, só se ouviria falar de estupros, assassinatos e violências de todos os tipos, e os homens valentes seriam como os gigantes de romances de cavalaria; os políticos, portanto, descobriram nos homens um princípio composto, que consiste numa mistura de justiça, honestidade e demais virtudes morais ligadas à coragem, e todos que a possuíam se tornavam, é claro, cavalheiros andantes. Fizeram o bem em abundância por todo o mundo, domando monstros, libertando os aflitos e matando os opressores. Mas, uma vez cortadas as asas de todos os dragões, destruídos os gigantes e libertadas as donzelas de toda parte, exceto algumas da Espanha e da Itália, que permaneceram prisioneiras de seus monstros, a Ordem da Cavalaria, à qual pertencia o modelo de honra dos antigos, foi posta de lado há algum tempo. Tal como suas armaduras muito maciças e pesadas, muitas de suas virtudes tornaram-se um fardo; e conforme as eras foram se tornando mais e mais sábias, o princípio de honra no início do século passado foi se reformulando, apresentando um novo modelo: estabeleceram, para a mesma proporção de coragem, a metade da quantidade de honestidade e um mínimo de justiça, mas nem um pedacinho

Observações

de nenhuma outra virtude, o que a tornou muito mais cômoda e transportável em comparação ao que era antes. Entretanto, como quer que esteja agora, não seria possível viver numa grande nação sem tal princípio: é o vínculo da sociedade, e ainda que seu principal ingrediente se deva a nossas fraquezas, não **219** há virtude, ao menos que eu conheça, que tenha tido metade // da utilidade para civilizar a espécie humana, a qual, nas grandes sociedades, logo degeneraria em vilões cruéis e escravos pérfidos se a honra lhe fosse tirada.

Quanto aos duelos, que fazem parte de tal princípio, tenho pena dos desafortunados cuja sorte estava em jogo; mas dizer que os seus responsáveis seguem regras falsas, ou que se equivocam sobre as noções de honra, é ridículo; pois ou não existe honra, ou esta ensina os homens a rechaçar injúrias e aceitar desafios. É tão descabido negar que o que se vê todo mundo vestindo é a moda, quanto dizer que exigir e dar satisfação vai contra as leis da verdadeira honra. Os que falam mal do duelo não consideram o benefício que a sociedade recebe dessa moda. Se cada indivíduo mal-educado pudesse usar a linguagem que lhe agrada, sem responder pelo que diz, todas as conversações seriam arruinadas. Algumas pessoas graves nos dizem que os gregos e os romanos eram homens muito valentes e que, no entanto, nada sabiam sobre duelos senão nas batalhas de seus países. Isso pode até ser verdade, mas por esse motivo os reis e príncipes em Homero diziam entre si grosserias piores do que nossos carregadores e cocheiros seriam capazes de suportar sem se indignar.

Se você quer impedir o duelo, não perdoe ninguém que assim transgrida e faça leis que o proíbam tão severamente

A fábula das abelhas

quanto possível; não se livre, porém, da própria coisa, do costume. Com essas leis, não apenas sua frequência será evitada, como também, ao fazer com que os mais resolutos e poderosos se tornem cautelosos e circunspectos, a sociedade em geral será mais polida e terá mais brilho. Nada civiliza um homem tão bem quanto o seu medo e, se nem todos os homens (como disse lorde Rochester), pelo menos a maioria deles seria covarde se tivesse atrevimento:[20] o pavor de // ser chamado para um acerto de contas mantém muitos em submissão, e na Europa existem milhares de cavalheiros dotados de bons modos e bem posicionados que teriam sido uns fanfarrões insolentes e insuportáveis sem o medo; além do que, se estivesse fora da moda pedir satisfação pelas injúrias, que a lei não pode controlar, o número de agravos seria vinte vezes maior do que agora, ou então, precisaríamos vinte vezes mais de guardas e outros agentes oficiais para manter a paz. Admito que o duelo, mesmo sendo raro, é uma calamidade para as pessoas e, em geral, para as famílias que são atingidas; mas não pode haver nenhuma felicidade perfeita neste mundo, toda alegria tem o seu senão. O ato é em si mesmo cruel, mas quando não passam de trinta os que se matam ao ano numa nação, e nem metade desse número é morta por outros, não creio que se possa dizer que as pessoas amam menos seu próximo do que a si mesmas. É estranho uma nação relutar em ver talvez meia dúzia de homens sacrificados a cada doze meses, uma vez que benefícios tão valiosos podem ser obtidos, como a polidez nos costumes, o prazer da conversação e a alegria da convivência em geral, quando frequen-

---

20 John Wilmont, conde de Rochester, *A Satyr against Mankind*, v. 158 (1680). (N. T.)

Observações

temente se mostra disposta a pôr em perigo tantos milhares de pessoas que, por vezes, são perdidas em poucas horas, sem saber se isso fará ou não algum bem.

Eu não gostaria que alguém que reflita sobre a origem mesquinha da honra se queixe de ter sido ludibriado e transformado em propriedade por políticos astutos, mas desejo que todos estejam convencidos de que os governantes das sociedades e os que ocupam altos cargos são mais vítimas do orgulho do que qualquer outra pessoa. Se alguns grandes homens não tivessem um // orgulho superlativo e todos soubessem apreciar a vida, quem gostaria de ser lorde chanceler da Inglaterra, ou o primeiro-ministro de Estado na França, ou, o que dá mais fadiga, não tendo sequer um sexto do benefício dos dois cargos, o Grande Pensionário da Holanda? Os serviços recíprocos que todos os homens prestam uns aos outros são a fundação da sociedade. Não é gratuita a lisonja que se presta aos grandes e bem-nascidos: é para despertar seu orgulho, excitá-los a praticar ações gloriosas, que exaltamos sua estirpe, mereçam-no ou não; alguns homens foram reverenciados pela grandeza de sua família e pelo mérito de seus ancestrais, quando em toda sua geração não encontram senão dois idiotas submissos a suas esposas, imbecis fanáticos, notórios poltrões, ou tarados exploradores de prostitutas. O orgulho existente, inseparável dos que já possuem títulos, obriga-os frequentemente a se esforçar para não parecer indignos, assim como a operosa ambição de outros que ainda não os têm os torna industriosos e infatigáveis para merecê-los. Quando um cavalheiro se torna barão ou conde, um freio tão grande lhe ocorre, sob diferentes aspectos, quanto a toga e a sotaina para o jovem estudante recém-ordenado.

A fábula das abelhas

A única coisa de peso que pode ser dita contra a honra moderna é que ela é diretamente contrária à religião. Uma nos obriga a suportar as injúrias com paciência, a outra nos diz que, se não nos sentimos ofendidos, não somos dignos de viver. A religião ordena que deixemos toda vingança a cargo de Deus, a honra ordena que confiemos a nossa vingança a ninguém menos do que a nós mesmos, mesmo quando a lei faz isso por nós. A religião proíbe firmemente o assassinato; a honra o justifica abertamente. A religião proíbe que se derrame // sangue sob qualquer alegação, a honra obriga a lutar por qualquer ninharia. A religião é erigida sobre a humildade, e a honra sobre o orgulho. Como reconciliá-las? Eis uma tarefa que deve ser deixada a cabeças mais sábias do que a minha.

A razão pela qual são tão raros os homens dotados de verdadeira virtude, e tantos com verdadeira honra, é que toda a recompensa que se recebe por uma ação virtuosa está no prazer de fazê-la, o que a maioria das pessoas considera um pobre pagamento; mas a abnegação que um homem honrado subordina a um só apetite é imediatamente recompensada por outro, e o que abate de sua avareza, ou de qualquer outra paixão, torna-se duplamente reembolsado em seu orgulho. Além disso, a honra concede uma grande margem de privilégios, e a virtude nenhuma. Um homem honrado não deve trapacear nem dizer mentiras; deve pagar pontualmente o que lhe é emprestado num jogo, mesmo que o credor não tenha como comprová-lo; mas ele pode beber, blasfemar e dever dinheiro a todos os comerciantes da cidade, sem ter que dar nenhuma atenção às cobranças que lhe são feitas. Um homem honrado deve ser fiel a seu príncipe e sua pátria enquanto lhes servir; mas se achar que

Observações

223 não o tratam como merece, pode deixá-los e cometer contra eles todos os males que // puder. Um homem honrado nunca deve mudar de religião por interesse, mas pode ser tão devasso quanto lhe aprouver, e nunca praticar nenhuma religião. Ele não deve fazer nenhuma investida na mulher de seu amigo, tampouco na filha ou na irmã, ou em qualquer uma que esteja sob seus cuidados, mas pode dormir com todas as outras do mundo inteiro.

(S.)

Nenhuma retratista se afamou por sua arte,
Escultoras e entalhadoras não adquirem renome.

Não há dúvida de que, se a honestidade e a frugalidade fossem nacionais, uma das consequências seria não construir mais casas novas nem usar materiais novos na medida em que houvesse velhos que ainda servissem; de modo que três quartos de mações, carpinteiros e pedreiros etc. estariam sem emprego; e estando arruinada a indústria da construção, o que seria da pintura, da decoração e de outras artes a serviço do luxo, que foram cuidadosamente proibidas pelos legisladores que preferiram uma sociedade boa e honesta a outra grande e próspera e que se esforçaram para tornar seus súditos virtuosos em vez de ricos? Por meio de uma lei feita por Licurgo, decretou-se que o teto das casas espartanas deveria ser forjado apenas com machado e que seus portões e portas seriam aplainados apenas pelo serrote; e isso, diz Plutarco, não se deu sem um sentido oculto; pois se Epaminondas podia dizer, com tamanha graça,

A fábula das abelhas

ao convidar alguns de seus amigos à mesa, "venham, cavalheiros, estejam seguros de que a traição nunca se assentaria sobre ceia tão pobre como esta", será que esse grande legislador não tinha em mente, com toda probabilidade, que tais casas tão desfavorecidas nunca seriam capazes de receber o luxo e a superfluidade? //

224

Também é dito, como nos conta o mesmo autor, que o rei Leotiquidas, o primeiro com esse nome, estava tão pouco acostumado com a visão da madeira trabalhada que, sendo recebido num majestoso salão em Corinto, ficou muito surpreso ao ver o madeiramento e o forro do teto tão trabalhados, e perguntou ao seu anfitrião se em seu país as árvores cresciam assim.

A mesma falta de emprego atingiria inúmeros ofícios; e, entre os quais, o de

Tecelãs, que em ricas sedas faziam brocados,
E todos os ofícios subordinados

(como é dito na *Fábula*)[21] seria um dos primeiros a ter motivos para se queixar; pois, com a queda do preço da terra e das casas, por conta do grande número dos que deixaram a colmeia, de um lado, e a aversão generalizada a todas as formas de lucro que não fossem estritamente honestas, de outro, é improvável que sem o orgulho ou a prodigalidade permanecessem muitos que vestissem roupas de ouro ou de prata ou de ricos brocados. Como consequência, não apenas o tecelão, mas também o fiandeiro de prata, o assentador, o estirador, o cortador de lingotes e o refinador seriam em pouco tempo afetados por essa frugalidade.

---

21 Cf. p.43 desta edição.

Observações

225

// (T.)

[...] para viver majestosamente,
Havia feito seu marido roubar o Estado[22]

Do que nossos tratantes ordinários, quando se dirigem ao cadafalso, se queixam sobremaneira, como causa de seu fim prematuro, é que, além de haverem faltado ao *Sabbath*, frequentaram a companhia de mulheres perniciosas, isto é, prostitutas; não tenho dúvida de que muitos, entre os menos velhacos, arriscaram o pescoço para se entregar e satisfazer suas aventuras amorosas baixas. Mas as palavras que ensejaram essa observação podem servir-nos para indicar que grandes homens muitas vezes imiscuem-se em tais projetos perigosos e são forçados pela esposa a tais medidas perniciosas, de que nem a amante mais ardilosa jamais seria capaz de persuadi-los. Já mostrei que a pior das mulheres, a mais devassa do seu sexo, contribui para o consumo de superfluidades, bem como de necessidades básicas, e que, consequentemente, beneficiam muitos paspalhões que trabalham como burros de carga para sustentar a família, e que não têm nem nenhum propósito de vida senão o de levar uma vida honesta. Apesar disso, "expulsem essas mulheres!", diz um bom homem: quando todas as putas tiverem desaparecido, e a Terra estiver inteiramente livre da libidinagem, Deus Todo-Poderoso nos cobrirá de bênçãos que excederão largamente os proveitos que ora temos com as

---

22 Esta observação foi acrescentada na edição de 1723, cujo tema foi retomado pelo autor em *A Modest Defense of Publick Stews* (1724). (N. T.)

A fábula das abelhas

meretrizes. Isso talvez seja verdade; mas posso provar que, com ou sem prostitutas, nada poderia compensar o detrimento que o comércio sofreria se todas desse sexo, que desfrutam do feliz estado do matrimônio, passassem a agir e a se comportar como o desejaria um homem moderado e sábio. //

A variedade de trabalho desempenhado e o número de mão de obra empregada para satisfazer o capricho e o luxo das mulheres são prodigiosos, e se apenas as casadas ouvissem com atenção a razão e as justas repreensões que lhes são feitas, dando-se por satisfeitas com a primeira negativa, e nunca pedissem uma segunda vez o que lhes foi negado na primeira; se, digo eu, as mulheres casadas fossem assim, e não despendessem mais dinheiro do que o que seu marido sabe e autorizou, o consumo de milhares de coisas de que agora fazem uso diminuiria pelo menos em um quarto. Vaguemos de casa em casa e observemos tão somente o mundo das pessoas medianas, de lojistas corretos que gastam de duzentas a trezentas libras ao ano, e encontraremos mulheres que, quando têm uma dezena de vestidos completos, dos quais dois ou três deles em bom estado, vão achar pretexto suficiente para adquirir novos, se podem dizer que não possuem um vestido ou uma anágua com que não tenham sido vistas muitas vezes, e que todo mundo não conheça, especialmente na igreja; não falo aqui de mulheres profusamente extravagantes, mas das que são tidas como prudentes e moderadas em seus desejos.

Se por esse padrão julgarmos proporcionalmente as mulheres do mais elevado estrato social, onde as roupas mais caras são uma ninharia em comparação com suas outras despesas, sem esquecer os mobiliários de todos os tipos, as equipagens, as joias e as imponentes construções habitadas por pessoas de

Observações

qualidade, veremos que a quarta parte de que falei é importante para o comércio, e que a sua perda, para uma nação como a nossa, seria uma calamidade tamanha que não seria possível conceber nada equiparável, inclusa uma peste assoladora: pois a morte de meio milhão de pessoas não acarretaria ao reino nem a décima parte de perturbação que, certamente, seria criada por uma mesma quantidade de pobres desempregados, os quais de imediato se somariam àqueles que, de um modo ou de outro, já são um fardo para a sociedade. //

227

Alguns poucos homens têm verdadeira paixão por sua esposa e gostam dela sem reservas; outros, indiferentes e pouco motivados pelas mulheres, são ainda assim aparentemente dedicados e amam por vaidade; gostam de ter uma esposa bonita, como um janota com um belo cavalo, não porque o usa, mas por ser seu: o prazer reside na consciência de uma posse ilimitada e no que decorre disso, a reflexão sobre ideias poderosas que imagina que os outros têm a respeito de sua felicidade. Os homens de quaisquer desses tipos podem ser muito generosos com a esposa e, frequentemente, para prevenir seus desejos, enchem-na de novas roupas e outros enfeites com mais rapidez do que ela possa lhe pedir; mas a maioria deles é suficientemente ajuizada para não ceder exageradamente às extravagâncias da esposa e lhe dar imediatamente tudo que a apetece.

É incrível a enorme quantidade de bugigangas e roupas compradas e usadas por mulheres que nunca viriam a ter senão ludibriando sua família nas compras e por outros meios de enganar e surrupiar seu marido. Outras, importunando ininterruptamente o esposo, tratam de enfastiá-lo para que condescenda, e dominam até os toscos mais empedernidos, pela perseverança e insistência de seu pedido; há ainda um terceiro

A fábula das abelhas

tipo de mulher, que se sente ultrajada com a recusa e, fazendo estardalhaço e xingando, ameaça seu bocó manso em relação a qualquer coisa a que este esteja inclinado; embora milhares delas saibam, por força da adulação, como vencer os argumentos mais sensatos e as reiteradas recusas mais objetivas, as mais jovens e belas particularmente riem de todas as repreensões e recusas, e são poucas as que hesitam em empregar nos mais ternos momentos conjugais a promoção de um interesse sórdido. Tivesse tempo aqui, eu poderia ardorosamente invectivar contra essas ordinárias, essas mulheres perversas, que com tranquilidade exercem sua arte e seus encantos ludibriosos contra nossa força e prudência, e fazem a meretriz com seu marido! Mas, que digo, é pior que uma prostituta, pois impiamente profana e // prostitui os ritos sagrados do amor com fins vis e ignóbeis; primeiro, excita a paixão e convida a gozá-la com aparente ardor; e, então, tripudia do nosso carinho sem nenhum outro propósito que extorquir um presente, enquanto, cheia de malícia, em seus êxtases fingidos, observa o momento em que os homens menos sabem dizer não.

Peço perdão por esse começo desencaminhado e desejo que o leitor experimentado pondere devidamente o principal propósito do que foi dito e, em seguida, que se lembre das bênçãos temporais que os homens ouvem diariamente serem não apenas brindadas e desejadas quando as pessoas festejam e estão desocupadas, mas também quando são grave e solenemente rogadas nas igrejas e outras assembleias religiosas por clérigos de todos os tipos e tamanhos; e tão logo tenha conseguido reunir todas essas coisas, acrescentado aquilo que observou nas questões ordinárias da vida, raciocinado de modo conse-

Observações

quente sobre elas sem preconceito, ouso estar certo de que ele obrigatoriamente há de convir que uma parte considerável da prosperidade de Londres e do comércio em geral e, consequentemente da honra, da força, da segurança e de todo o interesse mundano em que consiste a nação depende inteiramente dos enganos e dos vis estratagemas das mulheres; e que a humildade, o contentamento, a brandura, a obediência a um marido razoável, a frugalidade e todas as virtudes juntas, mesmo que as tivessem no mais eminente grau, não poderiam ser nem a milésima parte tão úteis, para constituir um reino opulento, poderoso, e aquilo que chamamos de próspero, como o são as suas qualidades mais odiosas.

Não tenho dúvida de que muitos dos meus leitores ficarão assustados com essa afirmação ao considerarem as consequências que podem ser daí tiradas; e me perguntarão se as pessoas não podem também ser tão virtuosas num reino populoso, rico, vasto e extenso, quanto num Estado ou principado pequeno, indigente, que é escassamente habitado. E se isso for impossível, não seria // dever de todos os soberanos reduzir o quanto puderem o número e a riqueza de seus súditos? Se eu admitir que poderia ser assim, incorreria em erro; e se afirmar o contrário, meus posicionamentos seriam, com razão, chamados de ímpios, ou ao menos de perigosos para todas as grandes sociedades. Como não é apenas nesta parte do livro, mas em muitas outras, que mesmo o leitor bem-intencionado pode vir a fazer tais indagações, vou então me explicar e me esforçar para resolver as dificuldades que várias passagens lhe podem ter suscitado, a fim de demonstrar a coerência de minha opinião com a razão e a mais estrita moralidade.

A fábula das abelhas

Estabeleço como primeiro princípio que, em todas as sociedades grandes ou pequenas, é dever de cada um de seus membros ser bom; que a virtude deve ser encorajada; o vício, desaprovado; as leis, obedecidas; e os transgressores, punidos. Em seguida, afirmo que se consultarmos a história, tanto a antiga como a moderna, e considerarmos o que se passou no mundo, descobriremos que a natureza humana, desde a queda de Adão, sempre foi a mesma, e que sua força e fraqueza sempre foram conspícuas em qualquer parte do globo, independentemente das épocas, dos climas ou da religião. Eu nunca disse nem tampouco imaginei que o homem não poderia ser virtuoso, tanto num reino rico e poderoso, quanto na mais deplorável república; mas admito que, na minha opinião, nenhuma sociedade pode erigir-se num tal reino rico e poderoso ou, se assim se erigir, subsistir por muito tempo com sua riqueza e poder sem os vícios do homem.

Imagino que isso esteja suficientemente provado ao longo deste livro; e como a natureza humana continua sendo a mesma que sempre foi por tantos milhares de anos, não temos maior motivo para supor mudanças futuras enquanto o mundo durar. Ora, não vejo que imoralidade pode haver em mostrar ao homem a origem e o poder dessas paixões que tão frequente230 mente, mesmo // sem seu conhecimento, atropelam sua razão; nem que haja algo ímpio em pô-lo em guarda contra si mesmo e contra os estratagemas secretos do amor-próprio, ensinando-o a diferença entre as ações que procedem de uma vitória sobre as paixões e as que são apenas resultado da conquista que uma paixão obtém sobre outra, isto é, entre a virtude real e a falsificada. Eis um admirável dito de um eminente teólogo: "embora tenham sido feitas muitas descobertas no mundo do

Observações

amor-próprio, há ainda muita *terra incógnita* deixada para trás".[23] Que mal faço ao homem se o torno mais ciente de si mesmo? Mas estamos tão desesperadamente apaixonados pela bajulação que jamais podemos apreciar uma verdade que nos mortifique, e não creio que a imortalidade da alma, uma verdade firmada bem antes do cristianismo, encontrasse tamanha acolhida generalizada nas capacidades humanas se não fosse algo agradável, que enaltecesse e felicitasse toda a espécie, incluídos os mais inferiores e miseráveis.

Cada um adora ouvir falar bem das coisas de que participa; até o meirinho, o carcereiro e o próprio carrasco gostariam que se pensasse bem de suas funções; mais que isso, ladrões e arrombadores têm mais apreço pelos de sua fraternidade do que pelas pessoas honestas; e acredito sinceramente que sobretudo o amor-próprio valeu a este pequeno tratado (tal como estava antes da última impressão)[24] tantos inimigos; cada um o vê como uma afronta contra si mesmo porque desmerece a **231** dignidade // e deprecia as belas noções que se tinha a respeito da humanidade, a mais venerável companhia a qual pertence. Quando digo que, sem os vícios, as sociedades não podem se alçar à riqueza e ao poder, nem ao cume da glória terrena, não creio que ao dizer isso eu mande os homens serem viciosos; da

---

23 La Rochefoucauld, máxima 3: *Quelque découverte que l'on ait faite dans le pays de l'amour-propre, il y reste encore bien des terres inconnues.* Na verdade, o "teólogo" a que Mandeville indevidamente se refere é La Rochefoucauld, cujas *Réflexions ou Sentences* foram traduzidas para o inglês num volume que continha ainda *La Fausseté des Vertus Humaines* de Jacques Esprit, que não era teólogo, embora fosse conhecido como abade Esprit ("Abbé Esprit"), dada sua formação clerical. (N. T.)
24 Antes da edição de 1723 na qual Mandeville acrescentou esta "Observação T.". (N. T.)

A fábula das abelhas

mesma forma que não os mando ser arruaceiros ou cobiçosos quando afirmo que a profissão de advogado não poderia comportar tanta gente nem seria tão esplendorosa se não houvesse uma abundância de pessoas demasiado egoístas e litigiosas.

Mas como nada demonstraria mais claramente a falsidade de minhas ideias do que o fato de a generalidade das pessoas estar de acordo com elas, não espero a aprovação da multidão. Não escrevo para muitos nem busco simpatizantes senão entre os poucos que conseguem pensar abstratamente e têm suas mentes elevadas acima do vulgo. Se mostrei o caminho para a grandeza mundana, sempre preferi sem hesitação a estrada que leva à virtude.

Se você quer banir a fraude e o luxo, impedir a profanação e a irreligião, e tornar a maioria das pessoas caridosa, boa e virtuosa, destrua as prensas, derreta os lingotes e queime todos os livros desta ilha, exceto os que estão nas universidades, e não tolere que nenhum volume passe por mãos particulares, exceto a Bíblia; liquide o comércio exterior, proíba todo comércio com estrangeiros e não permita, afora os barcos pesqueiros que se lançam ao mar, que voltem alguma vez. Restitua antigos privilégios, prerrogativas e posses ao clero, ao rei e aos barões; construa novas igrejas e converta todas as moedas que encontrar em utensílios sagrados; erija monastérios e // asilos em abundância, e não deixe que nenhuma paróquia esteja desprovida de uma escola de caridade. Decrete leis suntuárias e faça com que a juventude se habitue com a penúria: inspire-a com todas as noções meticulosas e mais refinadas de honra e vergonha, de amizade e heroísmo, introduzindo entre os jovens uma grande variedade de recompensas imaginárias; e então deixe o clero pregar aos demais a abstinência e a abnegação e

Observações

se aproveitar da liberdade como lhe aprouver; deixe-o exercer a maior influência na administração das questões de Estado, e não permita que nenhum homem se torne ministro do tesouro exceto um bispo.

Com tão pios esforços e salutares regulamentações, logo se alteraria o cenário; a maior parte dos gananciosos, dos insatisfeitos, dos vilões turbulentos e ambiciosos deixaria o país, grandes enxames de patifes trapaceiros abandonariam a cidade e se dispersariam nos campos; artífices aprenderiam a manejar o arado, comerciantes virariam agricultores, e a Jerusalém pecadora e superpopulosa, sem fome, guerra, pestilência nem compulsão, esvaziar-se-ia da maneira mais fácil, deixando de ser para sempre um pesadelo para seus soberanos. Em nenhuma de suas partes o feliz reino reformado ficaria sobrecarregado de gente, e todas as coisas necessárias ao sustento do homem seriam baratas e abundantes. Em contrapartida, a raiz de tantos males, o dinheiro, seria muito escasso e muito pouco procurado onde todo homem gozasse dos frutos do seu próprio trabalho e onde nossas próprias manufaturas fossem pura e indiscriminadamente usadas pelo grande senhor e pelo camponês. É impossível que tal mudança de circunstâncias não influenciasse os costumes de uma nação, tornando-os temperantes, honestos e sinceros, e seria razoável esperar que a geração seguinte fosse mais saudável e robusta do que a atual; um povo inofensivo, // inocente e bem-intencionado, que nunca altercaria sobre a doutrina da obediência passiva, nem quaisquer outros princípios ortodoxos, seria submisso a seus superiores e unânime no cumprimento do culto religioso.

Aqui me imagino sendo interrompido por um sibarita que, para não ficar sem uma dieta restauradora em caso de neces-

A fábula das abelhas

sidade, anda sempre com sombrias vivas, e que me diz que é possível ter bondade e probidade a um valor mais barato do que à custa da ruína de uma nação e da destruição de todas as comodidades da vida; que a liberdade e a propriedade podem ser mantidas sem perversidade nem fraude, e que os homens podem ser bons súditos sem ser escravos, e religiosos sem aceitar o controle clerical; que ser frugal e econômico é um dever que se incumbe apenas àqueles cujas circunstâncias o exigirem, mas que um homem de muitas posses, por viver conforme sua renda, presta um serviço a seu país; que, quanto a si próprio, ele é tão senhor de seus apetites que consegue se abster de qualquer coisa conforme a ocasião; que onde não houvesse um verdadeiro *Hermitage*, poderia se contentar com um simples *Bordeaux*, desde que suficientemente encorpado; que durante muitas manhãs tomou um gole de *Fronteniac* em vez de um *St. Lawrence*, e que, para a sobremesa, quando havia muitos comensais, ofertou-lhes um vinho do *Chipre*, ou mesmo um *Madeira*, pois pensou que seria extravagante oferecer um *Tokay*; mas que todas as mortificações voluntárias são superstições, convenientes apenas a cegos zelotes e entusiastas. E, contra mim, citará milorde Shaftesbury, dizendo-me que as pessoas podem ser virtuosas e sociáveis sem abnegação, que tornar a virtude inacessível é afrontá-la, que eu a transformo numa assombração // para assustar os homens, afastando-os dela como uma coisa impraticável; que de sua parte, porém, ele pode louvar a Deus e, ao mesmo tempo, desfrutar de suas criaturas com a consciência tranquila; não esquecerá, a serviço do seu propósito, o que eu disse na página 125.[25] Até que finalmente me perguntaria se a legislatura, a própria sabedoria da nação, enquanto se esforça ao

---

25 Cf. p.130 desta edição. (N. E.)

Observações

máximo para reprimir a profanação e a imoralidade e promover a glória de Deus, não professa abertamente, ao mesmo tempo, que sua íntima intenção não almeja senão o conforto e o bem-estar dos súditos, a riqueza, a força, a honra e o que mais for do verdadeiro interesse da nação; além disso, se os mais devotos e eruditos de nossos prelados, em sua enorme preocupação com nossa conversão, quando rogam a Deus para que desvie seu coração, bem como o nosso, do mundo dos desejos carnais, não lhe solicitam fervorosamente, na mesma súplica, que derrame todas as bênçãos terrenas e felicidades temporais sobre o reino ao qual pertencem.

Tais são as desculpas, as escusas e as alegações comuns não apenas dos notoriamente viciosos, mas da generalidade da humanidade, quando se toca na posse por enfiteuse de suas inclinações; e pôr à prova o verdadeiro valor que atribuem às coisas espirituais levaria, na verdade, a despojá-los daquilo a que suas mentes se curvam por completo. Envergonhados das muitas fraquezas interiores que sentem dentro de si, todos os homens se esforçam para esconder de si mesmos a feiura de sua nudez, // embrulhando os motivos verdadeiros de seus corações num manto especioso de sociabilidade, e sua preocupação com o bem público lhes dá esperança de ocultar seus apetites sórdidos e a deformidade de seus desejos; embora estejam internamente conscientes da afeição que nutrem por suas concupiscências favoritas e de sua incapacidade de transitar às claras pelo caminho árduo e acidentado da virtude.

Quanto às duas últimas questões, reconheço que são muito desconcertantes: àquilo que me pergunta o sibarita, me vejo obrigado a responder afirmativamente; e a menos que eu pudesse (Deus me livre!) levantar suspeita da sinceridade dos reis, bispos e de todo o poder legislativo, a objeção se mantém firmemente contra mim. Tudo que posso dizer a meu favor é que na conexão dos fatos há um mistério que ultrapassa o entendimento humano; e para convencer o leitor de que não se trata de uma evasiva, ponho-me a ilustrar sua incompreensibilidade a partir da seguinte parábola.

Nos antigos tempos pagãos, havia, diziam eles, um país bizarro, onde as pessoas falavam muito de religião e em que a grande maioria, a julgar pela sua aparência, realmente parecia devota. O principal mal moral entre eles era a sede, e saciá-la era tido como um pecado mortal; no entanto, concordavam unanimemente que todo mundo nasceu mais ou menos sedento: todos tinham direito de consumir moderadamente cerveja leve,[26] e seria considerado um hipócrita, cínico ou louco quem pretendesse poder viver bem sem isso; mas os que assumidamente a adoravam, bebendo-a em excesso, eram tidos como perversos. Independentemente disso, a cerveja mesma era considerada uma benção dos céus, e não havia nenhum mal em seu consumo; toda a enormidade consistia no abuso, no motivo íntimo que os fazia beber. Quem tomasse até o último gole para saciar sua sede cometia um crime hediondo, ao passo que outros bebiam quantidades absurdas sem sofrer qualquer acusação, pois bebiam indiferentemente e sem nenhum outro propósito além de melhorar sua compleição.

---

26 No original em inglês *small beer*. Tipo de cerveja rústica com pouco álcool, de sabor fraco, mas bastante calórica, fabricado na Inglaterra desde o período medieval até o final do século XVIII e utilizado para substituir a água limpa, que era escassa. Era consumida em grande quantidade por trabalhadores voltados a tarefas pesadas. Praticamente inexiste na atualidade. (N. T.)

Observações

236   Produziam-na para outros países e para si mesmos, // e pela cerveja leve que enviavam ao estrangeiro recebiam vastos carregamentos de presunto Westphalia, língua bovina, carne seca, salsicha bolonhesa, arenques vermelhos, esturjão marinado, caviar, anchovas e tudo aquilo que ajudasse sua bebida a descer de modo prazeroso. Os que guardavam grandes estoques de cerveja leve e não a utilizavam eram geralmente invejados e, ao mesmo tempo, objetos de ódio público; e quem não tivesse uma grande quantidade não se dava por satisfeito. A maior calamidade que lhes podia acontecer era acumular cevada e lúpulo sem lhes dar um encaminhamento, e quanto mais consumiam anualmente essa bebida, maior a confiança na prosperidade do país.

O governo tinha quantidade considerável de regulações muito sábias concernentes ao que deviam receber em troca de suas exportações, estimulando a importação de sal e pimenta, impondo taxas pesadas sobre tudo que não fosse um produto temperado e pudesse de alguma forma obstruir a venda de seu lúpulo e cevada. Os timoneiros ao leme, que quando atuavam em público se apresentavam isentos sob todos os aspectos e completamente desprovidos de sede, criavam várias leis para impedir o aumento desta e puniam os perversos que ousavam abertamente saciá-la. Se você os examinasse na vida privada deles e bisbilhotasse minuciosamente suas conversações, eles lhe pareceriam mais aficionados por cerveja leve, ou, pelo menos, que tomavam mais canecas desta do que os outros, embora sempre sob pretexto de que a melhoria das compleições exigia uma quantidade de bebida maior do que a daqueles em quem as regras eram aplicadas; assim, o que no fundo mais queriam, e sem nenhum interesse pessoal, era obter uma

A fábula das abelhas

grande quantidade de cerveja leve de seus súditos e uma grande demanda por lúpulo e cevada.

Como ninguém estava proibido de consumir cerveja leve, o clero o consumia tanto quanto os laicos, alguns deles abundantemente, embora todos desejassem // que se lhes considerassem, por conta de sua função, menos sedentos do que os outros, e sempre insistiam que, se bebiam um pouco, era tão somente para melhorar sua compleição. Nas assembleias religiosas, eram mais sinceros; logo que lá chegavam, confessavam abertamente, clérigos e leigos, do mais respeitável ao mais humilde, que estavam sedentos, que melhorar sua compleição era o que menos importava e que seu coração era completamente assolado pela cerveja leve e pelo desejo de saciar sua sede, por mais que fingissem o contrário. O mais marcante de tudo isso é que o aferramento dessas verdades em prejuízo dos outros e a exposição dessas confissões fora dos templos seriam considerados muito impertinentes, já que todo mundo achava uma afronta terrível ser chamado de "sedento", ainda que tivesse sido visto bebendo cerveja leve aos tonéis. Os tópicos principais de seus sermões eram o grande mal da sede e o desatino de saciá-la. Exaltavam seus ouvintes a resistir às tentações de cometer tal mal, invectivavam contra a cerveja leve e insistiam, frequentemente, que lhes seria um veneno se fosse bebida com prazer ou algum outro propósito que não o de melhorar suas compleições.

Em suas confissões aos deuses, rendiam-lhes graças pela abundância da refrescante cerveja leve que haviam recebido, mesmo que merecessem tão pouco, e permaneciam continuamente saciando sua sede, embora estivessem plenamente convencidos de que lhes foi concedida para um uso mais elevado.

Observações

Tendo pedido perdão por suas ofensas, rogavam aos deuses para diminuir sua sede e ter força para resistir às suas importunações; no entanto, em meio aos mais dolorosos arrependimentos e mais humildes súplicas, nunca esqueciam da cerveja leve, e rezavam para continuar tendo-a em grande abundância, prometendo solenemente que, por mais negligente que pudessem ter sido até então, não beberiam uma gota sequer no futuro com algum outro propósito que não o de melhorar sua compleição. //

Essas constantes petições foram concebidas para durar e, tendo sido usadas sem nenhuma alteração durante várias centenas de anos, alguns deles pensavam que os deuses, que conheciam o futuro e sabiam que a mesma promessa que haviam escutado em junho lhes seria feita em janeiro seguinte, se fiavam tanto nesses votos quanto nós nessas inscrições cômicas em que nos ofertam mercadorias, hoje, por dinheiro, e amanhã, de graça. Normalmente, começavam suas preces de modo bastante místico e falavam de muitas coisas num sentido espiritual; no entanto, nunca se abstraíam tanto do mundo a ponto de terminar sua prece sem implorar aos deuses para abençoar e fazer prosperar o comércio de cervejas em todos os seus ramos, e expandir ainda mais o consumo de lúpulo e cevada, para o bem de todos.

(V.)

O contentamento, ruína da indústria,

Muitos me disseram que a ruína da indústria é a preguiça, e não o contentamento; portanto, para provar minha asserção, que parece paradoxal a alguns, tratarei separadamente da preguiça e do contentamento, e depois falarei da indústria, para que o leitor possa julgar // qual das duas primeiras mais se opõe a esta última.

A preguiça é uma aversão à ocupação, acompanhada geralmente por um desejo irracional de permanecer sem fazer nada; e os preguiçosos são todos aqueles que, sem ser impedidos por outro afazer justificável, se recusam ou postergam qualquer ocupação que deveriam fazer para si mesmos ou para os outros. Não chamamos de preguiçosos senão os que consideramos inferiores a nós e de quem esperamos algum serviço. Os filhos não pensam que seus pais são preguiçosos, nem os serviçais pensam assim de seus senhores; e se um cavalheiro se entrega ao conforto e ao ócio, a ponto de não calçar seus próprios sapatos, mesmo sendo jovem e esbelto, ninguém o chamará de preguiço se ele pode sustentar um lacaio ou qualquer outra pessoa que lhe faça esse serviço.

O senhor Dryden[27] deu a nós uma ideia muito boa da ociosidade superlativa na pessoa de um exuberante rei do Egito. Sua majestade, havendo concedido alguns presentes importantes a vários de seus favoritos, é aguardado por um de seus principais ministros com um pergaminho, o qual devia assinar para confirmar aqueles donativos. Primeiro, anda um pouco, de um lado a outro, com profundo semblante aturdido; depois se senta como um homem cansado e, por fim, com grande relutância em fazer o que devia, pega uma pena, reclamando seriamente da extensão da palavra "Ptolomeu", e mostra-se muito

---

27 John Dryden, *Cleomenes, the Spartan Heroe* (1692), ato II. (N. T.)

Observações

preocupado que o seu nome não seja monossilábico, o que o pouparia de um mundo de problemas.

Muitas vezes reprovamos a preguiça dos outros porque a temos em nós mesmos. Dias atrás, duas jovenzinhas estavam sentadas enquanto tricotavam juntas, e uma delas disse à outra: "um frio terrível passa por essa porta, você está perto dela, irmã, por favor, feche-a". A // outra, que era mais jovem, dignou-se de fato a encarar a porta, mas permaneceu sentada e não disse nada; a mais velha falou novamente, duas ou três vezes, até que, como a outra não lhe respondia nem dava sinais de que ia se mexer, se levantou despeitada e fechou ela mesma a porta; quando tornou a se sentar, lançou um olhar muito duro à mais jovem e disse: "Por Deus, Betty, por nada deste mundo eu queria ser tão preguiçosa quanto você", e disse tão seriamente que ficou com o rosto corado. A mais jovem poderia perfeitamente ter se levantado, admito; mas, se a mais velha não tivesse supervalorizado esse trabalho, fecharia ela mesma a porta tão logo o frio a incomodasse sem dizer uma palavra. Ela estava longe da porta apenas um passo a mais do que a irmã, e, quanto à idade, a diferença entre elas não chegava a onze meses, ambas tinham menos de vinte anos. Parece-me uma questão difícil determinar qual das duas era a mais preguiçosa.

Milhares de miseráveis estão sempre trabalhando até a medula de seus ossos por quase nada, porque não pensam e não sabem apreciar o valor de seus esforços; ao passo que outros, mais hábeis, que sabem estimar verdadeiramente seu trabalho, recusam-se a ser empregados com baixos salários, não porque sejam de temperamento inativo, mas porque não querem baixar o preço do seu trabalho. Um cavalheiro vindo do interior vê atrás do prédio da Bolsa um mensageiro andando de um lado a

A fábula das abelhas

outro com as mãos nos bolsos. "Por favor, amigo", diz o cavalheiro, "você levaria esta carta até Bow-Church?[28] Eu lhe darei um centavo." "Irei com muito gosto", disse o outro, "mas isso vai lhe custar dois centavos, meu senhor"; no que o cavalheiro se recusou a dar, o outro lhe deu as costas e disse que preferiria jogar por nada a trabalhar de graça. O cavalheiro achou que era uma preguiça injustificável da parte do mensageiro, vagabundeando de lá para cá para nada, em vez de // ganhar um centavo com um mínimo de esforço. Algumas horas depois, estava com alguns amigos numa taverna na rua Threadneedle, onde um deles, lembrando que tinha de mandar uma letra de câmbio que devia sair pelo correio àquela noite, estava muito perturbado, e precisava imediatamente de alguém para ir o mais rápido possível até Hackney. Já passava das dez horas, em pleno inverno, chovia muito naquela noite, e todos os mensageiros da redondeza tinham ido dormir. O cavalheiro, cada vez mais incomodado, disse que pagava o que fosse para alguém enviar; por fim, um dos taberneiros, vendo-o tão aflito, disse-lhe que conhecia um mensageiro que sairia da cama se o trabalho lhe valesse a pena. "Valerá!", disse o cavalheiro muito ansiosamente, "não tenha dúvida disso, meu bom rapaz; se conhece alguém, faça-o se apressar, e lhe darei uma coroa se estiver de volta antes da meia-noite." Mediante o combinado, o taberneiro pegou o recado, deixou o recinto e, em menos de quinze minutos, regressou com a boa notícia de que a mensagem seria despachada com toda prontidão. Os companheiros seguiram divertindo-se nesse meio tempo, como haviam feito antes, mas, quando estava perto da meia-noite, começaram a sacar os relógios, e

---

28 Paróquia de Santa Maria da Santíssima Trindade.

Observações

a única coisa de que se falava era do retorno do mensageiro. Uns diziam que ele ainda podia chegar antes de o relógio soar; outros pensavam que seria impossível, e já não faltavam senão três minutos para a meia-noite quando o ágil mensageiro adentrou fumegante, com as roupas tão molhadas quanto esterco na chuva e a cabeça banhada de suor. Não tinha nada de seco senão o que estava dentro de sua carteira, da qual tirou a letra de câmbio que tinha ido buscar e, seguindo a indicação do taverneiro, mostrou-a ao cavalheiro ao qual ela pertencia; este ficou muito satisfeito com o despacho que tinha sido feito e deu-lhe uma coroa, conforme prometido, enquanto outro enchia-lhe um caneco, e todos // elogiavam sua diligência. Quando o camarada se aproximou da luz para pegar um vinho, o cavalheiro vindo do interior, que mencionei no início, para sua grande admiração, reconheceu que se tratava do mesmo mensageiro que tinha se recusado a ganhar o centavo que ofereceu, e que julgou ser o mais preguiçoso de todos os mortais.

242

Essa história nos ensina que não devemos confundir os que permanecem desempregados por falta de oportunidade para exercer seus esforços em vista de maior vantagem com aqueles que, por falta de ânimo, se abraçam à sua indolência e preferem morrer de fome a ter de se movimentar. Sem essa advertência, teríamos que declarar que todo mundo é mais ou menos preguiçoso, conforme a estimativa que fazem do retorno a ser obtido pelo seu trabalho, e, assim, o mais industrioso poderia ser chamado de preguiçoso.

Chamo de contentamento aquela serenidade calma da mente que os homens desfrutam quando se consideram felizes, permanecendo satisfeitos com a condição social em que vivem; isso implica uma opinião favorável sobre nossas atuais circuns-

A fábula das abelhas

tâncias e uma tranquilidade pacata, que é estranha aos homens enquanto estão aflitos em melhorar sua condição. Trata-se de uma virtude para a qual o aplauso é muito precário e incerto: conforme variam as circunstâncias dos homens, eles serão censurados ou elogiados por possuí-la.

Um homem solteiro que trabalha duro em uma ocupação laboriosa recebe cem libras ao ano deixadas por um parente; essa mudança de fortuna logo faz com que ele se canse de trabalhar e, não sendo muito industrioso para lançar-se à frente no mundo, resolve não fazer mais nada e viver de sua renda. Enquanto viver regrado, pagar pelo que consome e não prejudicar ninguém, será chamado de homem honesto e tranquilo. O fornecedor, a sua senhoria, o alfaiate e outros dividem entre si o que ele possui, e a cada ano a sociedade enriquece em função de sua renda; em contrapartida, se seguisse // em seu ofício ou em outro qualquer, seria um obstáculo a outros, e alguém se privaria do que ele ganhou; e, portanto, mesmo que fosse o indivíduo mais desocupado do mundo, permanecendo 15 horas na cama todos os dias e no restante das 24 horas não fazendo nada além de perambular de um lado a outro, ninguém o desaprovaria, e seu espírito inativo seria honrado com o nome de satisfeito.

Mas se esse mesmo homem se casa, tem três ou quatro filhos e continua com o mesmo temperamento sossegado, permanecendo satisfeito com aquilo que tem sem se esforçar para ganhar um centavo, entregue à sua indolência habitual, primeiramente, seus parentes e, depois, seus conhecidos vão se alarmar com sua negligência. Eles anteveem que a renda dele não será suficiente para criar tantos filhos sem nenhum problema e temem que alguns deles possam se lhe tornar, se não um fardo, uma desgraça. E quando esses temores tiverem

Observações

se difundido entre uns e outros, seu tio Gripe o repreenderá e lhe passará o seguinte sermão: "Como assim, meu sobrinho, ainda sem nenhuma ocupação! Que absurdo! Não consigo imaginar como você passa o tempo; se não quer trabalhar em seu ofício, há cinquenta maneiras de um homem ganhar algum vintém. É verdade que você ganha cem libras ao ano, mas suas obrigações aumentam a cada ano, e o que fará quando as crianças tiverem crescido? Vivo numa condição melhor que a sua e, mesmo assim, você não me vê deixando meus negócios de lado; pelo contrário, posso lhe assegurar que mesmo que eu fosse dono do mundo, não conseguiria viver como você. Isso não é problema meu, bem sei, mas todo mundo está escandalizado: que vergonha um homem jovem como você, que não é aleijado e goza de perfeita saúde, não se pôr a fazer nada". Se essas admoestações em pouco tempo não o corrigirem, e ele continuar por mais seis meses sem emprego, será motivo de conversa em toda a vizinhança; e as mesmas qualidades que uma vez o caracterizaram como um homem muito tranquilo e satisfeito // o farão ser chamado de o pior dos maridos e o indivíduo mais preguiçoso do mundo. Do que se segue que é evidente que, quando achamos que as ações são boas ou más, levamos em conta apenas o dano ou o benefício que a sociedade delas recebe e não da pessoa que as comete.

Diligência e indústria são muitas vezes usadas indistintamente para significar a mesma coisa, mas há uma grande diferença entre elas. Um pobre infeliz pode não precisar nem de diligência nem de engenho, pode ser um trabalhador econômico e, ainda assim, não se esforça para melhorar sua situação, continua contente com a condição em que vive; mas a indústria implica, além de outras qualidades, uma sede de conquista e um desejo infatigável de melhorar sua condição. Quando os homens pensam que os lucros usuais de sua profissão ou a participação nos negócios a que se dedicam rende pouco, há duas formas de merecerem o nome de industriosos: ser engenhoso o bastante para descobrir métodos incomuns e, ao mesmo tempo, justificáveis para aumentar seus negócios ou seus lucros, ou compensar esse defeito através de uma multiplicidade de ocupações. Se um comerciante cuida para que seu estabelecimento esteja bem guarnecido, dando atendimento devido a seus clientes, ele é um homem diligente em seu negócio; mas se, além disso, ele se sacrifica particularmente para vender pelo mesmo preço um artigo melhor do que o restante de seus vizinhos, ou se, por obsequiosidade, ou outra boa qualidade, ampliando seu conhecimento, usa todos os possíveis recursos para atrair clientes ao seu comércio, então pode ser chamado de industrioso. Um sapateiro, mesmo não estando ocupado metade do tempo, se não ignora seu trabalho e, quando o tem, é eficiente, é um homem diligente; mas se quando não tem nenhum trabalho entrega mensagens ou faz palmilhas, servindo ainda como vigia de noite, merece o nome de industrioso.

245 Se o que foi dito nesta observação for devidamente sopesado, // descobriremos que ou a preguiça e o contentamento têm muita afinidade, ou que, se há uma grande diferença entre eles, este último é o mais contrário à indústria.

(X.)

Para tornar honesta uma grande colmeia.

Isso talvez possa ser feito onde as pessoas estão contentes de ser pobres e levam uma vida dura; mas se querem também

Observações

desfrutar das comodidades e confortos do mundo e ser uma nação, a um só tempo, opulenta, poderosa e próspera, bem como guerreira, é completamente impossível. Já ouvi falar da grande figura que os espartanos desempenharam acima de todos os Estados da Grécia, apesar de sua frugalidade incomum e outras virtudes exemplares. Mas certamente nunca houve uma nação cuja grandiosidade fosse mais vazia do que a sua. O esplendor em que viviam era inferior ao de um teatro, e a única coisa de que podiam se orgulhar era de que nada desfrutavam. De fato, eram temidos e estimados no estrangeiro; eram tão famosos por sua valentia e habilidade nos assuntos marciais que seus vizinhos não apenas buscavam sua amizade e ajuda quando estavam em guerra, mas se davam por satisfeitos e se julgavam seguros da vitória se conseguiam obter um único general espartano para comandar seus exércitos. Mas naquela época a sua disciplina era tão rígida e o seu modo de vida tão austero e desprovido de todo conforto que o homem mais temperante entre nós se recusaria a se submeter à dureza de leis tão rudes. Havia uma perfeita igualdade entre eles: as moedas de ouro e prata eram depreciadas; sua moeda corrente era feita de ferro para que fosse // produzida em grande volume e valesse pouco; para economizar vinte ou trinta libras, precisavam de um aposento de grande tamanho, e, para mover tal quantia, não menos do que uma junta de bois. Outro remédio que tinham contra o luxo era a obrigação de comer em comum a mesma comida; e era tão difícil permitir que alguém almoçasse ou ceasse sozinho em casa que Agis, um de seus reis, tendo derrotado os atenienses e regressado à sua casa, pediu suas provisões (porque desejava comer a sós com sua rainha) e recebeu uma negativa dos polemarcos.

A fábula das abelhas

No treinamento dos jovens, o principal cuidado, diz Plutarco, era fazê-los bons súditos, preparando-os para suportar as fadigas de longas e tediosas marchas e nunca regressar do campo de batalha sem a vitória. Quando estavam com 12 anos de idade, viviam em pequenos bandos, dormiam sobre camas feitas de junco que crescia nas margens do rio Eurotas; e por conta de suas pontas agudas, deviam quebrá-las com as próprias mãos, sem poder usar nenhuma faca. Se o inverno fosse intenso, misturavam alguns cardos no junco para se aquecer (ver Plutarco em a *A vida de Licurgo*). Por todas essas circunstâncias, é evidente que nenhuma nação sobre a Terra foi menos efeminada; mas, sendo privada de todos os confortos da vida, a única glória para o seu penar consistia em ser um povo guerreiro, acostumado com as fadigas e dificuldades, felicidade pela qual poucos povos teriam algum interesse sob os mesmos termos. E ainda que tenham dominado o mundo, enquanto não desfrutaram nada dele, dificilmente os ingleses // invejariam sua grandeza. O que os homens querem hoje em dia foi suficientemente mostrado na "Observação O.", onde tratei dos prazeres verdadeiros.

(Y.)

Para gozar das comodidades do mundo

Que as palavras "decência" e "conveniência" são muito ambíguas e não podem ser compreendidas a não ser que conheçamos as qualidades e circunstâncias das pessoas que as utilizam, já foi indicado na "Observação L.". O ourives, o merceeiro, ou quaisquer comerciantes indiscutivelmente corretos, que

Observações

contam com 3 ou 4 mil libras para estabelecer seu negócio, precisam de dois pratos de carne todo dia e de algo extraordinário aos domingos. Para o parto, sua esposa deve ter uma cama de damasco e dois ou três quartos muito bem mobiliados. No verão seguinte, ela deverá ter no campo uma casa ou pelo menos alguns alojamentos muito bons. Um homem que vive fora da cidade precisa de um cavalo, e seu lacaio também. Se seu negócio funciona razoavelmente bem, espera em oito ou dez anos ter sua própria carruagem, o que não o impede de esperar ter, // após se escravizar (como se refere) durante 22 ou 23 anos, acumulado pelo menos mil libras ao ano para deixar de herança ao seu primogênito, e 2 mil ou 3 mil libras para cada um de seus outros filhos começarem a viver; e quando homens dessa condição rezam pelo pão de cada dia, sem pretender com isso nada mais extravagante, são tidos como pessoas muito modestas. Chame de orgulho, luxo, superfluidade, o que quiser; na capital de uma nação próspera, é como deve ser: os de condição inferior devem se conformar com as conveniências menos custosas, assim como os de estrato superior certamente farão questão de que as suas sejam mais caras. Alguns chamam de decência ser servido numa travessa de prata e veem numa carruagem com seis cavalos um conforto necessário para a vida; e se um nobre não tem mais que 3 mil ou 4 mil libras ao ano, sua senhoria é tida por pobre.[29]

Desde a primeira edição deste livro, muitos me atacaram com demonstrações da ruína segura que o luxo excessivo acar-

---

29 A primeira edição de 1714 terminava aqui. As considerações seguintes foram acrescentadas na edição de 1723. (N. T.)

A fábula das abelhas

retaria necessariamente a todas as nações; pessoas essas que, no entanto, foram logo respondidas quando mostrei os limites dentro dos quais eu tinha restringido o luxo; portanto, para que nenhum leitor possa futuramente interpretar-me mal sobre esse tema, indicarei as advertências que fiz e as ressalvas que estabeleci na edição anterior, bem como nesta, e que, se não forem ignoradas, evitarão todas as censuras da razão e obviarão várias objeções que de outro modo poderiam ser feitas contra mim. Estabeleci como máximas, que nunca devem ser abandonadas, que os pobres devem ser mantidos estritamente ligados ao trabalho e que seria prudente aliviar suas necessidades, mas que seria loucura curá-los delas; que a agricultura e a pesca deveriam ser promovidas em todos os seus ramos a fim de // obter provisões e, consequentemente, baratear o trabalho. Defini a ignorância como um ingrediente necessário na composição da sociedade; do que se torna evidente que eu jamais imaginaria que o luxo se generalizasse em todas as partes do reino. Também mostrei a necessidade de se proteger bem a propriedade, administrar imparcialmente a justiça e que, em todas as coisas, o interesse da nação seja levado em conta; mas aquilo em que mais insisti e repeti mais de uma vez é a grande atenção que deve ser dada à balança comercial e o cuidado que a legislatura deve tomar para que os artigos importados anualmente nunca excedam as exportações; e onde essas regras são observadas e outras coisas de que falei não são negligenciadas, continuo afirmando que nenhum luxo estrangeiro pode destruir um país. O ápice disso não se encontra senão nas nações muito populosas, e apenas nas camadas superiores; e quanto mais numerosa, a parte mais baixa será, proporcionalmente, a maior, a base que tudo suporta, a multidão dos trabalhadores pobres.

Observações

Aqueles que gostariam muito de imitar os de fortuna superior devem culpar apenas a si mesmo se estão arruinados. Isso nada prova contra o luxo; pois aquele que consegue subsistir, se vive com gastos acima de sua renda, é um desatinado. Algumas pessoas de qualidade podem custear três ou quatro coches e até seis e, ao mesmo tempo, cortar o dinheiro de seus filhos; ao passo que um jovem comerciante se desmantela para manter um pobre cavalo. É impossível existir uma nação rica sem homens pródigos; no entanto, nunca vi uma cidade repleta de perdulários que não tivesse uma quantidade suficiente de avaros que os compensasse. Assim como um velho comerciante quebra por ter sido extravagante ou descuidado durante um bom tempo, um jovem principiante no mesmo negócio consegue um patrimônio por ser econômico ou mais industrioso antes dos 40. // Além do mais, as fraquezas dos homens produzem frequentemente resultados contrários: algumas almas limitadas nunca podem prosperar porque são muito sovinas, ao passo que mentes mais abertas acumulam grande riqueza por gastar seu dinheiro à vontade, parecendo desprezá-lo. Mas as vicissitudes da fortuna são algo necessário, e as mais lamentáveis não são tão prejudiciais à sociedade quanto a morte dos indivíduos que a constituem. Os batismos fazem um equilíbrio adequado com os enterros. Os que imediatamente perdem pelo infortúnio dos outros lamentam, reclamam e fazem barulho; mas os que ganham com isso, que sempre existiram, se calam, porque é odioso ser considerado favorecido por perdas e calamidades de quem nos é próximo. Os vários altos e baixos compõem uma roda que, sempre girando, põe toda a máquina em movimento. Os filósofos, que ousam estender seus pensamentos para além dos limites estreitos do que está imedia-

A fábula das abelhas

tamente diante deles, consideram as mudanças alternantes da sociedade civil da mesma forma que a expansão e a contração dos pulmões; tanto esta quanto aquela fazem parte da respiração dos animais mais perfeitos; de modo que o vento inconstante da fortuna nunca estável é para o corpo político o que o ar flutuante é para um ser vivo.

Assim, a avareza e a prodigalidade são igualmente necessárias à sociedade. Que em alguns países os homens sejam em geral mais esbanjadores do que em outros, isso procede da diferença de circunstâncias que predispõe a um dos dois vícios, o que deriva da condição do corpo social bem como do temperamento dos nativos. Peço perdão ao atento leitor se aqui, em favor dos desmemoriados, repeti algumas coisas cujo conteúdo já viram na "Observação Q.". Mais dinheiro do que terras, impostos pesados e escassez de provisões, a indústria, a inclinação ao trabalho, um espírito ativo e empreendedor, um temperamento malvado e saturnino, velhice, // sabedoria, comércio, riquezas adquiridas pelo nosso próprio trabalho, a liberdade e a propriedade bem protegidas, isso tudo são coisas que predispõem à avareza. Em contrapartida, a indolência, o contentamento, a bondade, o temperamento alegre e jovem, a leviandade, o poder arbitrário, o dinheiro facilmente adquirido, a abundância de provisões e a incerteza das posses são circunstâncias que tornam os homens mais propensos à prodigalidade. Onde há muito do primeiro, o vício predominante será a avareza, e a prodigalidade, onde o segundo pesar mais na balança; mas nunca houve nem jamais haverá uma frugalidade nacional sem uma indigência nacional.

As leis suntuárias podem ser úteis para um país indigente, após as grandes calamidades da guerra, a pestilência, a penú-

Observações

ria, quando o trabalho parou de crescer e a lida dos pobres se interrompeu; mas introduzi-las num reino opulento é o meio errado de servir seu interesse. Termino minhas observações sobre a *A colmeia ranzinza* assegurando aos campeões da frugalidade nacional que seria impossível que os persas e outros povos do Oriente pudessem comprar a enorme quantidade de belos tecidos ingleses que consomem se enchêssemos nossas mulheres com uma carga menor de sedas asiáticas.

// *Ensaio sobre a caridade e as escolas de caridade*

A caridade é a virtude por meio da qual uma parte daquele amor sincero que temos por nós mesmos é transferida, pura e sem mistura, a outros que não têm conosco laços de amizade ou de consanguinidade e mesmo a meros estranhos, com quem não temos nenhuma obrigação e de quem nada esperamos. Se atenuarmos alguma coisa do rigor dessa definição, parte dessa virtude se perde. Aquilo que fazemos para nossos amigos e parentes em parte o fazemos para nós mesmos. Quando um homem age em favor de seus sobrinhos ou sobrinhas, e diz "são filhos do meu irmão, faço isso por caridade", está enganando você; pois, se é capaz, é o que dele se espera, e o faz em parte por interesse próprio. Se valoriza a estima dos outros e se preocupa com sua honra e // reputação, está obrigado a ter por eles uma consideração maior do que por estranhos, ou então o seu personagem correrá riscos.

A prática dessa virtude diz respeito à opinião ou à ação e manifesta-se no que pensamos sobre os outros ou no que fazemos por eles. Assim, para sermos caridosos, deveríamos, em primeiro lugar, interpretar da maneira mais favorável tudo

A fábula das abelhas

aquilo que os outros fazem ou dizem sobre as coisas de que são capazes. Se um homem constrói uma bela casa, sem demonstrar nenhum sinal de humildade, se a provê com móveis requintados, empregando uma grande soma em pratarias e quadros, não deveríamos pensar que o faz por vaidade, mas sim para encorajar artistas, empregar mão de obra e fazer os pobres trabalharem pelo bem de seu país. E se um homem dorme na igreja, sem roncar, deveríamos pensar que está de olhos fechados para aumentar sua atenção. A razão para tanto é que, de nossa parte, gostaríamos que a nossa mais extrema avareza passasse por frugalidade; e por religião, o que sabemos que é hipocrisia. Em segundo lugar, essa virtude é conspícua em nós quando dedicamos tempo e trabalho em troca de nada, ou quando empregamos o crédito que obtemos dos outros em favor daqueles que têm necessidade sem, no entanto, poderem esperar tal assistência por não sermos amigos nem termos nenhum vínculo de sangue. A última parte da caridade consiste em doar (enquanto estamos vivos) o que temos em alta conta àqueles, conforme já nomeei, preferindo contentar-se em ter e desfrutar menos do que deixar de aliviar os que necessitam de coisas que seriam objetos de nossas escolhas.

Muitas vezes, essa virtude é falseada por uma paixão nossa chamada de *piedade* ou *compaixão*, que consiste numa comiseração e condolência pelos infortúnios e calamidades dos outros: toda a humanidade é mais ou menos afetada por esse sentimento, mas, sobretudo, as mentes mais fracas. Em nós ele é suscitado quando os sofrimentos e misérias de outras criaturas nos impressionam tão impetuosamente que nos causam desconforto. Chega aos olhos, aos ouvidos ou a ambos; e quanto mais perto e mais // violentamente o objeto da compaixão

Ensaio sobre a caridade e as escolas de caridade

atinge esses sentidos, maior a perturbação causada em nós, por vezes, atingindo uma intensidade capaz de ocasionar grande dor e aflição.

Fosse um de nós trancado num cômodo no rés do chão, de onde, num pátio contíguo, uma criança radiante e amável, de 2 ou 3 anos, brinca tão perto de nós que, pela grade da janela, quase podemos tocá-la com nossas mãos; enquanto nos deleitamos com a brincadeira inofensiva e com o tatibitate da inocente criancinha, uma enorme porca arisca se aproxima dela, fazendo-a berrar e deixando-a apavorada, e é natural pensar que isso nos transtornaria e que, gritando e fazendo todo tipo de vozerio ameaçador que conseguíssemos, tentaríamos de todas as formas afugentar a porca. Mas se a criatura famélica se pusesse, louca de fome, a perambular em busca de alimento, e observássemos que a besta voraz, a despeito de nossos gritos e de todos os gestos ameaçadores que pudéssemos imaginar, se apodera da criança indefesa, destruindo-a e devorando-a; ao ver suas queixadas destruidoras selvagemente escancaradas e a pobre criancinha sendo abatida com intensa voracidade; ao olhar a desamparada postura daqueles delicados membros, primeiramente, pisoteados e, em seguida, dilacerados; ao ver aquele focinho asqueroso cavoucar nas entranhas ainda vivas e sorver o sangue fumegante, de quando em quando, ouvindo o crepitar dos ossos e o selvagem grunhido de prazer do cruel animal naquele hórrido banquete; ao ouvir e ver tudo isso, que tortura indescritível a alma sofreria! Mostre-me se a mais resplandecente virtude de que se gabam os moralistas, manifesta na pessoa que a possui ou nos que contemplam suas ações; mostre-me se a coragem ou o amor ao seu país, tão patente e puro, tão claro e distinto, a primeira, // do orgulho e da ira, o outro, do amor à glória e da menor sombra de egoísmo, consegue ser tão claro e distinto quanto a piedade em relação a todas as outras paixões. Não há necessidade de nenhuma virtude ou abnegação para se comover com uma cena dessas; e não apenas o homem provido de humanidade, de bons modos e de comiseração, mas também o assaltante de beira de estrada, o arrombador de casas ou um assassino se afligem numa ocasião dessas; por mais calamitosas que sejam as circunstâncias de um homem, por um momento ele se esquece de seus infortúnios, e a mais avassaladora paixão dá lugar à piedade; e nenhum tipo de homem tem um coração tão obdurado nem tão ocupado que não sofra diante de tal visão, para a qual nenhuma linguagem tem suficiente epíteto.

Muitos se surpreenderão com o que eu disse sobre a piedade, que ela chega aos olhos e ouvidos, mas tal verdade se faz conhecida quando se considera que, quanto mais próximo o objeto, maior o nosso sofrimento, e que, quanto mais remoto, menos nos perturba. Ver pessoas a uma grande distância sendo executadas por crimes nos move apenas um pouco, se comparado ao que acarreta quando estamos próximos o bastante para ver o movimento da alma em seus olhos, observar seus medos e agonias, quando conseguimos ver as dores cruciantes em cada aspecto de sua face. Quando o objeto está muito distante de nossos sentidos, o relato ou a leitura das calamidades nunca pode nos suscitar a paixão chamada de piedade. Podemos nos sentir tocados com as más notícias, as perdas e os infortúnios de amigos e daqueles cujas causas esposamos, mas não se trata de piedade, mas de consternação ou pesar, o mesmo que sentimos pela morte de quem amamos ou pela destruição do que estimamos.

Quando ouvimos dizer que 3 mil ou 4 mil homens, todos desconhecidos, foram mortos pela espada ou atirados num rio

Ensaio sobre a caridade e as escolas de caridade

onde se afogaram, dizemos, e talvez acreditemos, que temos pena deles. É a humanidade que nos ordena ter compaixão pelo sofrimento alheio, e a razão nos diz que, seja em relação a uma coisa longínqua, // seja a algo diante de nossos olhos, nossos sentimentos devem ser os mesmos, e que deveríamos nos envergonhar de admitir que não sentimos nenhuma comiseração quando nos é exigido. "Eis um homem cruel que não tem sentimentos": todas essas coisas são efeito da razão e da humanidade, mas a natureza não é dada a cerimônias; quando o objeto não afeta, o corpo não sente; e quando os homens falam de piedade por pessoas que estão fora da nossa vista, deve-se acreditar neles da mesma forma que dizem ser "nosso humilde criado". Nas trocas de cortesia usuais no primeiro encontro, os que não se veem todos os dias estão, frequentemente, muito alegres e muito tristes, alternadamente, cinco ou seis vezes em menos de dois minutos e, no entanto, quando se afastam um do outro, não levam sequer uma ponta da consternação ou da alegria de quando estavam juntos. A mesma coisa acontece com a piedade, que não é algo que se escolhe, não mais que o medo ou a ira. Os que têm uma *imaginação* forte e vivaz, e que podem representar as coisas em sua mente, como se estivessem de fato diante delas, podem engendrar algo semelhante à compaixão; mas isso é obra da arte e, frequentemente, com a ajuda de um pouco de entusiasmo, sendo apenas uma imitação da piedade; o coração não sente grande coisa, e é tão enfraquecido quanto como nos sentimos na atuação de uma tragédia, quando nosso juízo deixa uma parte de nossa mente desinformada e esta, para satisfazer um desregramento preguiçoso, se deixa induzir a um erro, necessário para suscitar uma paixão cujos leves

A fábula das abelhas

golpes não nos desagradam quando a alma está num estado inativo e indolente.

Assim como a piedade é frequentemente, por nós mesmos e em nosso próprio caso, confundida com a caridade, também assume a forma e adota o nome desta; um mendigo pede que você pratique essa virtude em nome de Jesus Cristo, mas, durante todo esse tempo, o propósito principal dele é despertar a sua piedade. Ele representa para você a parte mais lamentável de suas doenças e enfermidades corporais; nas palavras escolhidas, dá um epítome de suas calamidades reais ou fictícias; e // enquanto parece rogar a Deus para abrir seu coração, na verdade está agindo sobre seus ouvidos; o maior crápula apela à religião em seu auxílio e sustenta sua beatice num tom doloroso com gestos calculados de desalento; mas ele não se fia apenas numa paixão, bajulando o seu orgulho com títulos e nomes honrosos e distintos; abranda sua avareza insistindo várias vezes na insignificância da doação que lhe implora e em promessas condicionais de um retorno futuro com juros extravagantes, muito além do estatuto da usura, ainda que não esteja ao alcance do que se apresenta. As pessoas não acostumadas com as grandes cidades, sendo assim abordadas de todos os lados, normalmente acabam forçadas a ceder e não deixam de dar algo, ainda que não estejam em condições de dispensar nada. É estranho o modo como o amor-próprio nos conduz! Sempre atento em nossa defesa e, no entanto, para abrandar uma paixão predominante, obriga-nos a agir contra nosso interesse: pois, quando a piedade se apodera de nós, se conseguimos tão somente imaginar que contribuímos para aliviar aquele de quem temos compaixão e de quem somos um instrumento para diminuir suas penas, isso nos conforta, e é

Ensaio sobre a caridade e as escolas de caridade

por isso que as pessoas piedosas frequentemente dão esmolas, quando, na realidade, prefeririam não o fazer.

Quando as feridas estão muito em carne viva ou de algum modo parecem dolorosas ao extremo, e o mendigo consegue suportar expô-las num clima frio, é muito chocante para algumas pessoas: "é uma vergonha", gritam elas, "ter que aguentar uma cena dessas"; a principal razão para tanto é que sua piedade é sensivelmente afetada, e, ao mesmo tempo, estão decididos, porque são avarentos ou por considerar uma despesa inútil, a não dar nada, o que os incomoda ainda mais. Eles desviam o olhar, e quando são gritos sombrios, gostariam de tapar os ouvidos se não lhes causasse vergonha. O que podem fazer é apertar o passo e, no seu íntimo, sentir muita irritação com esses mendigos pelas ruas. Mas o que se passa com a piedade é o mesmo com o medo; quanto mais nos relacionamos com objetos que excitam uma dessas paixões, menos somos perturbados por eles, e aqueles que // por costume se familiarizaram com essas cenas e acentos quase não sentem impressão alguma. A única coisa que resta ao industrioso mendigo para conquistar os corações duros, caso consiga caminhar com ou sem muletas, é seguir de perto e, com um ruído contínuo, chatear e importunar, a fim de fazê-los, se tiver como, comprar sua paz. Assim, milhares dão dinheiro a mendigos pelo mesmo motivo que pagam o calista: caminhar em paz. E muitos meio vinténs são dados a esses patifes impudentes que nos perseguem de propósito, nos quais, se pudesse fazê-lo com alguma elegância, um homem daria uma bengalada com muito mais satisfação. E, no entanto, tudo isso, segundo a cortesia do país, é chamado de caridade.

O reverso da piedade é a malícia; já falei dela quando tratei da inveja. Os que sabem o que é examinar a si mesmo hão

260 logo de convir que é muito // difícil rastrear a raiz e a origem dessa paixão. É uma das que mais nos envergonha e, portanto, a sua parte mais perniciosa é facilmente dominada e corrigida por uma educação judiciosa. Quando alguém tropeça perto de nós é natural, antes mesmo de qualquer reflexão, estender as mãos para impedir, ou pelo menos amenizar, a queda, o que demonstra que quando estamos calmos estamos bem inclinados à piedade. Mas embora a malícia seja, por si própria, pouco temível, quando assistida pelo orgulho, é frequentemente malévola, tornando-se mais terrível quando fomentada e avivada pela ira. Não há nada que extinga a piedade tão prontamente e tão efetivamente quanto essa combinação chamada de crueldade. Do que podemos aprender que, para realizar uma ação meritória, não basta simplesmente vencer uma paixão, pois ainda é necessário que seja feita a partir de um princípio louvável, e é exatamente por isso que, na definição de virtude, há uma cláusula segundo a qual nossos esforços devem proceder de "uma ambição racional de nos tornármos bons".

A piedade, como eu disse em outra parte, é a mais amável de todas as nossas paixões, e são poucas as ocasiões em que devemos dominá-la ou refreá-la. Um cirurgião pode ser compassivo o quanto quiser, contanto que não se omita nem se abstenha de realizar o que deve. Também os juízes, assim como os jurados, podem ser influenciados pela piedade, desde que tomem cuidado para que o direito e a própria justiça não sejam infringidos e não sofram por conta dela. Nenhuma piedade causa mais malefício no mundo do que aquela que é excitada pelo afeto dos pais, impedindo-os de orientar os filhos da forma que exigiria seu amor racional por eles e que eles próprios desejariam. Do mesmo modo, a predominância que essa paixão

Ensaio sobre a caridade e as escolas de caridade

exerce sobre os afetos das mulheres é mais significativa do que comumente imaginado; diariamente elas cometem faltas totalmente tributáveis à luxúria, não obstante se devam em grande medida à piedade.

O que acabo de especificar não é apenas a única paixão que arremeda // e se parece com a caridade; o orgulho e a vaidade construíram mais hospitais do que todas as virtudes juntas. Os homens são tão apegados a suas posses, e o egoísmo está tão cravado em nossa natureza, que quem quer que consiga de algum modo dominá-lo terá o aplauso do público, obtendo assim todo encorajamento imaginável para esconder sua fraqueza e adular qualquer outro apetite que tiver em mente. O homem que provê com sua fortuna particular o que toda a sociedade teria proporcionado em conjunto obsequia todos os seus membros e, portanto, todo mundo está pronto para lhe prestar reconhecimento, e se vê no dever de declarar que todas essas ações são virtuosas, sem examinar nem mesmo averiguar os motivos a partir dos quais foram realizadas. Nada destrói mais a virtude ou a própria religião do que fazer os homens acreditarem que dar dinheiro aos pobres, ainda que o cedam apenas depois de mortos, acarretará uma redenção completa no outro mundo dos pecados cometidos neste. Um vilão acusado de cometer um bárbaro assassinato pode, pela ajuda de um falso testemunho, escapar da punição que merece: ele prospera e, quem sabe, junta uma grande fortuna e, por conselho de seu padre confessor, deixa todo seu espólio para um monastério e suas crianças mendicantes. Qual a bela reparação que esse bom cristão fez pelo seu crime, e qual a honestidade do padre que conduziu sua consciência? Quem cede tudo que tem em vida, independentemente dos princípios pelos quais age, apenas se

A fábula das abelhas

desfaz do que é seu; mas o rico sovina que se recusa enquanto viver a dar auxílio aos seus parentes mais próximos, mesmo que estes nunca o tenham desobrigado intencionalmente, e que, após sua morte, disponibiliza seu dinheiro para aquilo que chamamos de obras de caridade, pode imaginar o que quiser sobre sua bondade, mas está roubando sua posteridade. Penso

262 aqui // num exemplo recente de caridade, uma prodigiosa doação que fez muito barulho no mundo.[1] Sinto-me inclinado a trazê-lo à luz que creio merecer e peço permissão, em agrado dessa vez aos pedantes, para tratá-lo um tanto retoricamente.

Que um homem com pouca competência em medicina e quase sem nenhum conhecimento chegasse, por artes vis, a exercê-la e acumulasse grande riqueza, não seria nenhuma surpresa estonteante; mas que conseguisse granjear tanta opinião boa a seu respeito e de todo mundo, a ponto de conquistar a estima geral de uma nação, e estabelecesse uma reputação superior a de todos os seus contemporâneos, sem nenhuma outra qualidade exceto um conhecimento perfeito da humanidade, e uma capacidade de tirar o maior proveito disso, eis uma coisa extraordinária. Se um homem que alcançou o cume da glória

263 ficasse quase aturdido com o orgulho, por vezes dando // gratuitamente seus cuidados a um criado ou a qualquer pessoa humilde e, ao mesmo tempo, negligenciando um nobre que paga honorários exorbitantes; e em outros momentos se recusasse a abandonar sua garrafa por conta de seus compromissos independentemente da importância das pessoas que o foram procurar ou do perigo em que elas se encontram; se ele fosse

---

1 Trata-se da doação feita por John Radcliffe (1650-1714), médico que legou sua fortuna para a Universidade Oxford. (N. T.)

Ensaio sobre a caridade e as escolas de caridade

grosseiro e arisco, afetado, tratando seus pacientes como cachorros, mesmo que fossem pessoas distintas, e não apreciasse senão os que o deificam, sem nunca duvidar da certeza de seus oráculos; se insultasse todo mundo, afrontasse a mais alta nobreza e estendesse sua insolência até a família real; se para manter e aumentar a fama de seu talento, desprezasse consultar seus superiores, por mais grave que fosse o caso, olhando de cima, com desdém, os mais renomados de sua profissão, e nunca conferisse com nenhum outro médico senão os que desejam prestar homenagem ao seu gênio superior, adulando-o, curvados, e nunca o abordando senão com a mais servil obsequiosidade que um cortesão bajulador pode tratar um príncipe; se um homem ao longo de sua vida mostrasse, de um lado, tais sintomas de orgulho superlativo e ao mesmo tempo uma avidez insaciável por riqueza e, de outro, nenhuma consideração pela religião ou afeição pelos que lhe têm algum parentesco, nem nenhuma compaixão pelos pobres e praticamente nenhuma humanidade pelos de sua espécie; se não demonstrasse nenhum amor pelo seu país, nenhum interesse público, nenhum amor pelas artes, pelos livros, pela literatura, o que pensar de suas motivações, do princípio a partir do qual ele age, quando, após sua morte, descobrimos que deixou uma ninharia a seus parentes necessitados e um imenso tesouro a uma universidade que não precisava disso? //

Seja um homem tão caridoso quanto possível que não teve confiscada sua razão ou bom senso; o que mais ele pode pensar sobre esse médico famoso senão que agiu, tanto na composição de seu testamento quanto em tudo o mais, para satisfazer sua paixão dileta, adulando sua vaidade com seu feliz estratagema? Quando este pensou nos monumentos e inscrições, com todas

A fábula das abelhas

as oferendas de louvor, que lhe seriam dedicados, e, sobretudo, no tributo anual de agradecimento, reverência e veneração que seria prestado em sua memória com tamanha pompa e solenidade; quando considerou que o engenho e a invenção em todas essas manifestações seriam assolados; a arte e a eloquência, esquadrinhadas para descobrir encômios condignos com o espírito público, a munificência e a dignidade do benfeitor e com a engenhosa gratidão de seus recebedores; quando pensou, dizia eu, e considerou todas essas coisas, sua alma ambiciosa deve ter sido tomada de um enorme êxtase de prazer, especialmente quando se pôs a ruminar sobre a permanência de sua glória e a perpetuidade que por esses meios seu nome granjearia. As opiniões caridosas são amiúde estupidamente falsas; quando os homens morrem e se vão, deveríamos julgar suas ações como fazemos com os livros, sem ofender sua inteligência nem a nossa. O *Esculápio britânico* foi inegavelmente um homem sensato, e se tivesse sido influenciado pela caridade, pelo espírito público, pelo amor ao conhecimento, se tivesse almejado o bem da humanidade em geral, ou de sua própria profissão em particular, e agido a partir de qualquer um desses princípios, nunca poderia ter feito tal testamento; pois tamanha riqueza poderia ser mais bem administrada, e um homem com muito menos capacidade teria encontrado várias formas melhores de dispor desse dinheiro. Mas, se consideramos que foi inegavelmente **265** tão orgulhoso // quanto sensato, e dado que nos é permitido apenas conjeturar que essa extraordinária doação procedeu de tal motivo, descobriremos então a excelência de seus dotes e seu conhecimento consumado do mundo; pois, se um homem desejasse se tornar imortal, eternamente louvado e deificado após sua morte, e ter todo o reconhecimento, honras e sau-

Ensaio sobre a caridade e as escolas de caridade

dações prestadas à sua memória, que até a vanglória desejaria, não creio que a habilidade humana pudesse inventar método mais eficaz. Tivesse seguido nas forças armadas, participado de 25 cercos e de tantas outras batalhas, com a bravura de um Alexandre, expondo sua vida e integridade física a todas as fadigas e perigos da guerra em cinquenta campanhas sucessivas; ou tivesse se devotado às musas, sacrificado seus prazeres, seu descanso e sua saúde à literatura, e passado todos os seus dias em estudos laboriosos e nas fainas do conhecimento; ou, ainda, tivesse abandonado todo interesse mundano, fosse destacado na probidade, temperança e austeridade da vida, fincando para sempre os pés no mais rígido caminho da virtude, não teria podido assegurar tão eficazmente a eternidade de seu nome depois de uma vida voluptuosa e da gratificação sensual de suas paixões, como conseguiu fazer, sem nenhum incômodo ou abnegação, valendo-se apenas da escolha da disposição de seu dinheiro quando fosse forçado a se separar dele.

Um rico avarento completamente egoísta e que quisesse receber os rendimentos de seu dinheiro mesmo após sua morte não tem o que fazer senão defraudar seus parentes e deixar seus bens para uma universidade famosa: são os melhores mercados para a compra da imortalidade ao custo de pouco mérito; nelas o conhecimento, o engenho e a acuidade são o incremento e, quase diria, a manufatura própria do lugar. Nelas os homens aprendem a fundo a natureza humana e conhecem aquilo que falta a seus benfeitores; lá extraordinários subsídios sempre encontrarão uma extraordinária recompensa, e conforme a dimensão da doação é que se medem os louvores, seja o doador um médico, seja um funileiro, // uma vez extintas as testemunhas vivas que poderiam fazer troça dele. Nunca penso num

A fábula das abelhas

aniversário de ação de graças decretado para um grande homem sem que me lembre das curas milagrosas e de outras coisas surpreendentes que serão ditas sobre ele daqui a cem anos, e ouso prognosticar que, antes do fim do presente século, serão forjadas histórias em seu favor (pois os retóricos nunca estão sob juramento) que serão tão fabulosas quanto pelo menos qualquer lenda dos santos.

Nada disso foi ignorado por nosso sutil benfeitor; conhecia as universidades, seus grandes talentos e suas políticas; a partir do que anteviu e soube que o incenso que lhe seria ofertado não cessaria com a geração presente nem com as futuras, pois não apenas duraria o espaço irrisório de trezentos ou quatrocentos anos, mas continuaria a lhe ser prestado ao longo de todas as mudanças e revoluções de governo e religião, enquanto a nação subsistir e a própria ilha permanecer.

É deplorável que o orgulho tenha tantas tentações para lesar seus legítimos herdeiros. Pois, quando um homem que vive com tranquilidade e em afluência, transbordando de vanglória e animado em seu orgulho pelas pessoas mais ilustres de uma nação polida, tem uma segurança infalível *in petto* das permanentes homenagens e adorações a suas *manas*, que serão prestadas de maneira tão extraordinária, ele é como um herói em combate que, ao se regozijar em sua própria imaginação, saboreia toda a felicidade do entusiasmo. Faz com que ele renasça na doença, alivia-o na dor e resguarda-o ou impede-o de perceber todo os terrores da morte e as mais tristes apreensões do porvir.

Se dissessem que, por ser tão severo e examinar a fundo as questões em geral e as consciências com tamanha minúcia, isso **267** irá dissuadir as pessoas de despender seu // dinheiro desse jeito;

Ensaio sobre a caridade e as escolas de caridade

e também que, seja qual for o dinheiro e o motivo do doador, é melhor deixá-lo decidir, pois quem recebe o benefício de qualquer forma sai ganhando, eu não repudiaria tal alegação, mas, na minha opinião, não é injúria ao público quando se impede os homens de acumular excessiva riqueza sob a forma de capital estocado do reino. Para fazer a sociedade feliz, precisaria haver uma ampla desproporção entre sua parte ativa e inativa, e, onde isso não é levado em conta, a profusão de presentes e doações pode se tornar excessiva e prejudicial à nação. Onde a caridade é muito disseminada, raramente deixa de promover a preguiça e a indolência, e numa coletividade só serve para criar zangões e destruir a indústria. Quanto mais construírem colégios e asilos de pobres, mais disso você terá. Os primeiros fundadores e benfeitores podem ter tido intenções justas e boas, e talvez desejassem, em vista de suas próprias reputações, parecer contribuir com os propósitos mais louváveis, mas os executores testamentários e os administradores que vieram depois deles tinham opiniões muito diferentes, e raramente vemos instituições de caridade voltadas por muito tempo para aquilo que se pretendiam inicialmente. Não tenho nenhum plano que seja cruel nem o menor intuito com cheiro de desumanidade. Ter hospitais em quantidade suficiente para enfermos e feridos, considero um dever indispensável na paz e na guerra: crianças sem pais, idosos sem auxílio e todos os impossibilitados de trabalhar deveriam ser cuidados com atenção e alacridade. Mas assim como, de um lado, eu não gostaria de descuidar de nenhum desamparado e realmente necessitado, não sendo responsável por sua própria condição; não gostaria também, por outro lado, de encorajar a mendicância ou a preguiça dos pobres: todos que de alguma forma fossem capazes deveriam trabalhar; mesmo

A fábula das abelhas

os enfermos deveriam ser escrutinados; empregos poderiam ser encontrados para a maioria de nossos aleijados e para muitos que são incapacitados ao trabalho pesado, bem como os cegos, sempre que // sua saúde e vigor lhes permitir. O assunto em que me detive me leva naturalmente a essa espécie de distração a que a nação se submeteu durante um tempo: a paixão entusiasta pelas escolas de caridade.

A generalidade das pessoas está tão encantada com a utilidade e excelência dessas instituições que quem quer que ouse abertamente se lhes opor corre o risco de ser apedrejado pela ralé. As crianças que aprendem os princípios da religião e que sabem ler a palavra de Deus têm tamanha oportunidade para se aperfeiçoar na virtude e na boa moralidade, devendo ser certamente mais civilizadas do que outras, que estão sujeitas a perambular e não contar com ninguém que zele por elas. Quão perverso deve ser o juízo daqueles que gostariam de ver crianças, em vez de decentemente vestidas, com roupa limpa pelo menos uma vez por semana e que, bem-arrumadas, vão com seu mestre à igreja, em vez de locais públicos na companhia de canalhas descamisados, ou com qualquer peça que os cubra, e que, insensíveis à miséria delas, estão continuamente a aumentando com ofensas e imprecações! Pode alguém duvidar de que aqui se encontra o grande viveiro de ladrões e assaltantes? Uma quantidade absurda de bandidos e outros criminosos foi por nós julgada e condenada a cada sessão do tribunal! Mas as escolas de caridade impedirão que isso aconteça, e quando os filhos dos pobres receberem uma boa educação, em poucos anos a sociedade colherá os frutos desse benefício, e a nação estará depurada de tantos celerados que atualmente se abarrotam nessa grande cidade e em todo o país.

Ensaio sobre a caridade e as escolas de caridade

269   Tal é a queixa generalizada, e quem diz uma mísera // palavra contra isso não é caridoso; é insensível e desumano, quando não um infeliz cruel, ímpio e ateu. Que se trata de uma imagem graciosa, não há o que discutir, mas não gostaria que uma nação pagasse tão caro por um prazer tão passageiro; se pusermos de lado os enfeites da cena, todas as coisas relevantes nesse discurso em voga precisariam logo prestar esclarecimento.

Quanto à religião, a parte mais douta e polida da nação é a que menos a tem; para fazer trapaceiros a esperteza conta mais do que a estupidez; e em nenhum lugar o vício é mais predominante do que onde as artes e ciências florescem. A ignorância, segundo um provérbio, é considerada a mãe da devoção, e é certo que a inocência e a honestidade são mais generalizadas entre os mais iletrados e os pobres imbecis que vivem no campo. O que é preciso considerar em seguida são os costumes e a civilidade que devem ser implantados pelas escolas de caridade nos pobres da nação. Na minha opinião, admito que possuir em algum grau essa qualidade que nomeei é uma

270   frivolidade, // quando não um malefício; para o trabalhador pobre, nada pode ser menos necessário. Deles não esperamos cumprimentos, mas trabalho e assiduidade. Mas abro mão, de coração, dessa questão; os bons costumes, digamos assim, são necessários a todas as pessoas, mas de que modo são adquiridos nas escolas? Os meninos podem muito bem aprender a tirar o gorro indiscriminadamente a todos que encontrarem, a não ser que se trate de um mendigo: mas, que consigam adquirir alguma civilidade que vá além disso, não posso crer.

O mestre não é muito qualificado, como se pode supor pelo seu salário, e ainda que os pudesse ensinar a ter boas maneiras, não tem tempo para isso: enquanto estão na escola, aprendem

A fábula das abelhas

ou recitam sua lição, ou dedicam-se à escrita ou à aritmética, e assim que finda a aula, estão tão livres quanto as outras crianças pobres. Os preceitos e os exemplos dos pais, bem como aquilo que comem, bebem, falam, têm uma influência sobre as mentes dos filhos; pais réprobos, que fazem péssima comida e que não cuidam de seus filhos, não terão uma progenitura polida e civilizada, mesmo que recorressem a uma escola de caridade até que os filhos estivessem casados. As pessoas honradas e trabalhadoras, por mais pobres que sejam, quando têm alguma noção de bondade e decência, submeterão os filhos ao respeito e nunca tolerarão que estes perambulem pelas ruas nem que durmam fora de casa. Os que trabalham e têm autoridade sobre os filhos conseguem para estes uma ou outra atividade remunerável, por pouco que seja, assim que estiverem em condições; e os que são tão ingovernáveis que nem as palavras nem os tabefes conseguem agir sobre eles, não serão corrigidos por nenhuma escola de caridade; mais que isso, a experiência nos ensina que, entre os garotos dessas escolas, há muitos perversos que praguejam e blasfemam e que, não fosse // por suas roupas, seriam como qualquer escroque jamais produzido em Tower Hill ou em Saint James.

Chego agora ao enorme número de crimes e à vasta multidão de malfeitores atrubuídos à falta dessa notável educação. É inegável a abundância de furtos e roubos diariamente cometidos na cidade de Londres e nos seus arredores, bem como a grande quantidade de pessoas anualmente condenadas à morte por esses crimes. Mas como esse ponto é sempre invocado quando a utilidade das escolas de caridade é posta em questão, como se não fosse discutível se elas são realmente um remédio

Ensaio sobre a caridade e as escolas de caridade

para essas desordens e, ao longo do tempo, para impedi-las, pretendo examinar as verdadeiras causas desses malfeitos, de que se queixam tão justamente, e não tenho dúvida de que isso mostrará que as escolas de caridade, e tudo mais que promove a indolência e afasta os pobres do trabalho, são mais cúmplices do aumento da vilania do que a falta de leitura ou escrita, ou, até mesmo, do que a mais tosca ignorância e estupidez.

Aqui é preciso que eu interrompa minha exposição para evitar as queixas de algumas pessoas impacientes que, ao lerem o que acabei de dizer, vão vociferar que, longe de encorajar a indolência, elas ensinam a suas crianças carentes algum tipo de trabalho manual, algum ofício e toda forma de trabalho honrado. Prometo-lhes que levarei isso em conta daqui em diante e que responderei a isso sem omitir a menor coisa que possa ser dita em seu favor.

Numa cidade populosa, não é difícil que um jovem ladino, misturado na multidão, com mãos pequenas e dedos ágeis, afane um lenço ou uma caixa de rapé de um homem que está pensando em seus negócios e esquece dos seus bolsos. O sucesso em crimes pequenos raramente deixa de ser o início de crimes maiores, e quem impunemente bate carteira aos 12 anos provavelmente se torna um arrombador aos 16, e um ladrão consumado antes dos 20. Os que são cautelosos e ousados, que não bebem, podem cometer uma infinidade de malfeitos até serem // descobertos; e esse é um dos maiores inconvenientes de cidades grandes e populosas como Londres ou Paris, que abrigam velhacos e vilões como insetos nos celeiros; são um perpétuo refúgio para as piores pessoas, locais seguros para milhares de criminosos que cotidianamente cometem roubos e arrombamentos e, no entanto, mudando frequentemente de

A fábula das abelhas

endereço, conseguem se esconder por muitos anos e talvez escapem para sempre das mãos da justiça a não ser que por acaso sejam pegos no ato. E quando são capturados, se as provas não são muito claras, de algum modo insuficientes, e os testemunhos não são muito convincentes, os jurados e juízes são tomados de compaixão; os promotores, embora de início sejam enérgicos, frequentemente se compadecem antes que se inicie o julgamento: poucos homens preferem a segurança pública à sua própria tranquilidade; um homem de bom coração não se reconcilia facilmente consigo mesmo por tirar a vida de outro, ainda que este tenha merecido a forca. Ser a causa da morte de quem quer que seja, ainda que a justiça o exija, é o que mais assusta a maioria das pessoas, especialmente os homens de consciência e probidade, quando lhes falta juízo ou resolução; e tal é a razão pela qual escapam milhares que merecem a pena capital, como também para que existam tantos delinquentes que ousadamente se aventuram, na esperança de que, se forem pegos, tenham a mesma sorte de conseguir escapar.

Mas se os homens imaginassem e estivessem plenamente persuadidos de que, tão certos de que cometeram algo que merece a forca, seriam também seguramente enforcados, as execuções seriam muito mais raras, e o gatuno mais desesperado praticamente se enforcaria assim que arrombasse uma casa. Raramente a estupidez e a ignorância são características de um ladrão. Assaltos nas grandes vias e outros crimes ousados são, em geral, perpetrados por velhacos dotados de espírito e gênio, e vilões afamados são comumente sujeitos astutos e sutis, // muito versados nos métodos jurídicos e familiarizados com cada meandro da lei que lhes possa ser útil; não ignoram a menor falha na acusação e sabem como tirar vantagem

Ensaio sobre a caridade e as escolas de caridade

do menor deslize nas provas e em tudo aquilo que lhes possa servir para libertá-los.

Diz um ditado poderoso que é melhor que quinhentas pessoas culpadas escapem do que uma pessoa inocente condenada. Essa máxima é verdadeira apenas em relação à posteridade e ao outro mundo, mas é muito falsa em relação ao bem-estar temporal da sociedade. É uma coisa terrível condenar um homem à morte por um crime de que não é culpado; no entanto, apesar de toda a sabedoria dos juízes e da consciência dos jurados, as circunstâncias podem se reencontrar tão estranhamente numa infinidade de acidentes que é possível que isso ocorra. Mas, quando os homens se esforçam para evitá-lo com todo cuidado e precaução de que a prudência humana é capaz, tal infortúnio talvez aconteça uma ou duas vezes a cada dez anos, sob a condição de que durante todo esse tempo a justiça seja administrada com todo o rigor e severidade e não se tolere que nenhuma pessoa culpada escape impune; isso seria de grande serventia à nação, não apenas para a segurança da propriedade de cada um e a paz da sociedade em geral, mas também para a proteção da vida de centenas de pessoas, quando não milhares de miseráveis indigentes, que são diariamente enforcados por ninharias, e que nunca teriam atentado contra a lei, ou, ao menos, não se arriscariam a cometer crimes capitais, se a esperança de serem soltos, caso fossem pegos, não fosse o motivo que animou sua resolução. Portanto, onde as leis são claras e severas, todos os descuidos na execução destas, a leniência de jurados e a recorrência de indultos são, no fundo, uma crueldade muito maior com um Estado ou reino // populoso do que o uso dos mais refinados ecúleos e tormentos.

A fábula das abelhas

Outra grande causa desses males deve ser procurada na falta de precaução dos que são roubados e nas muitas tentações que são oferecidas. Inúmeras famílias são muito remissas ao cuidar da segurança de suas casas; uns são roubados pelo descaso dos criados, outros por terem regateado o preço das trancas e fechaduras. O bronze e o zinco são dinheiro contado e podem ser encontrados por toda a casa; talvez a prata e o dinheiro vivo estejam mais protegidos, mas uma tranca ordinária se abre com facilidade tão logo um patife adentre.

É evidente, pois, que muitas causas diferentes concorrem e outros tantos males possíveis de se evitar contribuem para o infortúnio de ser empestado de larápios, ladrões e salteadores, que todos os países sempre tiveram e terão, mais ou menos, dentro e nas redondezas de cidades importantes, especialmente nas cidades grandes e muito populosas. A oportunidade faz o ladrão: o descuido e a negligência em fechar as portas e janelas, a excessiva brandura do júri e de promotores, a facilidade de conseguir um adiamento e a recorrência dos indultos, mas, sobretudo, os muitos exemplos daqueles sabidamente culpados, desprovidos tanto de amigos quanto de dinheiro, e que, no entanto, aliciando o júri, desconcertando as testemunhas, entre outros truques e estratagemas, descobrem meios para escapar da forca. São tentações poderosas que conspiram para atrair os necessitados, aos quais faltam princípios e educação.

A essas causas pode-se ainda acrescentar, como fatores auxiliares, o hábito da preguiça e da indolência, a forte aversão ao trabalho e à assiduidade, que todas as pessoas jovens contrairão se não forem verdadeiramente educadas para trabalhar ou, pelo menos, mantidas ocupadas durante a maioria dos dias da semana e a maior parte do dia. Todas as crianças desocu-

Ensaio sobre a caridade e as escolas de caridade

padas, mesmo as melhores de qualquer um dos sexos, são más companhias umas para as outras sempre que se encontram. //

Não é, portanto, o fato de não saber ler e escrever, mas a concorrência e a complicação de males mais graves que, nas nações grandes e opulentas, são o criadouro perpétuo de libertinos perdidos; e se alguém quiser acusar a ignorância, a estupidez e a covardia de serem a causa primeira, aquilo que os médicos chamam de causa procatártica, examine as vidas e inspecione detidamente as conversações e ações de patifes e dos nossos gatunos usuais, para então descobrir que o contrário disso é que é verdadeiro, e que a culpa deveria antes ser atribuída à astúcia e à sutileza extremas e ao excesso de conhecimento em geral que possuem os piores celerados e a escumalha da nação.

A natureza humana é em toda parte a mesma: o talento, o engenho e os dons naturais são sempre aguçados pelo seu uso, e podem ser aperfeiçoados tanto pela prática da mais baixa vilania quanto pelo exercício da indústria ou da mais heroica virtude. Não há nenhuma posição social em que o orgulho, a emulação e o amor à glória não possam se manifestar. Um jovem batedor de carteiras, que faz troça do promotor furioso e que com destreza adula o velho magistrado para persuadi-lo de sua inocência, é invejado por seus iguais e admirado por toda a confraria. Os velhacos têm as mesmas paixões a satisfazer que os outros homens, e estimam a honra e a fidelidade que cultivam entre si, bem como a coragem, a intrepidez e outras virtudes varonis, tanto quanto as pessoas de melhor profissão; e nas empreitadas ousadas, a resolução de um ladrão pode ser sustentada pelo seu orgulho tanto quanto a de um soldado honesto que luta por seu país.

A fábula das abelhas

Os males de que nos queixamos se devem a causas muito distintas das que atribuímos. Os homens podem ser muito instáveis nos seus sentimentos, quando não // incoerentes consigo mesmos, a ponto de empunhar, por vezes, o conhecimento e o aprendizado como os meios mais adequados para promover a religião e, por outras, que a ignorância é a mãe da devoção.

Mas se as razões alegadas para essa educação generalizada não são verdadeiras, a que se deve o fato de os grandes e pequenos reinos serem tão unanimemente seus entusiastas? Não há nenhuma conversão miraculosa a ser percebida entre nós, nenhuma inclinação universal à bondade e à moralidade que se tenha espalhado repentinamente por esta ilha; a maldade que há é a mesma de sempre; a caridade continua sendo fria e a verdadeira virtude, rara. O ano de 1720[2] foi tão prolífico em vilania profunda, tão marcado por crimes interessados e maldades premeditadas, quanto qualquer outro século que se possa assinalar; crimes esses que não foram cometidos por velhacos pobres e ignorantes que não sabiam ler nem escrever, mas por pessoas da melhor espécie tanto em riqueza quanto em educação, e a maioria delas tem grande domínio em aritmética, gozando de reputação e esplendor. Dizer que, quando uma coisa está em voga, a multidão segue o clamor comum, que as escolas de caridade estão na moda da mesma maneira que as anáguas de arame, por puro capricho, e que não se dá mais razão a uma do que a outra, receio que não satisfaça os curiosos e, ao mesmo tempo, tenho fortes dúvidas de que muitos dos meus leitores atribuam grande peso ao que eu possa acrescentar.

---

2 Ano em que as ações da Companhia dos Mares do Sul despencaram na Bolsa de Londres. (N. T.)

Ensaio sobre a caridade e as escolas de caridade

A verdadeira fonte dessa balbúrdia atual é certamente muito abstrusa e recôndita, mas aquele que oferece um mínimo de luz em questões de grande obscuridade presta um belo serviço aos investigadores. Tendo a admitir // que o projeto inicial dessas escolas era bom e caridoso, mas para saber o que as fez se expandir de modo tão extravagante e quem são agora seus principais promotores, devemos conduzir nossa investigação para outro caminho, dirigindo-nos para os rígidos partidários, zelosos de sua causa, sejam episcopais ou presbiterianos; mas como estes são apenas uma pobre mímica daqueles, embora sejam igualmente perniciosos, vamos nos restringir à Igreja Nacional e dar uma volta por uma paróquia que ainda não teve a felicidade de ser abençoada por uma escola de caridade. Mas aqui minha consciência me obriga a pedir perdão ao meu leitor pela dança cansativa a que vou lhe conduzir, caso pretenda me acompanhar, e, portanto, desejo que ele ou jogue fora o livro e me abandone, ou que se arme com a paciência de Jó para suportar todas as impertinências da baixaria, da hipocrisia e do palavrório que encontrará antes mesmo de percorrer metade da estrada.

De início, tomemos os jovens comerciantes, que não possuem sequer metade do negócio que desejariam e, consequentemente, têm tempo livre. Se tal principiante tem apenas um pouco mais de orgulho do que o usual e gosta de se intrometer, logo se mortifica na reunião administrativa da sacristia, onde homens ricos e bem posicionados desde há muito, ou, ainda, onde trapaceiros petulantes e falastrões obstinados, que obtiveram o título de homens notáveis, comumente fazem pender a balança. Seu estoque de mercadorias e talvez seu crédito são insignificantes, mas ainda assim encontra dentro de si uma

A fábula das abelhas

forte inclinação para governar. Um homem com essas características considera drasticamente lamentável que não haja uma escola de caridade nessa paróquia: primeiramente, expressa seus pensamentos para dois ou três de seus conhecidos, que fazem o mesmo com outros, e em um mês não se fala de outra coisa na paróquia. Todo mundo passa a inventar discursos e argumentos em favor desse propósito de acordo com suas habilidades – "É uma vergonha descabida", diz um deles, "ver tantos pobres que não conseguem educar seus filhos, e nada é feito por // eles quando temos aqui tantos ricos". "Você fala dos ricos", responde outro, "eles são os piores: precisam de tantos criados, coches e cavalos; são capazes de despender centenas e, alguns até, milhares de libras em joias e mobílias, mas não gastam um xelim com uma pobre criatura necessitada; quando se lhes fala de modas e estilos, escutam com muita atenção, mas são deliberadamente surdos às súplicas dos pobres." "Com efeito, meu caro", replica o primeiro, "você tem toda razão, e não creio que haja na Inglaterra uma paróquia voltada para a caridade pior do que a nossa. Pessoas como você e eu fariam bem se estivesse em nosso poder, mas, dentre os que podem fazer, muito poucos o querem."

Outros, mais violentos, incumbem pessoas particulares e inventam calúnias sobre cada homem rico que os desagrada, e mil histórias enfadonhas a favor da caridade são trazidas à baila e comunicadas para difamar os melhores. Enquanto isso circula por toda a vizinhança, aquele que primeiro encetou esses pensamentos pios se regozija ao ouvir que tantos aderiram a ele, e não se faz de modesto por ser a causa primeira de tanta conversa e agitação; mas se nem ele nem seus mais íntimos são suficientemente consideráveis para alavancar tal coisa, é preciso

Ensaio sobre a caridade e as escolas de caridade

encontrar alguém que tenha uma participação maior; é preciso dirigir-se a essa pessoa mostrando-lhe a necessidade, a bondade, a utilidade e o quão cristão é o projeto; em seguida, é preciso bajulá-la: "Com efeito, meu senhor, se você abraçasse essa causa, ninguém teria maior influência sobre os melhores desta paróquia do que você mesmo: uma palavra sua e estou certo de que seria empreendido; se você, meu senhor, levar isso a sério, eu consideraria, meu senhor, a coisa como feita". Se por meio dessa retórica conseguirem atrair um velho tolo ou alguma convencida pessoa ocupada, que seja rica, ou pelo menos reputada como tal, a coisa começará a ser factível e será debatida entre os superiores. O pároco ou seu capelão e o diácono exaltarão o pio projeto em toda parte. // Os primeiros promotores, enquanto isso, são infatigáveis: se tivessem algum vício declarado, ou o sacrificariam por amor à reputação, ou ao menos se tornariam mais cautelosos e aprenderiam a fazer o hipócrita, sabendo perfeitamente que ser malvado ou conhecido por enormidades não é coerente com o zelo que se espera em obras de supererrogação e excessiva piedade.

Aumentando o número desses patriotas desprezíveis, eles formam uma associação e definem os dias de encontro, em que todo mundo, escondendo seus vícios, tem liberdade para exibir seus talentos. A religião é o tema, ou antes, a miséria dos tempos ocasionada pelo ateísmo e pela profanidade. Homens respeitáveis, que vivem em esplendor, e as pessoas prósperas, que têm muitos negócios para lidar por conta própria, raramente são vistos entre os participantes. Homens sensatos e também educados, se não têm nada para fazer, procuram em geral uma distração melhor. Todos os que têm objetivos mais elevados serão facilmente desculpados por se ausentarem,

A fábula das abelhas

embora tenham que contribuir, ou terão que levar uma vida maçante na paróquia. Dois tipos de pessoas comparecem voluntariamente: devotos fiéis, que têm boas razões para isso *in petto*, e pecadores espertalhões, que consideram meritória sua atitude e têm a esperança de que isso expie seus pecados e de que Satã desista deles a um preço baixo. Alguns comparecem para salvar sua reputação, outros para recuperá-la, conforme a tenham perdido ou temam perdê-la. Outros, ainda, fazem-no por prudência para aumentar seu comércio e estabelecer contatos, e muitos admitiriam, se ousassem ser sinceros e falar a verdade, que nunca se sentiram concernidos com esses encontros senão para se tornarem mais conhecidos na paróquia. Os homens sensatos, que veem essa tolice e não têm nada a temer, são persuadidos a tomar parte para que não se lhes considerem excepcionais ou para não contrariar todo mundo; mesmo os que de início estão decididos a declinar, apenas um em cada dez, são apoquentados e importunados até que finalmente condescendam. A despesa // sendo calculada pela maioria dos habitantes, dada sua insignificância, é outro argumento de peso; muitos são atraídos a se tornarem contribuintes, sem o que fariam frente e se oporiam energicamente a todo o esquema.

Os cargos administrativos são compostos por gente da classe média, e muitos abaixo desta são empregados se a presteza de seu zelo puder compensar a inferioridade de sua condição. Se perguntassem a esses dignos dirigentes por que tomam a seu cargo tanto aborrecimento, em detrimento de seus negócios particulares, e desperdiçam seu tempo, um de cada vez ou todos de uma vez só, unanimemente responderiam que é o respeito que têm pela religião e pela igreja, o prazer de contribuir para o bem e o eterno bem-estar de tantos pobres ino-

Ensaio sobre a caridade e as escolas de caridade

centes que, muito provavelmente, seriam levados à perdição nesses tempos cruéis de escarnecedores e livres-pensadores. Eles não têm nenhum pensamento interessado; mesmo os que negociam e fornecem o que falta a essas crianças não têm a menor intenção de tirar proveito do que vendem para uso delas, e embora em tudo o mais sua avareza e avidez pelo lucro sejam deslumbrantemente conspícuas, nesse negócio em especial estão complemente despojados do egoísmo e de fins mundanos. Um motivo, acima de todos os outros, que não é de pouca monta para a maioria dos envolvidos, mas que deve ser cuidadosamente ocultado, é a satisfação de mandar e dirigir. Há um som melódico na palavra "governo" que encanta as pessoas medíocres: todos admiram a influência e a superioridade, até mesmo o *imperium in belluas*[3] tem seus deleites; há um prazer em governar qualquer coisa, e é principalmente isso o que sustenta a natureza humana dos mestres de escola na sua tediosa escravidão. Mas se há uma mínima satisfação em governar crianças, então governar os próprios mestres de escola deve ser arrebatador. // Como são belas as coisas ditas e talvez escritas ao diretor quando há um novo mestre de escola a ser nomeado! Como causam comichão os elogios e como deve ser agradável não deixar transparecer o servilismo da bajulação, a falta de graça das expressões ou o pedantismo do estilo!

Aqueles que sabem examinar a natureza sempre descobrem que o que essas pessoas mais alegam é o menor motivo e que o que negam por completo é o maior de todos. Nenhum hábito ou qualidade é mais facilmente adquirido do que a hipocrisia, e nada se aprende mais rápido do que negar os sentimentos

---

3 Terêncio, *O eunuco*, v. 415: "o poder sobre as bestas". (N. T.)

A fábula das abelhas

de nosso coração e o princípio a partir do qual agimos; mas as sementes de toda paixão nos são inatas e ninguém vem ao mundo sem elas. Se atentarmos para os passatempos e recreações das crianças, constataremos que nada é mais comum nelas, a todas que se submetem, do que se deleitar brincando com gatinhos e cachorrinhos. O que as faz sempre arrastar e puxar as pobres criaturas por toda a casa não procede senão do fato de poder fazer com elas o que quiserem, colocando-as na posição e segundo a forma que lhes ocorre, e o prazer que recebem com isso se deve originalmente ao amor à dominação e ao temperamento usurpador com que toda humanidade nasce.

Quando essa grande obra é empreendida e efetivamente realizada, a alegria e a serenidade parecem se espalhar no rosto de todo habitante, o que, para também ser explicado, requer que eu faça uma breve digressão. Por toda parte há pessoas lamentavelmente desleixadas que costumam ser vistas sempre em farrapos e sujas; em geral nós as consideramos criaturas miseráveis e, a não ser que tenham algo de muito notável, quase não as notamos; no entanto, entre elas há homens bonitos e bem formados, assim como entre os que lhes são superiores. Mas se um deles se torna soldado, que grande mudança para melhor é nele observada, assim que põe seu casaco vermelho; como nos parece // elegante com seu gorro de granadeiro e sua grande espada de munição! Todos que o conheciam antes estão chocados com outras ideias sobre suas qualidades, e o juízo que homens e mulheres formam a seu respeito é muito diferente do que tinham antes. Algo análogo se passa quando vemos crianças de escolas de caridade; há uma beleza natural na uniformidade que deleita a maioria das pessoas. É uma gratificação para os olhos ver crianças bem combinadas, meninos e meninas, marchando

Ensaio sobre a caridade e as escolas de caridade

de dois em dois ordenadamente; ter todas elas acertadas, com a mesma roupa e guarnição, contribui para a graciosidade da cena; e o que torna isso ainda mais atrativo é a participação imaginária que, mesmo os serviçais e os mais humildes da paróquia, têm aí sem que lhes custe nada: "nossa igreja paroquial!", "nossas crianças das escolas de caridade!". Em tudo isso há um laivo de propriedade que afaga todo aquele que se sente no direito de fazer uso dessas palavras, mas sobretudo aqueles que contribuem efetivamente e que tiveram grande participação na realização da obra pia.

É difícil imaginar que os homens conheçam tão pouco seu coração e sejam tão ignorantes de seu estado interior que confundam fragilidade, paixão e entusiasmo por bondade, virtude e caridade; no entanto, nada é mais verdadeiro do que a satisfação, a alegria e o enlevo que sentem pelas razões que dei, tomando esses juízos miseráveis como princípios de piedade e religião. Quem quer que considere o que eu disse nas últimas duas ou três páginas e permita que sua imaginação perambule um pouco no que ouviu e viu sobre esse assunto estará fornido com razões suficientes, sem apelo a Deus e à verdadeira cristandade, para compreender por que as escolas de caridade estão numa voga tão inusitada e são tão unanimemente aprovadas e admiradas por pessoas de todas as classes e condições.

283 É um tema sobre o qual todo // mundo pode falar e conhecer a fundo; não há fonte mais inesgotável para mexericos e que proporcione tamanha variedade de conversas rasas em barcos de passeio e diligências. Se acaso um membro do conselho, dedicado mais do que o normal, em favor da escola ou do sermão de caridade, estiver junto, como as mulheres o elogiam, e como seu zelo e sua disposição caridosa são exaltados aos céus!

A fábula das abelhas

"Dou-lhe minha palavra, meu senhor", diz uma velha dama, "estamos todas muito agradecidas, e não creio que nenhum dos outros membros tenha tido muito interesse para trazer até nós um bispo; me disseram que foi por sua causa que Sua Eminência decidiu vir, mesmo não se sentindo muito bem." Ao que outra responde muito gravemente: "era dever dele fazer isso; nenhuma moléstia ou fadiga lhe importa se puder servir às crianças, pobres cordeirinhos!"; "com efeito", diz ele, "estava decidido a obter um par de mangas de cambraia,[4] embora, para tanto, eu tenha viajado a noite inteira, e estou muito contente por não ter desapontado".

Algumas vezes, fala-se da prórpia escola e de quem, em toda a paróquia, é o mais incumbido de construir uma: "a velha sala que ora abriga a escola está prestes a desmoronar; fulano tem um enorme patrimônio deixado por seu tio e, além disso, uma grande soma de dinheiro; mil libras não significariam nada para o seu bolso".

Em outras ocasiões, o tema trata das grandes multidões vistas em algumas igrejas e dos consideráveis montantes que são recolhidos; disso, por uma fácil transição, chega-se às habilidades, aos diferentes talentos e à ortodoxia dos clérigos. "O doutor *** é um homem de grandes dotes e muito erudito, e creio que seja muito devoto da igreja, mas não gosto dele para os sermões de caridade. Não há ninguém melhor no mundo do que ***; ele faz o dinheiro pular para fora do bolso dos ouvintes. Da última vez que pregou por nossas crianças, tenho certeza de que muitas pessoas deram mais do que pretendiam

---

4 No original *lawn sleeves*, peça de vestimenta dos bispos anglicanos; expressão usada também para salientar sua dignidade. (N. T.)

Ensaio sobre a caridade e as escolas de caridade

284 quando chegaram à igreja. // Pude ver isso em seus rostos, e me alegrei de coração."

Outro charme que torna as escolas de caridade tão fascinantes à multidão é a opinião geral, por ela estabelecida, de que não são apenas um benefício à sociedade na sua felicidade temporal, como também para o proveito da cristandade íntima, e exige que as erijamos para nosso bem-estar futuro. Elas são séria e fervorosamente recomendadas por todo o corpo do clero; e têm mais trabalho e eloquência despendidos sobre elas do que sobre qualquer outro dever cristão; não só por jovens párocos ou pobres seminaristas de pequena reputação, mas pelos mais eruditos de nossos prelados e pelos mais eminentes da ortodoxia, incluindo aqueles que não costumam se cansar em qualquer outra ocasião. Quanto à religião, não resta dúvida de que sabem o que nos é principalmente exigido e, consequentemente, mais necessário à salvação; já quanto ao mundo, quem compreenderia melhor o interesse do reino do que a sabedoria da nação, da qual os senhores espirituais são uma parte tão considerável? A consequência dessa sanção, em primeiro lugar, é que aqueles que com suas carteiras ou seu poder contribuem para o aumento ou manutenção dessas escolas se veem tentados a atribuir um mérito maior ao que fazem do que de outro modo conseguiriam supor que o merecem. Em segundo, que todos os demais, que não podem ou não querem de maneira nenhuma contribuir para essas escolas, têm, ainda assim, uma razão muito boa pela qual deveriam falar bem delas; pois embora seja difícil, nas coisas que sofrem interferência de nossas paixões, agir bem, sempre está em nosso poder querer bem, o que pode ser feito a um baixo custo. É difícil encontrar no vulgo supersticioso alguém tão perverso que, no seu apreço

A fábula das abelhas

pelas escolas de caridade, não imagine ver uma esperança de que seus pecados possam ser expiados, pelo mesmo princípio que permite aos mais viciosos serem reconfortados // com o amor e a veneração que dedicam à Igreja, e os maiores depravados encontrarem aí uma oportunidade para exibir a retidão de suas inclinações sem nenhum custo.

Mas se tudo isso não for estímulo suficiente para que os homens se levantem em defesa do ídolo de que falo, há um outro que vai infalivelmente subornar a maioria a advogá-lo. Todos nós amamos naturalmente triunfar, e todo aquele que se empenha por essa causa está certo da vitória, pelo menos nove em cada dez companhias. Deixem-no disputar com quem ele quiser; tendo em conta a especiosidade da pretensão e a maioria do seu lado, é um castelo, uma fortaleza inexpugnável em que nunca será derrotado; fosse o homem mais sóbrio e virtuoso sobre a Terra quem apresentasse todos os argumentos para provar o malefício que as escolas de caridade, ou pelo menos a multiplicidade delas, causam à sociedade, os quais indicarei mais adiante, argumentos esses mais fortes, contrários ao maior sacripanta do mundo, que apenas se valeria da ladainha habitual da caridade e da religião, a voga se oporia ao primeiro, que perde sua causa na opinião do vulgo.

O aumento e a origem de todo esse alvoroço e clamor, que assolam todo o reino em nome das escolas de caridade, baseiam-se principalmente nas fraquezas e paixões humanas; pelo menos é mais que possível que uma nação, que tivesse a mesma predileção e zelo pelas escolas, como constatados na nossa, não fosse, no entanto, incitada a tanto por nenhum princípio de virtude ou religião. Encorajado por essa consideração, atacarei com grande liberdade esse erro vulgar e me esforçarei para

Ensaio sobre a caridade e as escolas de caridade

tornar evidente que, longe de ser um benefício, essa educação forçada é perniciosa ao público, cujo bem-estar, que exige de nós um respeito superior por todas as outras leis e considerações, será a única desculpa que pretendo dar para diferir dos sentimentos atuais da // douta e reverenda congregação de eclesiásticos, arriscando-me francamente a negar aquilo que, como acabei de admitir, é abertamente afirmado pela maioria de nossos bispos, bem como pelo baixo clero. Como nossa igreja não pretende nenhuma infalibilidade, mesmo em questões espirituais, que são de seu domínio próprio, não podemos afrontá-la se imaginarmos que ela pode errar em assuntos temporais, que não estão tanto assim sob seus cuidados imediatos. Mas vamos ao que interessa.

Estando a Terra inteira amaldiçoada, e já que nenhum pão pode ser comido sem o suor do nosso rosto, muitas são as penas que o homem deve sofrer para conseguir suprir as necessidades de sua subsistência e o mero sustento de sua natureza corrupta e defeituosa, tomado como criatura isolada; mas é infinitamente mais penoso conseguir que a vida se torne confortável numa sociedade civil, onde os homens se tornaram animais ensinados, e a grande maioria deles, por contrato mútuo, estruturou-se num corpo político; e quanto maior o conhecimento do homem nesse estado, tanto maior será a variedade de trabalho exigida para seu conforto. É impossível que uma sociedade subsista por muito tempo e tolere que muitos de seus membros vivam na indolência e usufrua de todas as comodidades e prazeres que se possam inventar sem ter ao mesmo tempo grandes multidões de pessoas que, para compensar essa deficiência, condescendam a fazer exatamente

A fábula das abelhas

o contrário e, por costume e paciência, habituem seu corpo a trabalhar para os outros e também para si mesmos.

A abundância e a barateza de provisões dependem em grande medida do preço e do valor atribuídos a esse trabalho, e, consequentemente, o bem-estar de todas as sociedades, mesmo antes de serem contaminadas pelo luxo estrangeiro, exige que seja executado por membros que, em primeiro lugar, sejam fortes e robustos e nunca tenham se acostumado com conforto ou indolência; em segundo, que suas necessidades básicas sejam logo satisfeitas, contentando-se com o uso das mais grosseiras manufaturas em tudo aquilo que vestem; e, em sua dieta, que não tenham nenhum outro propósito além de alimentar seu corpo quando seu // estômago pede comida, sem dar importância ao gosto ou ao tempero; que não recusem nenhum alimento saudável que possa ser engolido quando estão famintos, ou não tenham nenhum outro propósito além de matar sua sede quando sedentos.

Como a maior parte da labuta deve ser feita durante o dia, é apenas por esse meio que efetivamente medem o tempo de seu trabalho, sem pensar nas horas em que estão empregados ou no cansaço que sentem; e o trabalhador diarista no campo deve se levantar de manhã não porque descansou bastante, mas porque o sol vai surgir. Só este último artigo já seria um sofrimento intolerável à pessoa adulta abaixo dos 30 que, em sua menoridade, se acostumou a ficar na cama dormindo todo tempo que podia: mas as três condições reunidas criam uma condição de vida que o homem mais brandamente educado dificilmente escolheria, ainda que com isso se livrasse da prisão ou de uma bruaca.

Ensaio sobre a caridade e as escolas de caridade

Se é preciso existir pessoas assim, já que nenhuma grande nação pode ser feliz sem grande quantidade delas, não deveria a sábia legislatura cultivar a procriação delas com todo cuidado imaginável e se prevenir contra sua escassez, tal como impediria a escassez das próprias provisões? Nenhum homem gostaria de ser pobre nem de se fatigar para sobreviver se o pudesse evitar; a necessidade absoluta que todos têm de comer e beber, e em climas frios de se vestir e se abrigar, faz com que se submetam a qualquer coisa que possam suportar; mas as maiores provações são vistas como prazeres sólidos quando afastam um homem da fome.

A partir do que foi dito, é evidente que numa nação livre, onde a escravidão não é permitida, a mais segura riqueza consiste numa multidão de trabalhadores pobres; pois, além de ser um viveiro infalível da marinha e do exército, sem eles não poderia haver nenhum prazer, e nenhum produto de nenhum país teria valor. Para tornar a sociedade // feliz e o povo tranquilo, sob as mais humildes circunstâncias, é necessário que um grande número de pessoas seja ignorante e também pobre. O conhecimento amplia e multiplica nossos desejos, e quanto menos coisas um homem desejar, mais facilmente suas necessidades podem ser supridas.

Portanto, o bem-estar e a felicidade de cada Estado e reino exigem que o conhecimento de trabalhadores pobres seja confinado nos limites de suas ocupações, e nunca se estenda (em relação às coisas visíveis) além do que está relacionado à sua profissão. Quanto mais um pastor, um lavrador ou qualquer campônio sabe sobre o mundo e sobre coisas alheias a seu trabalho ou emprego, menos estará em condições de suportar as fadigas e penúrias com alegria e contentamento.

A fábula das abelhas

Saber ler e escrever e conhecer aritmética são coisas muito necessárias àqueles cujos negócios exigem tais qualificações; mas onde a subsistência das pessoas não depende dessas artes, estas são muito perniciosas aos pobres, que são obrigados a conseguir o pão de cada dia pelo seu trabalho de cada dia. Poucas crianças fazem algum progresso na escola se forem capazes, ao mesmo tempo, de se dedicar a uma ou outra tarefa; de modo que cada hora que essas pobres pessoas passam com seus livros é um tempo perdido para a sociedade. Ir à escola, em comparação com qualquer trabalho, é indolência, e quanto mais os meninos permanecem nessa vida fácil, tanto mais estarão despreparados, quando crescerem, para o trabalho efetivo, tanto em força como em inclinação. Os homens que devem permanecer e terminar os seus dias numa posição social laboriosa, cansativa e penosa, tão logo sejam explorados desde o início, com mais paciência se lhe submeterão para sempre. O trabalho forçado e a má alimentação são o castigo apropriado para vários tipos de malfeitores, mas impô-los aos que não foram acostumados nem criados assim é uma enorme // crueldade quando não há crime de que se lhes possa acusar.

Não se aprende a ler e escrever sem algum trabalho do cérebro e sem assiduidade, e, antes mesmo que as pessoas estejam toleravelmente versadas numa dessas atividades, começam a estimar-se infinitamente acima daqueles que são completamente ignorantes, em geral, com tão pouca justiça e moderação como se fossem de outra espécie. Assim como todos os mortais têm naturalmente uma aversão ao incômodo e ao esforço, todos nós também gostamos e somos inclinados e aptos a superestimar as qualidades que conseguimos adquirir às expensas de nossa comodidade e tranquilidade durante anos. Os que passam a

Ensaio sobre a caridade e as escolas de caridade

maior parte de sua juventude aprendendo a ler, escrever e calcular esperam, não sem razão, estar empregados onde essas qualificações podem ter serventia; a maioria deles olhará com total desprezo o trabalho efetivo, quero dizer, o trabalho executado para servir os outros nas mais baixas condições sociais e com a mínima consideração. Um homem que teve alguma formação pode se dedicar à agricultura por gosto e ser diligente no mais sujo e penoso trabalho; mas, num tal caso, o negócio deve ser seu; e a avareza, o cuidado com a família ou outro motivo premente devem impeli-lo; mas ele não será um bom trabalhador diarista que serve a um fazendeiro por um retorno miserável; ou ao menos não será tão adequado a esse trabalho quanto um diarista que sempre se ocupou com o arado e o carrinho de esterco e que não se lembra se alguma vez viveu de outra forma.

Quando a obsequiosidade e a subserviência são necessárias, sempre observamos que elas nunca são executadas de modo tão alegre e voluntarioso do que quando são feitas pelos inferiores para com os superiores; digo inferiores não apenas em riquezas e atributos, mas também em conhecimento e inteligência. Um criado não pode ter nenhum respeito sincero por seu senhor quando tem discernimento suficiente para perceber que serve um tonto. Quando temos que aprender ou // obedecer, experimentamos em nós mesmos que, quanto maior for a opinião que temos sobre a sabedoria e capacidade daqueles que nos ensinam ou comandam, maior será a deferência que prestamos às suas leis e lições. Nenhuma criatura se submete com satisfação a seus iguais, e se um cavalo tiver tanto conhecimento quanto um homem, eu não desejaria ser seu ginete.

Aqui me vejo novamente obrigado a fazer uma digressão, embora deva admitir que nunca estive menos inclinado a tanto

A fábula das abelhas

do que neste exato instante; mas vejo milhares de ensaboadelas a postos, e todo um pelotão de pedantes mesquinhos contra mim, por violar o abecedário e opor-me aos elementos mesmos da literatura.

Não se trata de um ataque de pânico, nem o leitor vai imaginar que minhas apreensões estão mal fundadas quando considerar o exército de pequenos tiranos com que tenho de lidar, os quais ou me perseguem efetivamente com uma vara de açoite, ou então solicitam nomeação para tal posto. Pois se eu contasse apenas com os adversários mortos de fome de ambos os sexos que assolam o reino da Grã-Bretanha, que, por antipatia natural ao trabalho, têm grande desgosto pelo seu emprego atual, e que, por sentir em seu interior uma inclinação muito mais forte para mandar do que jamais tiveram para obedecer a outros, consideram-se bem preparados e desejam no seu íntimo ser mestres ou mestras das escolas de caridade, o número dos meus inimigos seria, num cálculo modesto, de pelo menos uns 100 mil.

Parece que os ouço gritar "nunca veio à baila uma doutrina mais perigosa do que essa, perto dela o papismo é uma tolice", e perguntar "que bárbaro sarraceno é esse que empunha sua arma aterradora para a destruição do saber?". Dez contra apenas um me acusarão de que meu esforço é instigado pelo Príncipe das Trevas com vistas a introduzir nessas paragens maior ignorância e barbarismo // do que todos os godos e vândalos foram capazes de lançar sobre uma nação, desde que a luz do Evangelho apareceu no mundo. Quem quer que trabalhe sob ódio público sempre será acusado de crimes que nunca cometeu; suspeitarão que contribuí para obliterar as Sagradas Escrituras; e talvez afirmem que, graças à minha solicitação, as Bíblias

Ensaio sobre a caridade e as escolas de caridade

em formato reduzido publicadas por patente no ano de 1721, utilizadas principalmente nas escolas de caridade, estavam ilegíveis devido às más condições de impressão e qualidade do papel; do que, no entanto, sou tão inocente quanto uma criança no ventre de sua mãe. Mas tenho mil receios; quanto mais me debruço sobre o caso, pior me parece, e o maior conforto que tenho é a minha sincera convicção de que dificilmente alguém se importará com uma palavra do que digo; ou então, se suspeitaram que o que escrevo tem algum peso sobre alguma parte considerável da sociedade, não teria eu coragem nem de pensar em todos os setores que contrariei; e não posso senão sorrir quando reflito sobre a variedade de sofrimentos abrutalhados que seriam preparados para mim se o castigo que cada um me infligisse fosse feito simbolicamente para assinalar meu crime. Pois se não fosse subitamente perfurado por canivetes cegos até o cabo, a associação de fabricantes de papel certamente me deteria, para enterrar-me vivo em sua grande sala, sob um amontoado de cartilhas e silabários que não conseguiram vender; ou então eu seria lançado no sentido contrário das engrenagens de um moinho de prensa para morrer moído, e este permaneceria inativo durante uma semana por minha causa. Os fabricantes de tinta, ao mesmo tempo, proporiam sufocar-me com adstringentes em vista do bem público, ou afogar-me no líquido negro que tivesse sobrado de suas mãos; o que, se juntassem seus estoques, poderia ser facilmente alcançado em menos de um mês; e se eu escapasse da crueldade dessas corporações reunidas, o ressentimento de um monopolista particular seria tão fatal para mim, e eu logo me encontraria apedrejado e // golpeado na cabeça por essas Bíblias esquálidas, forradas em metal e preparadas para o prejuízo, que, cessado o ensino

A fábula das abelhas

caritativo, não serviriam senão para, uma vez fechadas, lutar, e para exercícios verdadeiramente polêmicos.

A digressão de que falei antes não é a tola ninharia que conclui o último parágrafo, e que o severo crítico, para quem todo folguedo é inoportuno, considerará muito impertinente; mas uma séria digressão apologética é o que pretendo liminarmente fazer, a fim de me livrar da acusação de ter alguma coisa contra as artes e ciências, tal como alguns diretores de colégios e outros cuidadosos guardiães do saber humano podem ter apreendido ao verem recomendada a ignorância como um ingrediente necessário na composição da sociedade civil.

Em primeiro lugar, eu gostaria que houvesse em cada universidade quase o dobro de professores que há hoje em dia. Entre nós, a teologia está bem guarnecida em geral, mas as outras duas faculdades têm muito pouco do que se orgulhar, especialmente a de medicina. Cada ramo dessa arte deveria contar com dois ou três professores que se empenhariam em comunicar sua habilidade e conhecimento aos outros. Nas conferências públicas, um homem vaidoso tem grande // oportunidade para realçar suas qualidades, mas as aulas particulares são mais úteis aos estudantes. A farmácia e o conhecimento de medicamentos são tão necessários quanto a anatomia e a história das doenças. É vergonhoso que quando os alunos se graduam, aos quais é oficialmente confiada a vida dos pacientes, são obrigados a vir até Londres para conhecer a *Materia Medica* e a composição dos medicamentos, e recebam instruções de outras pessoas que, elas próprias, jamais tiveram educação universitária; é certo que nessa cidade que nomeei há dez vezes mais oportunidades para um homem se aperfeiçoar em anatomia, botânica, farmácia e prática médica do que em todas as outras universidades

Ensaio sobre a caridade e as escolas de caridade

juntas. Mas o que um mercado de óleos tem a ver com um de sedas, ou quem procuraria presuntos e pepinos em conserva numa loja de tecidos? Onde as coisas estão bem organizadas, os hospitais servem tão bem ao aperfeiçoamento dos estudantes na arte da medicina quanto para ajudar o pobre a recuperar sua saúde.[5]

O bom senso deveria governar os homens no aprendizado assim como no comércio; nenhum homem nunca confiou a aprendizagem do filho a um ourives para fazer dele um tecelão; por que então deveria ter um padre como tutor para se tornar advogado ou médico? É verdade que o conhecimento das línguas, a lógica e a filosofia deveriam ser os primeiros estudos em todas as profissões letradas; mas existe tão pouca ajuda à medicina em nossas universidades tão ricas e onde tanta gente indolente é bem paga para comer e beber, sendo tão magnífica e comodamente alojada, que, não fosse pelos livros e o que é comum a todas as três faculdades, um homem poderia se formar tanto em Oxford como em Cambridge para ser tanto um mercador de perus como um médico; o que na minha modesta opinião é um forte sinal de que a grande riqueza que possuem não é tão bem empregada como deveria ser.

---

5 Na Inglaterra, a medicina era cursada diretamente nos hospitais e não nas universidades, onde a ciência médica era quase inteiramente teórica. Quatro cursos compunham o quadro geral das faculdades à época: teologia, direito, medicina e artes. Esta última tinha mais o atributo de "propedêutica" do que de faculdade. Além disso, a disciplina de "história das doenças" corresponde à nosografia, dedicada à descrição das doenças, e a *materia medica* era constituída pelo conhecimento das substâncias, propriedades e usos dos medicamentos. (N. T.)

A fábula das abelhas

Além dos estipêndios concedidos pelo erário, os professores deveriam // receber gratificações de cada estudante que instruem, para que o autointeresse, bem como a emulação e o amor à glória, possam estimulá-los ao trabalho e à assiduidade. Quando um homem se destaca em algum estudo ou ramo do saber e está qualificado para ensinar aos outros, seria necessário recrutá-lo, se se pode comprá-lo com dinheiro, sem ter que levar em conta o partido a que pertence, ou o país de onde vem ou sua nacionalidade, seja negro ou branco. As universidades deveriam ser mercados públicos para todos os tipos de literatura, como as feiras anuais em Leipzig, Frankfurt e outros lugares na Alemanha o são para diferentes mercadorias e artigos de comércio, onde não há nenhuma diferença entre nativos e estrangeiros, e às quais homens de todas as partes do mundo recorrem com igual liberdade e igual privilégio.

Do pagamento de gratificações de que falei, eu isentaria todos os estudantes destinados ao ministério do Evangelho. Não há nenhuma faculdade mais imediatamente necessária ao governo de uma nação do que a de teologia, e, como deveríamos ter um grande número de padres para servir esta ilha, eu não gostaria que as pessoas mais humildes fossem desencorajadas de criar seus filhos para essa função. Pois embora seja verdade que às vezes as pessoas ricas, quando têm muitos filhos, fazem de um deles clérigo, como vemos pessoas bem posicionadas assumindo as ordens sagradas, e há também pessoas sensatas, especialmente padres que, por prudência, educam seus filhos para essa profissão, quando estão moralmente seguros de que possuem amigos ou interesse suficiente que lhes permitirá obter uma boa bolsa de estudo na universidade, um benefício eclesiástico ou algum outro meio que proporcione sua sub-

Ensaio sobre a caridade e as escolas de caridade

sistência, não é daí que se produz o grande número de padres ordenados anualmente; para a massa de clérigos, devemos identificar outra origem.

Entre pessoas da classe média, em todos os setores há os carolas que têm uma veneração supersticiosa pela toga e pela batina – desse tipo há multidões que sentem um // desejo ardente de ter um filho promovido ao ministério do Evangelho sem considerar o que lhe acontecerá mais tarde –, e muitas mães bondosas deste reino, sem considerar suas próprias condições ou a capacidade dos filhos, enlevadas por esse desejo louvável, refestelam-se diariamente com esse pensamento agradável e, muitas vezes, antes mesmo que seu filho complete 12 anos, tomadas por um misto de amor maternal e devoção, derramam, extasiadas, lágrimas de satisfação ao refletir sobre as futuras alegrias que terão quando o virem num púlpito e, com os próprios ouvidos, o escutarem pregando a palavra de Deus. É por conta desse zelo religioso, ou ao menos das fraquezas humanas que são tidas como tal e que o representam, que contamos com a grande abundância de seminaristas pobres de que goza a nação. Pois, considerando a penúria de meios de vida e a pequenez de benefícios por todo o reino, sem essa feliz disposição nos pais de pequena fortuna, possivelmente não poderíamos contar com pessoas de nenhum outro estrato adequadas ao ministério, que atende a cura das almas com tão pouco auxílio que nenhum mortal educado com alguma abundância tolerável conseguiria viver assim, a não ser que fosse tomado de uma verdadeira virtude, o que seria disparatado e realmente injurioso, já que deveríamos então esperar mais do clero do que geralmente se encontra nos leigos.

A fábula das abelhas

O grande cuidado que eu tomaria para promover aquela parte do aprendizado que é mais imediatamente útil à sociedade não me faria negligenciar as partes mais rebuscadas e polidas, pois, se pudesse realizar meu desejo, todas as artes liberais e cada ramo específico da literatura deveriam ser estimulados em todo o reino, mais do que agora. Em cada condado haveria uma ou mais escolas de grandes proporções, erigidas às expensas do erário para o ensino de latim e grego, que seria dividido em seis ou mais classes, com professores especializados em cada uma delas. O conjunto estaria sob cuidado e inspeção // de homens de letras com autoridade para tanto, os quais seriam não apenas membros titulares, mas, a bem dizer, se empenhariam, ao menos duas vezes por ano, em assistir os exames de cada classe feitos por seus mestres, sem se dar por satisfeitos com a opinião sobre o progresso dos estudantes a partir de temas e outros exercícios feitos longe da sua vista.

Ao mesmo tempo eu desencorajaria e impediria a multiplicação dessas insignificantes escolas, que jamais teriam existido não fosse a extrema indigência de seus mestres. É um erro grosseiro achar que ninguém pode soletrar ou escrever bem o inglês sem uma leve noção de latim. Isso sustentam por interesse pessoal os pedantes, dos quais nenhum afirma com maior tenacidade do que, em mais de um sentido, os pobres estudantes; de todo modo, trata-se de uma mentira abominável. Conheci pessoas, e ainda convivo com muitas delas, algumas das quais do belo sexo, que nunca aprenderam nada de latim e, ainda assim, preservam uma ortografia rigorosa, escrevendo com admirável bom senso; em contrapartida, todo mundo se depara com garranchos de pretendidos letrados, ou que pelo menos frequentaram o curso de gramática durante muitos anos, e que cometem

Ensaio sobre a caridade e as escolas de caridade

erros gramaticais e cuja pronúncia é incorreta. Conhecer bem o latim é muito necessário a todos que estão destinados a alguma profissão douta, e não me passaria pela cabeça que houvesse um cavalheiro iletrado; mesmo os que são educados para se tornarem advogados, cirurgiões e boticários deveriam ser muito mais versados nessa língua do que geralmente são; mas, para os jovens que // mais à frente vão viver do comércio e de ofícios em que o latim não é diariamente necessário, é inútil, e seu aprendizado é uma evidente perda de tempo e um desperdício do dinheiro que lhe foi despendido. Quando os homens entram nos negócios, o que lhes foi ensinado sobre isso naquelas insignificantes escolas é logo esquecido ou serve apenas para torná-los impertinentes e, frequentemente, uma companhia muito desagradável. Poucos homens conseguem se abster de se estimar em qualquer conhecimento que adquiriram; a não ser que sejam muito modestos e discretos, os fragmentos mal assimilados que comumente recordam do latim raramente deixam de, numa ou noutra ocasião, torná-los ridículos diante daqueles que o compreendem.

Eu trataria a leitura e a escrita tal como fazemos com a música e a dança; não as vetaria nem as imporia à sociedade: contanto que houvesse algo nelas de útil, haveria mestres o bastante para ensiná-las; mas nada seria ensinado de graça, exceto na Igreja. E aqui eu excluiria os que poderiam ser encaminhados ao ministério do Evangelho; pois, sendo os pais tão miseravelmente pobres que não conseguem proporcionar aos filhos as primeiras bases do aprendizado, seria um atrevimento da parte deles aspirar mais alto.

Isso também encorajaria as pessoas da classe inferior a dar aos filhos essa parte da educação, caso consigam perceber que

A fábula das abelhas

estes últimos poderiam ser escolhidos em detrimento dos filhos de beberrões desocupados ou dissolutos ignóbeis, que nunca souberam o que significa providenciar um trapo de pano para seus pirralhos senão mendigando. Atualmente, porém, quando precisamos de um menino ou menina para qualquer pequeno // serviço, tomamos como dever empregar nossas crianças das escolas de caridade antes de qualquer outra. A educação delas assemelha-se a recompensá-las por serem viciosas e inativas, benefício esse comumente conferido aos pais, que merecem ser punidos por negligenciar vergonhosamente sua família. Em um lugar qualquer, você ouve um patife meio bêbado que, ao mesmo tempo, se amaldiçoa e pede mais uma dose alegando, como motivo suficiente para tanto, que o filho tem roupa e educação grátis; em outro, você verá uma pobre indigente, cujo filho precisa de cuidado porque ela mesma é uma cadela preguiçosa, que nunca fez nada com seriedade para remediar suas necessidades além de se lamentar delas numa bodega.

Se ensinarmos bem todos os filhos daqueles que, por sua própria indústria, podem educá-los em nossas universidades, haverá homens letrados o suficiente para suprir esta nação e qualquer outra; a leitura, a escrita e a aritmética não faltariam nos negócios em que são necessárias, ainda que só fossem ensinadas às crianças cujos pais pudessem ficar a cargo disso. Com as letras não se passa o mesmo que com as dádivas do Espírito Santo, que podem ser adquiridas sem dinheiro; pois a sabedoria comprada, se acreditarmos no provérbio, não é a pior.

Achei necessário dizer tudo isso sobre o aprendizado para evitar os clamores dos inimigos da verdade e do justo acordo; inimigos esses que, não tivesse eu explanado tanto esse ponto, teriam me representado como um adversário mortal de toda a

Ensaio sobre a caridade e as escolas de caridade

literatura e do conhecimento útil, e também como um advogado perverso da ignorância e estupidez universais. Devo agora cumprir minha promessa de responder o que os simpatizantes das escolas de caridade poderiam objetar contra mim, dizendo-lhes que educam as crianças que estão sob seus cuidados para tarefas laboriosas e que se justificam, e não para a indolência, conforme insinuei. //

De modo satisfatório, já mostrei por que ir à escola é não fazer nada se comparado a trabalhar, e desmascarei esse tipo de educação nos filhos dos pobres, uma vez que os incapacita para sempre ao trabalho duro, seu domínio próprio; e em qualquer sociedade civil é o quinhão do qual não deveriam se queixar ou resmungar se lhes é extorquido com discernimento e humanidade. Resta então falar de sua preparação para ofícios, em que me esforçarei para provar que isso destrói a harmonia de uma nação, uma intervenção impertinente da qual poucos membros dos conselhos das escolas entendem alguma coisa.

Para tanto, vamos examinar a natureza das sociedades e qual a composição de que deveria consistir se quiséssemos alçá-la a um grau tão elevado em força, beleza e perfeição quanto nos permite o solo sobre o qual a erigimos. A variedade de serviços necessários para suprir os desejos luxuriantes e desenfreados do homem, bem como suas verdadeiras necessidades, incluindo todas as profissões subordinadas, é prodigiosa numa nação como a nossa; no entanto, é certo que, embora a quantidade dessas diversas ocupações seja excessivamente grande, está longe de ser infinita; se se acrescentar mais do que o requerido, torna-se necessariamente supérfluo. Se um homem tivesse uma boa estocagem e a melhor loja em Cheapside para vender turbantes, estaria arruinado; e se Demétrio ou qualquer outro

A fábula das abelhas

ourives não fizesse senão nichos de Diana, nada teria para seu pão, agora que a devoção a essa deusa está fora de moda.[6] Assim como é loucura estabelecer ofícios que não são procurados, é loucura semelhante aumentar além do necessário o número de trabalhadores em qualquer ramo. Tal como se dá entre nós, seria prepóstero ter tantos cervejeiros quantos padeiros, ou tantos cortadores de lã quantos sapateiros. Essa proporção atinente à quantidade // de pessoas em cada ofício é estabelecida a partir de si mesma, e a melhor forma de conservá-la é quando ninguém intervém ou interfere.

As pessoas que têm filhos para educar, os quais devem conseguir se sustentar, estão sempre consultando e deliberando sobre o ofício ou a função em vista da qual serão educados, até que estejam preparados; milhares pensam nisso com tamanho afinco que não pensam em mais nada. Primeiramente, restringem-se às circunstâncias, e aquele que só pode pagar dez libras, junto com seu filho, não deve buscar um ofício em que pedem cem pela aprendizagem; logo em seguida, porém, pensam sempre em qual será mais vantajoso; se há uma profissão em que, por ora, mais vagas estão disponíveis do que em qualquer outra que também esteja ao seu alcance, de imediato uma dezena de pais estará pronto a abastecê-la com seus filhos. Portanto, a maior preocupação das corporações está na regulação da quantidade de aprendizes. Agora, quando todas as corporações de ofício se queixam, talvez com razão, de que estão saturadas, manifestamente aquele ofício está sendo maltratado ao lhe acrescentar um membro além do que afluiria da natureza da sociedade. Além disso, os membros do conselho das escolas de caridade

---

6 Cf. Atos XIX, 23-41.

Ensaio sobre a caridade e as escolas de caridade

não deliberam o bastante sobre qual o melhor ofício, mas sim sobre quais os negociantes aceitarão seus meninos por determinada quantia; e são raros os homens importantes e experientes que querem ter alguma coisa a ver com essas crianças; têm receio das centenas de inconvenientes dos seus pais necessitados. De modo que o mais comum é ficar sob responsabilidade de mestres estúpidos e negligentes, ou, ainda, daqueles que são tão carentes que, logo após terem recebido seu dinheiro, pouco se importam com o que será feito de seus aprendizes; ao que parece, nada mais fizemos do que nos dedicar a ter um viveiro perpétuo para abastecer as escolas de caridade.

301 Quando todos os ofícios e atividades estão abarrotados, // é certo que há uma falha na administração do conjunto; pois é impossível que haja pessoas em excesso se o país é capaz de alimentá-las. As provisões estão caras? De quem é a culpa se há terras não cultivadas e mãos desempregadas? Mas vão me dizer: o aumento da fartura, a longo prazo, arruína o agricultor ou diminui o preço dos aluguéis em toda a Inglaterra. Ao que respondo: aquilo de que o lavrador mais se queixa é o que eu mais gostaria de endireitar. O maior motivo de reclamação de agricultores, hortelões e outros, ocupações em que a labuta é dura e o trabalho é sujo, é que não conseguem empregados pelos mesmos salários que costumavam pagar antes. O trabalhador diarista resmunga pelos dezesseis centavos para fazer a mesma labuta que seu avô, trinta anos antes, fazia alegremente por metade desse dinheiro. Quanto aos aluguéis, é impossível que eles baixem quando o número de pessoas aumenta; mas o preço das provisões e de todo trabalho em geral deve baixar ao mesmo tempo que o dos aluguéis, se não antes; e um homem com 150 libras ao ano não tem nenhum motivo para reclamar

A fábula das abelhas

que seu salário foi reduzido a cem libras, se o tanto que pode comprar com cem é o mesmo que podia antes comprar com duzentas.

O dinheiro não tem nenhum valor intrínseco que não se altere com o tempo, e se um guinéu vale vinte libras ou um xelim, isso se deve (como já indiquei antes) ao trabalho do pobre, do qual derivam todas as comodidades da vida, e não ao aumento ou queda do preço do ouro ou da prata. Está em nosso poder ter uma maior fartura do que desfrutamos se a agricultura e a pesca receberem o cuidado que poderiam ter; mas nossa capacidade de aumentar nosso trabalho é tão limitada que apenas // contamos com o que é suficiente a pobres para fazer o que é necessário à nossa subsistência. Uma boa parcela da sociedade está inutilizada, e a parte principal da nação, que deveria consistir de pobres trabalhadores por toda parte, alheia a tudo mais exceto ao seu trabalho, é muito pequena comparada com outras partes. Em todos os negócios onde o trabalho pesado é esquivado ou muito pago, há bastante gente. Para um comerciante, há dez contadores, ou pelo menos que aspiram a esse cargo; e por toda parte no campo agricultores precisam de mão de obra. Tente encontrar um lacaio que tenha servido durante algum tempo uma nobre família, e você conseguirá uma dúzia que são todos mordomos. Você pode conseguir camareiras por vinte, mas não terá uma cozinheira sem uma oferta de salário extravagante.

Ninguém fará trabalho sujo e abjeto se puder evitá-lo. Não os censuro; mas todas essas coisas mostram que as pessoas do estrato mais baixo sabem bem demais para nos servir. Os serviçais pedem mais do que seus senhores e suas senhoras podem pagar, e que loucura seria encorajá-los a tanto, aumentando in-

Ensaio sobre a caridade e as escolas de caridade

dustriosamente à nossa custa esse conhecimento por conta do qual não deixarão de nos fazer pagar mais uma vez! E não são apenas os educados às nossas expensas que abusam de nós, as rudes e ignorantes criadas campesinas e os simplórios que não sabem nem servem para nada também se aproveitam de nós. A escassez de criados ocasionada pela educação daqueles permite que estes se vendam a um preço maior, pedindo o que deveria ser oferecido apenas a serviçais que conhecem o seu ofício e possuem a maioria das boas qualidades que se espera deles.

Em nenhuma parte do mundo há pessoas mais espertas para atender ou levar um recado do que alguns de nossos lacaios; mas no que eles são bons de verdade? A maior parte deles é marota, não merece confiança; e se são honestos, metade é beberrona, embriagando-se três ou quatro // vezes por semana. Os ranzinzas são geralmente briguentos, e valoram sua virilidade acima de qualquer outra consideração, não cuidam da roupa que esculhambam, ou não se incomodam com o desapontamento que podem ocasionar, quando sua bravura está em questão. Os que têm boa índole são em geral uns tristes putanheiros que estão sempre correndo atrás das raparigas e corrompem todas as criadas de que se aproximam. Muitos deles são culpados de todos esses vícios, fornicam, bebem, brigam; ainda assim, suas faltas devem ser ignoradas e suportadas, pois são homens de ar altivo e trato modesto que sabem como servir homens honrados; o que é uma loucura imperdoável dos seus senhores, e geralmente acaba degradando seus serviçais.

São poucos os que não se viciam em nenhum desses defeitos e sabem das suas obrigações; e como são raros, para cada cinquenta, há apenas um que não se superestima; e os seus pro-

A fábula das abelhas

ventos são extravagantes, tudo que lhes é dado não é o bastante; tudo na casa é privilégio seu, e não permanece na casa a não ser que suas gratificações sejam suficientes para sustentar uma família mediana; e pouco importa que você o tenha tirado de uma pilha de estrume, de algum miserável albergue ou de uma prisão, pois só conseguirá mantê-lo enquanto puder pensar que sua posição está à altura de seu pretenso mérito, conforme o elevado apreço que tem de si mesmo. Ou pior, os melhores e mais civilizados, que nunca foram insolentes nem impertinentes, abandonarão o amo mais tolerante e, para partir elegantemente, forjarão mil desculpas, dirão mentiras deslavadas, tão logo possam melhorar sua posição. Um estalajadeiro que oferece refeições por meia coroa ou doze centavos não espera mais dinheiro de seus hóspedes do que um lacaio acha que cada convidado, que vem jantar ou cear com seu senhor, deve lhe pagar; e me pergunto se o lacaio não acha que um xelim ou meia coroa, conforme a qualidade das pessoas, deveria lhe ser pago do mesmo modo que pagam ao outro. //

Um chefe de casa, que não pode se permitir muitas recepções nem convidar com frequência pessoas à sua mesa, não pode ter um bom criado e é forçado a se virar com um matuto ou qualquer indivíduo desajeitado, que também vai lhe passar a perna assim que se imaginar apto para outro serviço e se tornar mais atilado pelos seus companheiros patifes. Todas as famosas hospedarias e estabelecimentos aonde muitos cavalheiros acorrem para divertir-se ou fazer negócios, particularmente no distrito de Westminster Hall, são grandes escolas de criados, onde os indivíduos mais obtusos podem melhorar sua inteligência e se livrar de uma vez de sua estupidez e inocência. São academias para lacaios, onde aulas públicas são diariamente

Ensaio sobre a caridade e as escolas de caridade

ministradas sobre todas as ciências da baixa libertinagem por professores experientes, e os estudantes são instruídos em mais de setecentas artes iliberais, de como enganar e se aproveitar, ou como descobrir o ponto fraco de seus senhores; isso com tamanha dedicação que, em poucos anos, eles se tornam bacharéis em iniquidade. Jovens cavalheiros e outros que não conhecem as coisas a fundo, quando tomam a seu encargo esses doutos vigaristas, são normalmente de uma indulgência desmesurada; e por medo de que descubram sua falta de experiência dificilmente ousam contrariá-los ou negar-lhes alguma coisa, razão pela qual, muitas vezes, ao lhes conceder privilégios insensatos, expõem sua ignorância justamente quando mais se esforçam para escondê-la.

Talvez alguém considere que as coisas de que me queixo são culpa do luxo, sobre o qual eu disse que não pode causar mal nenhum a uma nação rica se as importações nunca excedem as exportações; mas não acho justa essa imputação, e nada que é efeito direto da tolice deveria ser posto na conta do luxo. Um homem pode ser muito extravagante ao satisfazer seus alívios e prazeres e, // se pode custeá-los, tornar seus desfrutes mundanos tão operosos e custosos quanto possível, e ao mesmo tempo mostrar-se sensato em tudo que lhe diz respeito: o que não se lhe pode dizer se, industriosamente, torna sua gente incapaz de servi-lo naquilo que deles espera. O dinheiro a rodo, o salário excessivo, as gorjetas irrazoáveis estragam a criadagem na Inglaterra. Um homem pode ter 25 cavalos em seus estábulos sem ser tido por louco se está conforme o restante das circunstâncias; mas, se só tem um e o alimenta demais para mostrar que é rico, não passa de um tonto esforçado. Não é tolice deixar seus criados embolsarem 3%, e outros 5%,

A fábula das abelhas

sobre aquilo que pagam a comerciantes a pedido de seus senhores, como bem sabem os relojoeiros e outros que vendem brinquedos, bugigangas inúteis e outras curiosidades, quando negociam com gente de qualidade e em voga, que se recusam a contar seu dinheiro? Se simplesmente aceitassem um presente quando oferecido, até poderíamos fazer vista grossa, mas é um desplante alegar que isso lhes é devido e bater boca caso recusemos. Aqueles que têm supridas todas as necessidades da vida não precisam de dinheiro senão para prejudicá-los como criados, a não ser que o juntem para a velhice ou doença, o que não é muito comum entre nossos capachos, e mesmo assim tornam-se atrevidos e insuportáveis.

Fui informado por fonte confiável de que um monte de lacaios atingiu tal grau de insolência que chegou a constituir uma sociedade, e que fizeram leis pelas quais se obrigam a não servir por menos de uma certa quantia, nem a carregar fardos, trouxas ou pacotes acima de um peso que exceda duas ou três libras, junto a outros regulamentos diretamente opostos ao interesse daqueles a quem servem e completamente // destrutivos para a função à qual foram destinados. Se um deles é mandado embora por aderir rigorosamente às ordens de sua honrosa corporação, ele recebe cuidados até que outro serviço lhe seja providenciado, e em nenhum momento lhe faltará dinheiro para iniciar e mover um processo contra qualquer senhor que tencione bater no doutor lacaio ou dirigir-lhe qualquer injúria contrária aos estatutos de sua sociedade. Se isso é verdade, e tenho razões para acreditar que sim, e se lhes é permitido continuar deliberando e municiando-se para sua própria comodidade e conveniência, podemos esperar muito em breve

Ensaio sobre a caridade e as escolas de caridade

ver a comédia francesa *Le Maitre le Valet*[7] interpretada, com toda seriedade, na maioria das famílias; se isso não for logo reparado e se esses lacaios aumentarem sua companhia até onde lhes for possível chegar, bem como se reunir impunemente quando lhes aprouver, estará em seu poder fazer dessa comédia uma tragédia sempre que lhes der na telha.

Mas, supondo que essas apreensões sejam frívolas e infundadas, é inegável que os criados em geral estão a cada dia que passa abusando de seus senhores e de suas senhoras, esforçando-se para chegar ao nível destes. Não apenas se mostram desejosos de abolir a baixa dignidade de sua condição, mas já ascenderam consideravelmente na opinião comum de sua origem inferior, na qual o bem público exige que permaneçam sempre assim. Não digo que essas coisas se devem inteiramente às escolas de caridade, há outros males que lhes podem ser em parte atribuídos. Londres é grande demais para o país, e em muitos aspectos nós mesmos somos culpados. Mas se mil faltas // são necessárias para concorrer na produção das inconveniências a que nos submetemos, pode alguém duvidar, considerando o que eu disse, que as escolas de caridade corroboram ou ao menos que tendem mais a gerar e aumentar esses agravos do que a diminuí-los e repará-los?

A única coisa de peso que pode ser dita em seu favor é que milhares de crianças são por elas educadas na fé cristã e segundo os princípios da Igreja da Inglaterra. A fim de demonstrar que

---

7 Paul Scarron, *Jodelet ou le Maistre Valet* (1643), comédia francesa imitada na Inglaterra por Sir William D'Avenant, em *The Man's the Master* (1668). A fonte original, porém, remete à peça espanhola de Francisco de Rojas Zorrila, *Donde hay agravios no hay celos* (1636). (N. T.)

A fábula das abelhas

isso não lhe é apelo suficiente, espero que o leitor veja o que eu disse antes, já que odeio repetições; ao que acrescentarei que tudo aquilo que é necessário à salvação e que o pobre trabalhador deve conhecer sobre a religião, que as crianças aprendem na escola, pode também ser perfeitamente ensinado em sermões ou catequeses na igreja, ou em qualquer lugar de culto, de onde eu não gostaria que o mais humilde, capaz de caminhar até a paróquia, estivesse ausente nos domingos. O sabá, o dia mais útil da semana, que se reserva ao serviço divino e práticas religiosas, bem como ao descanso do labor corpóreo; um dever de dedicar atenção especial a esse dia, incumbente a todos os magistrados. Os pobres, mais particularmente, e os seus filhos devem ser obrigados a ir à igreja de manhã e à tarde, já que não têm outro horário para fazê-lo. Por preceito e exemplo, devem ser encorajados e habituados a isso desde a infância; negligenciar deliberadamente tal prática deve ser considerado escandaloso, e se a contundente coação a que incito parece muito dura e talvez impraticável, ao menos todas as diversões deveriam ser rigorosamente proibidas, impedindo o pobre de ter qualquer distração fora de sua casa que o possa atrair ou desviar.

Quando os magistrados tomam esse cuidado, na medida em que está em seu poder, os ministros do Evangelho podem instilar, nos de capacidade limitada, mais piedade e // devoção, e melhores princípios de virtude e religião do que as escolas de caridade jamais conseguiram nem conseguirão fazer, e aqueles que reclamam, quando têm oportunidade, que não conseguem imbuir seus paroquianos no conhecimento suficiente de que necessitam como cristãos sem o auxílio da leitura e da escrita, então eles mesmos são ou muito estafermos, ou muito ignorantes e indignos de seu função.

Ensaio sobre a caridade e as escolas de caridade

Que os mais instruídos não são os mais religiosos, fica claro se sondarmos pessoas dotadas de diferentes habilidades, mesmo na atual conjuntura, em que ir à igreja não é mais tão obrigatório para pobres e iletrados quanto poderia ser. Tomemos cem homens pobres, os primeiros sobre os quais nos detemos estão acima dos 40 e foram criados para o trabalho duro desde a infância, nunca foram à escola, sempre viveram alheios a todo conhecimento e longe das grandes cidades. Comparemos estes com um número igual de estudiosos muito bem instruídos, que tenham tido educação universitária e que, se quiser, sejam, metade deles, teólogos, bem versados em filologia e conhecimentos polêmicos. Examinemos, então, imparcialmente, as vidas e as conversações de ambos. Dou minha palavra: entre os primeiros, que não conseguem ler nem escrever, encontraremos mais união e amor ao próximo, menos maldade e apego ao mundo, mais paz de espírito, mais inocência, sinceridade e outras boas qualidades que conduzem à paz pública e à verdadeira felicidade do que entre os últimos, onde, pelo contrário, podemos estar certos de seu orgulho desmedido e de sua insolência, das suas eternas querelas e dissensões, de seus ódios irreconciliáveis, disputas, inveja, calúnia e outros vícios que destroem a concórdia mútua, com o que os trabalhadores pobres e iletrados quase nunca estão infectados num grau considerável.

Estou realmente persuadido de que o que eu disse no último parágrafo não tem nada de novo para a maioria // de meus leitores; mas, se é verdade, por que o suprimir? E por que sempre fazer de nossa preocupação com a religião um disfarce para esconder nossos verdadeiros impulsos e intenções mundanas? Se ambas as partes concordassem em tirar a máscara, logo descobriríamos que, o que quer que pretendam, não almejam

A fábula das abelhas

nas escolas de caridade senão fortalecer seu partido, e que os grandes defensores da igreja, ao educar crianças segundo os princípios da religião, buscam inspirar nelas uma veneração superlativa pelo clero da igreja da Inglaterra e uma forte aversão e animosidade imortal contra todos que dissentem dela. Para termos certeza disso, recordemos apenas, por um lado, quais são os clérigos mais admirados por seus sermões de caridade e os mais entusiastas ao pregá-los, e, por outro, se não tivemos nos últimos anos algum tumulto ou briga partidária na populaça, em que jovens de um célebre hospital da cidade sempre foram os líderes mais pronunciados.

Os grandes assertores da liberdade, que estão sempre vigiando e escaramuçando com o poder arbitrário, em geral quando não estão em perigo, não são, via de regra, muito supersticiosos nem parecem dar grande importância a nenhum apostolado moderno; no entanto, alguns deles falam espalhafatosamente em favor das escolas de caridade, mas o que delas esperam não tem nenhuma relação com religião ou moralidade; veem nelas apenas meios adequados para destruir e frustrar o poder dos padres sobre os leigos: saber ler e escrever aumenta o conhecimento, e, quanto mais // se conhece, tanto mais se pode julgar por conta própria. Assim, imaginam que, se o conhecimento pudesse se tornar universal, as pessoas não se deixariam conduzir pelos padres, que é o que mais temem.

Quanto aos primeiros, devo admitir, é muito provável que atinjam seu objetivo. Mas é claro que os homens sábios, que não são partidários acalorados ou fanáticos pelos padres, não pensarão que vale a pena suportar tantos inconvenientes que podem ser ocasionados pelas escolas de caridade, a fim apenas de promover a ambição e o poder do clero. Quanto aos outros,

Ensaio sobre a caridade e as escolas de caridade

eu diria que se todos os que são educados à custa de seus pais ou familiares vão pensar por si mesmos e se recusar a deixar sua razão se submeter aos padres, então não devemos nos preocupar com o que o clero exercerá sobre os ignorantes que não tiveram nenhuma educação. Deixemos que eles deem o melhor de si; considerando as escolas que temos, para os que podem pagar para aprender, é ridículo imaginar que, com a abolição das escolas de caridade, daríamos um passo em direção à ignorância que poderia ser prejudicial à nação.

Não gostaria de ser tido por cruel, e estou bem seguro, se bem me conheço, de que abomino a desumanidade; mas ser excessivamente compassivo, quando a razão o proíbe e o interesse geral da nação exige firmeza de pensamento e resolução, é uma fraqueza imperdoável. Sei que sempre será objetado contra mim que é uma barbárie os filhos do pobre não terem nenhuma oportunidade para se desenvolver, já que Deus não os privou mais de dotes naturais e gênio do que o rico. Mas não creio que isso seja pior do que não ter dinheiro e ter as mesmas inclinações que os outros para gastar. Não nego que grandes homens e com grande serventia vieram de asilos para crianças pobres; mas também é muito provável que, quando conseguiram seu primeiro emprego, havia muitos outros, não criados nesses asilos e tão capazes quanto, que foram negligenciados, os quais, se tivessem a mesma // sorte, teriam feito igualmente o que as crianças vindas de asilos conseguiram fazer se tivessem sido empregados.

Há muitos exemplos de mulheres que se destacaram em erudição e mesmo na guerra, mas isso não é razão para lhes ensinarmos latim e grego, ou disciplina militar, em vez de bor-

321

A fábula das abelhas

dado ou cuidados com o lar. Não nos falta vivacidade ou dotes naturais, e nenhum solo ou clima pode exibir criaturas mais bem formadas, interior ou exteriormente, do que as geralmente produzidas nesta ilha. Mas não é a inteligência, nem o gênio ou a docilidade que nos falta, mas a diligência, a aplicação e a assiduidade.

Há uma abundância de trabalho duro e sujo a ser feito, e é preciso resignar-se à vida rude. Onde mais encontraremos um melhor viveiro para lidar com essas necessidades do que nos filhos dos pobres? Certamente, ninguém é mais chegado e mais adequado para isso. Além disso, as coisas que chamo de penosas não parecem nem se dão desse jeito àqueles que foram criados para elas e não conhecem nada melhor do que isso. Entre nós não há pessoas mais satisfeitas do que as que trabalham mais duramente e menos conhecem a pompa e a delicadeza do mundo.

Essas verdades são inegáveis; e, no entanto, conheço poucas pessoas que ficarão contentes de vê-las divulgadas; o que as torna odiosas é um certo veio desproporcional de veneração miserável pelos pobres, que perpassa a maioria das multidões, particularmente nesta nação, e que se origina de um misto de piedade, tolice e superstição. De um vívido sentimento desse composto, os homens não suportam ouvir ou ver nada que seja dito ou praticado contra os pobres; sem considerar se um de fato é justo ou se o outro é insolente, o outro. Assim, não se deve bater num mendigo, ainda que ele o tenha acertado antes. Alfaiates que recebem por dia recorrem à lei contra seus empregadores e são obstinados numa causa injusta; // ainda assim, é preciso apiedar-se deles. Tecelões resmunguentos serão assistidos, e terão cinquenta coisas imbecis para animá-los; embo-

Ensaio sobre a caridade e as escolas de caridade

ra, em meio à sua pobreza, insultem seus superiores e pareçam mais inclinados em todas as ocasiões a fazer festas e tumultos do que ao trabalho e à sobriedade.

Isso me faz recordar de nossa lã que, tendo em conta a situação de nossos negócios e o comportamento de nossos pobres, não deveria, acredito sinceramente, com base em nenhuma justificativa, ser levada para o estrangeiro. Mas se olharmos a razão pela qual é tão pernicioso desprender-se dela, nossas graves queixas e lamentações sobre sua exportação não nos serão de grande serventia. Considerando as fatalidades poderosas e variadas a que se expõe antes que possa sair da costa e desembarcar com segurança no além-mar, é evidente que os estrangeiros, antes de poder trabalhar nossa lã, devem pagar consideravelmente muito mais por isso do que nos custa para tê-la conosco. No entanto, a despeito dessa grande diferença no custo primário, eles podem se permitir vender nos mercados estrangeiros as manufaturas feitas de lã a um preço menor que o nosso. Tal é o desastre sob o qual nos lastimamos, // o mal intolerável, na ausência do qual a exportação dessa mercadoria não nos causaria nenhum prejuízo maior que o de estanho ou de chumbo, contanto que nossa mão de obra estivesse completamente empregada e ainda tivéssemos lã de sobra.

Nenhum povo alcançou tamanha perfeição na manufatura de lã, tanto em rapidez quanto em excelência do trabalho, pelo menos nos artigos mais importantes, quanto o nosso; portanto, aquilo de que reclamamos não pode depender senão da diferença entre nós e outras nações no manejo dos pobres. Se os trabalhadores de um país trabalham doze horas por dia e seis dias por semana, e, noutro, a jornada é apenas de oito horas e não mais do que quatro dias por semana, este último será

A fábula das abelhas

obrigado a ter nove empregados para o que o outro consegue fazer com quatro. Mas se, além disso, o salário, a alimentação, a vestidura e tudo o que é consumido por trabalhadores de países industriosos custam apenas metade do que é gasto por um número igual de trabalhadores de outro país, a consequência disso será que o primeiro terá o trabalho de dezoito homens pelo mesmo preço que o outro dá pelo trabalho de quatro. Não é meu propósito insinuar nem conceber que a diferença, quer na diligência, quer nas necessidades da vida, entre nós e qualquer nação vizinha está tão próxima do que acabei de falar; no entanto, seria bom considerar que a metade dessa diferença, ou bem menos, é suficiente para compensar a desvantagem relativa ao preço da lã a que se submetem.

Para mim nada é mais evidente do que o fato de que nenhuma nação pode vender qualquer manufatura por um preço menor que seus vizinhos, com os quais está, no máximo, em iguais // condições de habilidade, diligência e oportunidade para trabalhar; mais especificamente, quando o custo primário da coisa a ser manufaturada não lhe favorece; a não ser que tenham um aprovisionamento, e que tudo relacionado a sua subsistência esteja mais barato, ou ainda, que os trabalhadores sejam mais assíduos e permaneçam mais tempo no trabalho, ou que estejam satisfeitos com um modo de vida mais sovino e rude do que o de seus vizinhos. É certo que, quando as quantidades são iguais, quanto mais laborioso o povo e quanto menos mão de obra realiza a mesma quantidade de trabalho e quanto maior a profusão num país do que é necessário à vida, tanto mais consideráveis e baratas são as suas exportações.

Uma vez admitido que deve haver abundância de trabalho, penso ser também inegável que, quanto mais alegremente o

Ensaio sobre a caridade e as escolas de caridade

realizam, tanto melhor para os que o executam e o restante da sociedade. Ser feliz é estar satisfeito, e quanto menos um homem está ciente de um modo de vida melhor, mais contente está com o seu próprio; por outro lado, quanto mais um homem tem conhecimento e experiência do mundo, tanto mais refinada é a delicadeza de seu gosto, e quanto mais judicioso com as coisas em geral, certamente mais difícil será agradá-lo. Não gostaria aqui de propor nada de bárbaro ou desumano, mas quando um homem se diverte, ri e canta, e em seus gestos e comportamento demonstra para mim todos os indícios de contentamento e satisfação, digo que é feliz, o que não tem nada a ver com sua inteligência ou capacidade. Nunca entro no mérito da razoabilidade de seu regozijo, pelo menos não a deveria julgar a partir dos meus próprios padrões nem especular sobre o efeito que teria sobre mim aquilo que o alegra. Nesse sentido, um homem que odeia queijo me chamaria de paspalho por adorar gorgonzola. *De gustibus non est disputandum*[8]
315 é verdadeiro // tanto metaforicamente quanto literalmente, e quanto maior a distância entre as pessoas no que diz respeito a suas condições, circunstâncias e modos de vida, tanto menor sua capacidade de julgar os tormentos e prazeres uns dos outros.

Seja o mais humilde e incivil camponês que tivesse a possibilidade de observar ao longo de quinze dias, *incognito*, o maior dos reis; ainda que pudesse escolher para si várias coisas de que gosta, de sua parte encontraria muito mais coisas que, se ele e o monarca tivessem que trocar de condições, desejaria imediatamente ver alteradas ou corrigidas e às quais, com estupefação, vê o rei submeter-se. Da mesma maneira, se o soberano fosse

---

8 "Gosto não se discute." (N. T.)

A fábula das abelhas

examinar o camponês, o trabalho deste lhe pareceria insuportável, a sujeira e a miséria, sua alimentação e seus amores, seus passatempos e recreações seriam, todos, abomináveis; mas, então, que encantos descobriria na paz de espírito do outro, // na calma e tranquilidade da alma deste? Nenhuma necessidade de dissimulação com ninguém de sua família ou de fingir alguma afeição por seus inimigos mortais; nenhuma esposa por interesse estrangeiro; nenhum perigo apreensível da parte de seus filhos; nenhuma conspiração para deslindar, nenhum veneno a temer; nenhum estadista popular em seu país nem cortes estrangeiras e ardilosas a subornar; nenhuma pessoa favorita e insaciável a satisfazer; nenhum ministro egoísta a obedecer; nenhuma nação dividida a agradar, ou gentalha inconstante, que gostaria de dirigir e interferir em seus prazeres, a ceder.

Tivesse a razão imparcial que decidir entre o verdadeiro bem e o verdadeiro mal, e fosse feito, conformemente, um catálogo dos vários deleites e vexações que se encontram, distintamente, em ambos os estados, duvido que a condição dos reis seria de todo preferível a dos camponeses, mesmo sendo tão ignorantes e vivendo na labuta como pareço exigir que estes últimos sejam. A razão pela qual a maioria das pessoas gostaria mais de ser rei do que camponês deve-se, primeiramente, ao orgulho e à ambição, que estão profundamente cravados na natureza humana; e que, para serem agradados, vemos dia após dia homens se sujeitando e desprezando os maiores infortúnios e dificuldades. Em segundo lugar, deve-se à diferença da força dos objetos agindo sobre nossas afecções, sejam eles materiais ou espirituais. Coisas que afetam imediatamente os sentidos externos atuam mais violentamente sobre nossas paixões do que aquilo que resulta do pensamento e dos ditames da mais de-

Ensaio sobre a caridade e as escolas de caridade

monstrativa razão, e há uma tendência para ganhar nossa preferência ou aversão muito mais forte naqueles do que nestes.

Tendo então demonstrado que o que afirmo não poderia ser uma injúria ao pobre, não reduzindo em nada sua felicidade, deixo ao leitor judicioso pensar se // não é mais provável que aumentaríamos nossas exportações pelos métodos que aqui indico do que se permanecêssemos de braços cruzados maldizendo e rebaixando nossos vizinhos por nos derrotarem com nossas próprias armas; alguns deles, vendendo muito mais manufaturas do que nós, feitas de nosso próprio produto, que compraram por um preço mais caro, outros enriquecendo, apesar da distância e atribulações, com o mesmo peixe que nós negligenciamos, mesmo estando prestes a saltar em nossa boca.

Assim como, ao desencorajar a indolência com arte e firmeza, você pode obrigar os pobres a trabalhar sem ter de apelar à força, do mesmo modo, ao criá-los na ignorância, você pode acostumá-los às verdadeiras penúrias sem que percebam que vivem assim. Por criá-los na ignorância, entendo que, conforme indiquei muito antes, nas questões deste mundo o seu conhecimento deve se restringir à alçada de suas ocupações; ou pelo menos não devemos nos dar ao trabalho de estendê-lo além desses limites. Quando, por esses dois ardis, tivermos feito provisões e, por conseguinte, tornado barata a mão de obra, certamente venderemos mais do que nossos vizinhos e, ao mesmo tempo, aumentaremos nossa riqueza. Essa é a forma nobre e humana de enfrentar os rivais de nosso comércio e de vencê-los, por força do mérito, no mercado estrangeiro.

Para atrair os pobres, lançamos mão da política em alguns casos com sucesso. E por que a ignoraríamos no ponto mais importante, quando se vangloriam de não querer viver como os pobres de outras nações? Se não podemos alterar sua re-

A fábula das abelhas

solução, por que aplaudiríamos a justeza de seus sentimentos contrários ao interesse comum? Muitas vezes me perguntei como um *inglês*, que pretende ter no coração a honra e a glória, assim como o bem-estar de seu país, consegue ter algum alento à noite ao ouvir um inquilino indolente, que lhe deve mais de um ano de aluguel, ridicularizando os *franceses* por usarem sapatos de madeira, quando de manhã havia se mortificado // ao ouvir o grande rei William, monarca ambicioso e hábil estadista, declarar abertamente ao mundo e, com pesar e raiva em seu olhar, queixar-se do poder exorbitante da França. No entanto, não recomendo sapatos de madeira, tampouco as máximas que gostaria de propor requerem poder arbitrário numa pessoa. Espero que a liberdade e a propriedade permaneçam protegidas e, contudo, que os pobres estejam mais bem empregados do que estão, ainda que seus filhos tenham que vestir suas roupas para um trabalho útil, encardindo-as com a sujeira do campo para algo importante, em vez de arrancá-las quando jogam e borrá-las com tinta para nada.

Seriam necessários mais de trezentos ou quatrocentos anos de trabalho feito por cem mil pobres, mais do que os que temos nesta ilha, a fim de torná-la útil em todas as suas partes e completamente habitável; muitos rios devem tornar-se navegáveis, canais abertos em centenas de lugares; algumas terras devem ser drenadas e protegidas contra futuras inundações; a profusão de terra estéril deve tornar-se fértil, e milhares de acres precisam ser beneficiados, tornando-os mais acessíveis. *Dii laboribus omnia vendunt.*[9] Não há dificuldade dessa natureza

---

9 "Os deuses nos vendem tudo pelo trabalho." Provérbio de origem grega (Xenofonte, *Memorabilis* 11, I. 20) citado por Mandeville em latim. (N. T.)

Ensaio sobre a caridade e as escolas de caridade

que o trabalho e a paciência não possam superar. As mais altas montanhas podem ser derrubadas em seus vales, que estão prontos para recebê-las, e pontes poderiam ser construídas onde agora não as ousaríamos imaginar. Voltemos nossos olhos para as obras estupendas dos romanos, especialmente suas vias e aquedutos. Consideremos numa mirada a vasta extensão de muitas de suas estradas, a maneira como foram feitas de material sólido e durável; e noutra um pobre viajante que a cada dez milhas é parado por uma cancela, // importunado a pagar um centavo para remendar estradas durante o verão com aquilo que todo mundo sabe que se tornará barro antes que termine o inverno seguinte.

A conveniência pública deveria sempre ser uma responsabilidade pública, e nenhum interesse particular de uma cidade ou de todo um país deveria impedir a execução de um projeto ou maquinação que tendesse manifestamente à melhoria geral; cada membro da legislatura, que conhece suas obrigações, escolhendo antes agir como um homem sábio, em vez de adular quem lhe é próximo, preferirá o menor benefício que alcance todo o reino à mais visível vantagem da posição que ocupa.

Temos nossos materiais e não nos faltam pedra e madeira para fazer o que for, e se o dinheiro que as pessoas dão voluntariamente aos pedintes, que não o merecem, aquele que toda dona de casa é obrigada a pagar aos pobres de sua paróquia, dinheiro esse destinado a outra coisa ou então mal aplicado, fosse juntado todo ano, constituiria um fundo suficiente para manter milhares de pessoas trabalhando. Não digo isso por pensar que seja viável, mas apenas para mostrar que temos dinheiro suficiente para gastar com o emprego de vastas multidões de trabalhadores; não seria necessário tanto dinheiro como tal-

A fábula das abelhas

vez imaginemos. Quando se sabe que um soldado, cuja força e vigor físico devem ser preservados, pelo menos como os de qualquer outra pessoa, consegue viver com seis centavos por dia, não posso entender a necessidade de dar, ao longo da maior parte do ano, dezesseis ou dezoitos centavos a um diarista.

As pessoas medrosas e circunspectas, sempre ciosas de sua liberdade, bem sei que vão vociferar: se as multidões de que falo tiverem que ser constantemente pagas, a propriedade e os privilégios se tornariam precários. Mas é preciso lhes dizer que podem ser descobertos meios mais seguros, assim como algumas regulamentações, tais como sobre as mãos em que confiaríamos a administração e direção desses trabalhadores; o que tornaria impossível a um príncipe ou a quem quer que seja fazer mau uso de seus números.

Já antevejo que o que eu disse nos últimos quatro ou cinco parágrafos fará muitos de meus leitores rirem com escárnio e profusões de zombaria; na melhor das hipóteses, o que proponho seria chamado de castelos construídos sobre o ar; o problema aqui é saber se isso é culpa minha ou deles. Quando o espírito cívico abandona uma nação, não apenas deixam de ter paciência com ele e com todos os pensamentos vinculados à perseverança, como também se tornam tão tacanhos que lhes é penoso até mesmo pensar em qualquer coisa de alcance incomum ou que exija um tempo maior; tudo que for nobre e sublime em tais conjecturas será tratado como quimérico. Quando uma ignorância profunda e arraigada é arrancada à força, e um saber inferior é promiscuamente disseminado por todo um povo, o amor-próprio transforma o conhecimento em astúcia, e, quanto mais esta prevalece num país, tanto mais o povo concentrará seus cuidados, preocupações e empenhos

Ensaio sobre a caridade e as escolas de caridade

no tempo presente, sem ver o que vem depois deles, ou quase nunca pensando além da geração seguinte.

Mas como a astúcia, de acordo com milorde Verulam,[10] é apenas sabedoria canhestra, uma legislatura prudente deveria precaver-se contra essa desordem da sociedade tão logo apareçam seus sintomas, entre os quais os mais óbvios são os seguintes: as recompensas imaginárias em geral são desprezadas; todo mundo quer ganhar dinheiro e pechinchar; quem desconfia de tudo e não acredita senão no que vê com os próprios olhos é tido como o mais prudente; e em todas as transações os homens parecem agir apenas segundo o princípio "cada um por si, e que o diabo tire de quem vier por último". Em vez de plantar carvalhos, que exigiriam 150 anos até estarem prontos para // ser cortados, constroem casas planejadas para não ficar de pé por mais de doze ou catorze anos. Todos lançam-se na incerteza das coisas e nas vicissitudes dos negócios humanos. As ciências matemáticas tornam-se o único estudo precioso, usando-as em todas as coisas, mesmo onde é ridículo, e os homens parecem depositar tanta confiança na Providência quanto num comerciante falido.

Concerne ao público suprir os defeitos da sociedade e se incumbir, primeiramente, do que os indivíduos particulares mais negligenciam. Curam-se melhor os opostos pelos opostos e, portanto, assim como o exemplo é de uma eficácia maior do que o preceito para corrigir os erros nacionais, a legislatura deveria decidir sobre alguns grandes empreendimentos que

---

10 Francis Bacon (lorde Verulam) escreveu o ensaio "Da astúcia": "We take cunning for a sinister or crooked wisdom". Consideramos a astúcia uma sabedoria canhestra ou tortuosa. (N. T.)

A fábula das abelhas

exigirão o trabalho de gerações, bem como enorme empenho, e convencer o mundo de que nada foi feito sem que deixassem de considerar atentamente a sua mais remota posteridade. Isso permitiria firmar, ou ao menos ajudaria a sossegar, o gênio volátil e o espírito inconstante do reino; faria com que lembrássemos que não nascemos apenas para nós mesmos, tornando os homens menos desconfiados, inspirando-lhes um verdadeiro amor por seu país e um terno afeto pelo próprio solo, o que é o mais necessário para engrandecer a nação. As formas de governo podem se alterar, as religiões e mesmo a língua podem mudar, mas a Grã-Bretanha, ou ao menos (caso também perca seu nome) a própria ilha, permanecerá; e com todas as probabilidades humanas, durará tanto quanto qualquer outra parte do globo. Todas as épocas sempre dedicaram um bondoso reconhecimento aos seus ancestrais pelos benefícios deles recebidos, e um cristão, que goza de uma multidão de fontes e da grande abundância de água encontrada na cidade de são Pedro, é um ingrato miserável se nunca dedica uma recordação de agradecimento à antiga Roma pagã, que sofreu tamanhas penas para construí-las.

322   Quando esta ilha estiver cultivada, cada centímetro // de seu território se tornar habitável e útil, e todo seu conjunto for o local mais conveniente e agradável sobre a Terra, todo gasto e trabalho despendido sobre ela será gloriosamente recompensado pela lisonja daqueles que vierem depois de nós; e os que abrasam em nobre zelo e desejo de imortalidade, assumindo tal cuidado para melhorar seu país, podem repousar satisfeitos, pois daqui a mil ou dois mil anos viverão na memória e nos perpétuos louvores das épocas futuras que então desfrutarão de tudo que foi feito.

Ensaio sobre a caridade e as escolas de caridade

Aqui poderia eu concluir essa rapsódia de pensamentos, mas algo vem à minha mente sobre o principal escopo e desígnio deste ensaio, qual seja, provar que existe a necessidade de certa dose de ignorância numa sociedade bem organizada, e isso não omiti, pois, mencionando tal ponto, desenvolvo um argumento em meu favor, e se não o fizesse, poderia facilmente prestar-se como forte objeção contra mim. Muitas pessoas acham, e eu também, que a qualidade mais digna de louvor do atual czar de Moscou é a sua incansável dedicação para elevar seus súditos acima de sua estupidez nativa e civilizar sua nação; precisamos considerar, porém, que é justamente disso que continuam precisando e que, não muito tempo atrás, a maioria deles estava mais próxima das bestas brutas. Em proporção à extensão de seus domínios e às multidões que comandava, ele não tinha a quantidade ou a variedade de mercadores e artesãos que o aperfeiçoamento real do país exigia, de modo que ele estava certo ao não deixar pedra sobre pedra para obtê-lo. Mas o que isso tem a ver conosco que padecemos do mal inverso? Bons políticos são para o corpo social o que a arte da medicina é para o corpo natural, e nenhum médico trataria um homem acometido de letargia como se estivesse doente por falta de repouso, nem prescreveria, se estivesse com hidropisia, aquilo que deve ser administrado em caso de diabete. Em suma, a Rússia tem poucos homens instruídos, e a Grã-Bretanha os tem em demasia.

// *Uma investigação sobre a natureza da sociedade*

A generalidade dos moralistas e filósofos concordou até agora que não poderia haver virtude sem abnegação; mas um autor já falecido, hoje em dia muito lido por homens sensatos, é de opinião contrária e imagina que os homens podem ser naturalmente virtuosos sem tormento nem violência. Ele parece exigir e esperar a bondade na sua espécie tal como fazemos com o sabor adocicado das uvas e bergamotas, das quais, se algumas são azedas, afirmamos sem hesitar que não atingiram aquela perfeição de que sua natureza é capaz. Esse nobre escritor (trata-se de lorde Shaftesbury em sua obra *Características*)[1] imagina que, como o homem é feito para a sociedade, deve ter nascido com uma bondosa afeição em relação ao todo, do qual ele // é uma parte, e uma propensão a buscar o bem desse todo. Segundo os termos dessa suposição, ele chama de virtuosa toda ação executada em vista do bem público; e toda ação egoísta, que exclui completamente essa consideração, é vício. No que

---

1 Anthony Ashley Cooper, terceiro conde de Shaftesbury, *Characteristicks of Men, Manners, Opinions, Times* (1711). (N. T.)

A fábula das abelhas

diz respeito à nossa espécie, pondera a virtude e o vício como realidades permanentes que devem ser sempre as mesmas em todos os países e em todas as épocas, e imagina que um homem de bom entendimento, seguindo as regras do bom senso, pode não apenas descobrir aquele *pulchrum & honestum*[2] na moralidade, nas obras de arte e na natureza, como também governar-se pela sua razão com a mesma facilidade e prontidão que um bom cavaleiro conduz um cavalo bem adestrado pelo arreio.

O leitor atento que examinou detidamente a parte precedente deste livro logo perceberá que não pode haver dois sistemas mais opostos do que o de sua senhoria e o meu. Suas noções, devo admitir, são generosas e refinadas; são um grande elogio à humanidade e, com um pouco de entusiasmo, capazes de inspirar em nós os mais nobres sentimentos concernentes à dignidade de nossa elevada natureza. Pena que não sejam verdadeiras. Eu não diria isso se não tivesse demonstrado, quase em cada página deste tratado, que sua solidez é incompatível com nossa experiência diária. Mas, para não deixar nem a sombra de uma objeção // sem resposta, proponho espaçar algumas coisas que até aqui apenas mencionei, de modo a convencer o leitor não só de que as qualidades boas e amáveis do homem não são as que fazem dele uma criatura sociável superior a outros animais, mas também que, em última análise, seria impossível alçar quaisquer multidões a uma nação populosa, rica e florescente ou, se assim alçada, preservá-la e mantê-la nessa condição, sem a ajuda daquilo que chamamos de mal, tanto natural como moral.

---

2 Em latim no original: "belo e adequado". (N. T.)

Uma investigação sobre a natureza da sociedade

Para melhor perfazer o que tomei a cargo, examinarei, previamente, a realidade do *pulchrum & honestum*, o *τὸ κάλον*[3] de que os antigos tanto falaram: o sentido dessa expressão põe em discussão se existe valor e excelência verdadeiros nas coisas, uma proeminência de uma sobre a outra, com o que sempre concordarão todos os que as compreendem bem; ou se há algumas poucas coisas, se é que alguma, merecedoras da mesma estima e que recebem o mesmo juízo em todos os países e em todas as eras. Quando nos colocamos pela primeira vez em busca desse valor intrínseco, e descobrimos que uma coisa é melhor do que a outra, e que uma terceira é melhor que esta, e assim por diante, passamos a nutrir grandes esperanças de êxito; mas quando nos deparamos com várias coisas que são, todas elas, muito boas ou muito ruins, ficamos estarrecidos e nem sempre concordamos com nós mesmos, // nem tampouco com os outros. Há diferentes defeitos e belezas que, assim como as modas e vogas se alteram e os homens variam em seus gostos e humores, serão diferentemente admirados ou desaprovados.

Críticos de pintura nunca discordarão quando um belo quadro é comparado com o borrão de um noviço, mas, curiosamente, como diferem entre si nas obras de mestres eminentes! Entre conhecedores há partidos, e são poucos os que concordam na estima de países e épocas, e os melhores quadros nem sempre são os com o melhor preço: um original notável sempre valerá mais do que uma cópia feita por uma mão desconhecida, embora esta seja melhor. O valor que se atribui às pinturas depende não apenas do nome do mestre e da idade que tinha quando as pintou, mas também em grande medida da escassez

---

3 Em grego no original: "o belo". (N. T.)

A fábula das abelhas

de suas obras e, o que é mais estapafúrdio, da qualidade das pessoas em cuja posse elas estão, bem como do tempo que permaneceram com as grandes famílias; e se os esboços que estão em Hampton-Court fossem feitos por mãos menos famosas que as de Rafael, e seu proprietário fosse um particular obrigado a vendê-los, não renderiam a décima parte do dinheiro que lhes são agora atribuídos mesmo estando cheios de defeitos grosseiros.

Apesar de tudo isso, hei de convir prontamente que o juízo sobre uma pintura pode se tornar uma certeza universal, ou pelo menos não tão alterável e precário como quase em qualquer outra coisa. A razão para tanto é clara; há um padrão a ser tomado por norma que permanece sempre o mesmo. A pintura é uma imitação da natureza, uma cópia de coisas que os homens têm diante de si por toda parte. Espero que meu leitor bem-humorado me perdoe se, pensando nessa gloriosa invenção, faço uma reflexão um pouco inoportuna, ainda que muito conducente ao meu propósito principal, qual seja: valiosa como a arte de que trato, estamos em dívida // com uma imperfeição no mais importante de nossos sentidos, por todos os prazeres e deleites arrebatadores que recebemos desse feliz engano. Explico-me. O ar e o espaço não são objetos da visão, mas, quando olhamos com alguma atenção, observamos que o tamanho das coisas que vemos diminui gradualmente à medida que se afastam de nós, e nada senão a experiência adquirida por essas observações pode nos ensinar a fazer algumas suposições toleráveis sobre coisas a distância. Se alguém que nasceu cego e assim permaneceu até os 20 anos fosse subitamente abençoado com o dom da visão, curiosamente ele ficaria perplexo com a diferença das distâncias e dificilmente conseguiria ime-

Uma investigação sobre a natureza da sociedade

diatamente, apenas com os olhos, determinar o que está mais perto dele: um poste quase ao alcance de sua bengala ou um campanário a meia milha de distância. Olhemos um buraco na parede o mais perto possível, dentro do qual não há nada senão ar; e não veremos de outro modo o céu que preenche o vácuo e que está tão perto de nós quanto a parte posterior das pedras que circunscrevem o espaço onde elas estão ausentes. Essa circunstância na nossa visão, que não é chamada de defeito, expõe-nos à ilusão, e todas as coisas, exceto o movimento, podem ser representadas pela arte num plano da mesma maneira que as vemos na vida e na natureza. Se um homem nunca viu essa arte posta em prática, um espelho poderia logo convencê-lo de que tal coisa é possível, e não posso deixar de pensar que os reflexos oriundos de corpos muito lisos e polidos sobre nossos olhos devem ter dado a primeira alavancada na invenção de desenhos e pinturas.

Nas obras da natureza, o valor e a excelência são incertos; e mesmo entre as criaturas humanas o que é belo num país não é em outro. Como o florista é caprichoso em suas escolhas! Em alguns momentos é a tulipa, em outros a aurícula e em outros o cravo que define a sua estima, e a cada ano uma nova flor supera, segundo seu juízo, todas as anteriores, // embora seja muito inferior a elas em cor e forma. Há trezentos anos os homens se barbeavam de modo tão rente como agora; desde então, passaram a ter barba, com cortes muito variados, tornando-se tão apropriadas quando em voga quanto agora seriam ridículas. Como parece mesquinho e cômico um homem que está bem-arrumado com um chapéu de abas estreitas quando todos usam de abas largas; ou então, não é monstruoso um chapéu muito grande quando o outro extremo está na moda

A fábula das abelhas

por um tempo considerável? A experiência nos ensina que raramente essas modas duram mais do que dez ou doze anos, e um homem aos 60 deve ter observado pelo menos cinco ou seis revoluções desse tipo; no entanto, os começos dessas mudanças, mesmo que tenhamos visto várias, parecem sempre toscos, e tornam a ser ofensivos sempre que voltam. Que mortal pode decidir se é mais bonito, quando apartado da moda em voga, usar botões grandes ou pequenos? As muitas formas de dispor um jardim judiciosamente são quase inumeráveis, e o que neles é considerado bonito varia conforme a diferença de gosto das nações e épocas. Nos gramados, canteiros e *parterres*, uma grande diversidade de formas é geralmente agradável; mas um redondel pode ser // tão agradável aos olhos quanto uma armação quadrada; um oval não pode ser mais adequado num lugar do que o triângulo pode ser em outro; e a preeminência que o octógono tem sobre o hexágono não é maior, em termos de probabilidade, do que a do oito sobre o seis num sorteio ao acaso.

As igrejas, desde que os cristãos foram capazes de construí-las, assemelham-se à forma de uma cruz, com sua parte superior apontando para o *leste*; e o arquiteto que negligenciasse isso, onde houvesse espaço e pudesse ser convenientemente feito, seria acusado de ter cometido uma falta imperdoável; mas seria uma tolice esperar o mesmo numa mesquita turca ou num templo pagão. Entre as muitas leis benéficas feitas nos últimos cem anos, não é fácil encontrar uma com maior utilidade e ao mesmo tempo isenta de toda inconveniência do que aquela que regulamentou a vestimenta dos mortos. Os que tinham idade suficiente para se dar conta das coisas quando essa lei foi feita, e que ainda estão vivos, devem se lembrar do clamor geral que

Uma investigação sobre a natureza da sociedade

foi feito contra ela. De início, nada podia ser mais chocante para milhares de pessoas do que ser enterrado com uma roupa de lã, e a única coisa que tornava a lei suportável era que se permitia uma exceção para as pessoas seguidoras da moda cederem à sua fraqueza sem cometer extravagância, tendo em conta outros gastos de funerais onde vários devem se vestir enlutados e a muitos é dado um anel. O benefício que resulta para a nação é tão visível que nada de razoável poderia ser dito para condená--la, o que em poucos anos abrandou a cada dia o horror que se lhe tinha. Observei então que pessoas jovens, que haviam visto poucos mortos no caixão, aderiam rapidamente à inovação; mas aqueles que, quando a lei foi feita, tinham já enterrado muitos

330 amigos e parentes // permaneceram-lhe avessos por muito mais tempo, e lembro-me de muitos que até o dia de sua morte nunca se reconciliaram com tal determinação. Hoje em dia, o sepultamento em linho já foi quase esquecido e, para a opinião geral, nada pode ser mais decente do que a lã e do que a maneira atual de se vestir um cadáver; o que mostra que o nosso agrado ou desagrado depende principalmente da moda e do costume, do preceito e exemplo de nossos superiores e daqueles que de uma maneira ou de outra consideramos superiores a nós.

Com a moral, a certeza não é maior. A pluralidade de esposas é odiosa aos cristãos, e toda inteligência e aprendizado de um grande gênio em sua defesa foram rejeitados com desprezo. Mas a poligamia não choca um maometano. O que os homens aprenderam na infância os escraviza, e a força do costume retorce a natureza ao mesmo tempo que a imita de tal maneira que frequentemente se torna difícil determinar qual das duas nos influencia. Antigamente, no *Oriente* as irmãs se casavam

A fábula das abelhas

com os irmãos, e era meritório que um homem se casasse com sua mãe. Tais alianças são abomináveis, mas, certamente, qualquer que seja o nosso horror ao pensar nisso, não há nada nelas que a natureza repugne senão o // que é construído com base na moda e no costume. Um maometano religioso que nunca provou licores espirituosos e que vê frequentemente pessoas bêbadas pode desenvolver tanta aversão ao vinho quanto qualquer um de nós, sem a menor moralidade e educação, pode ter contra deitar-se com a irmã, e ambos imaginam que sua antipatia procede da natureza. A questão sobre qual a melhor religião causou mais danos do que todas as outras questões juntas. Proponha essa questão em Pequim, Constantinopla e Roma, e você receberá três respostas distintas extremamente diferentes uma da outra; e todas elas, no entanto, igualmente positivas e peremptórias. Os cristãos estão bem seguros da falsidade das superstições pagãs e maometanas; quanto a esse ponto, há uma perfeita união e concórdia entre eles; mas inquira as várias seitas em que se dividem — qual a verdadeira igreja de Cristo? — e todos lhe dirão que é a sua e, para convencê-lo, um segue o outro por ouvir dizer.

É manifesto, portanto, que a procura do *pulchrum & honestum* não é muito melhor do que a caça aos patos bravos,[4] da qual dependemos tão pouco; mas esse não é o maior problema que encontro aí. As noções imaginárias de que os homens podem ser virtuosos sem abnegação são uma porta escancarada para a hipocrisia, que, uma vez tornada habitual, não apenas nos força a enganar os outros, mas também nos torna completa-

---

4 No original em inglês: *"Wild-Goose-Chace"*. Expressão que designa uma busca incerta ou inalcançável. (N. T.)

Uma investigação sobre a natureza da sociedade

mente desconhecidos de nós mesmos, e no exemplo que darei ficará manifesto como, ao deixar de se examinar devidamente, isso poderia acontecer com uma pessoa de posição qualificada e erudita, algo que em todos os aspectos se assemelha ao autor das *Características*.

Um homem criado com conforto e riqueza, quando tem uma natureza calma e indolente, aprende // a evitar tudo que é perturbador e escolhe refrear suas paixões, mais pelas inconveniências que surgem da busca ávida de prazer e da entrega a todas as demandas de nossas inclinações, do que por desgostar dos prazeres sensuais; e é possível que uma pessoa educada por um grande filósofo,[5] tutor ameno, de boa índole e hábil, tenha, em tais felizes circunstâncias, uma opinião sobre seu estado interno superior à que realmente merece, acreditando-se virtuosa porque suas paixões estão adormecidas. Ele pode formular belas noções das virtudes sociais e do desprezo pela morte, pode escrever bem sobre elas em seu gabinete, falar delas eloquentemente na companhia de outros, mas você nunca o surpreenderá lutando pelo seu país ou trabalhando para recuperar quaisquer perdas nacionais. Um homem que lida com a metafísica pode facilmente lançar-se ao entusiasmo e realmente acreditar que não teme a morte, contanto que esta fique fora de sua vista. Mas se lhe perguntassem por que, com tanta intrepidez, oriunda da natureza ou adquirida pela filosofia, não adere ao exército quando seu país está em guerra; ou quando vê a nação sendo diariamente roubada por aqueles que a governam, com os assuntos intrincados do *erário*, por que não se dirige à corte e se vale de todos os seus amigos e de seus inte-

---

5 Trata-se de John Locke, preceptor de Shaftesbury. (N. T.)

resses para tornar-se secretário do tesouro e restaurar o crédito público através de sua integridade e sábia administração; provavelmente responderia que adora a vida retirada, que sua única ambição é ser um homem bom e que nunca aspirou a nenhum cargo no governo, ou que odeia toda aquela bajulação e serviço escravizador, bem como a falsidade das cortes e a azáfama do mundo. De bom grado, acredito nele. Mas não pode um homem de temperamento indolente e espírito inativo dizer tudo isso com sinceridade e ao mesmo tempo satisfazer seus apetites sem ser capaz de subjugá-los, ainda que // seu dever o convoque a tanto? A virtude consiste na ação, e quem quer que possua esse amor social e doce afeição por sua espécie, e que por sua descendência ou qualidade pessoal possa reclamar algum posto na administração pública, não deveria permanecer quieto quando pode servir, mas, sim, esforçar-se ao máximo pelo bem de seus companheiros súditos. Tivesse essa nobre pessoa um espírito guerreiro ou um gênio buliçoso, teria escolhido outro papel no drama da vida e pregado uma doutrina inteiramente contrária; pois estamos sempre empurrando nossa razão até onde a paixão nos arrasta, e o amor-próprio pleiteia as diferentes opiniões de todas as criaturas humanas, munindo cada indivíduo com argumentos para que justifiquem suas inclinações.

O alardeado meio termo e as calmas virtudes recomendadas na obra *Características* não servem senão para alimentar zangões, e poderiam qualificar um homem para os gozos estúpidos de uma vida monástica, ou melhor, um juiz de paz no campo, mas nunca o ajustariam para o trabalho e a assiduidade, nem o instigariam a grandes feitos e empresas perigosas. O amor natural do homem ao conforto e ao ócio, e a sua propensão a satisfa-

Uma investigação sobre a natureza da sociedade

zer seus prazeres sensuais, não serão curados com preceitos: seus hábitos e inclinações fortes só podem ser subjugados por paixões mais violentas. Pregue e demonstre para um covarde que seus medos são irrazoáveis, e você não o fará mais valente, como não o tornará mais alto mandando-o subir dez pés de altura; ao passo que // o segredo para suscitar a coragem, como tornei público na "Observação R.", é quase infalível.

O medo da morte é tanto mais forte quando nos encontramos no auge de nosso vigor e temos um apetite vivaz, uma visão afiada, uma audição ligeira e cada parte nossa executa bem sua função. A razão é manifesta: num tal caso a vida é extremamente deliciosa e, nós mesmos, somos um tanto mais capazes de desfrutá-la. O que acontece, então, para que um homem honrado aceite tão facilmente um desafio, embora tenha 30 anos e goze de perfeita saúde? É o seu orgulho que conquista o seu medo, pois, quando o orgulho não está concernido, o medo se mostrará mais notoriamente. Se não está acostumado com o mar, deixe-o em meio a uma tormenta, com dor de garganta, ou uma leve febre, se nunca esteve doente, e manifestará mil aflições e, nelas, o valor inestimável que tem pela vida. Fosse o homem naturalmente humilde e à prova de bajulações, o político nunca alcançaria seus fins nem saberia o que fazer com aquele outro homem. Sem os vícios, a excelência da espécie teria permanecido encoberta, e cada notoriedade que se fez famosa no mundo é uma forte evidência contrária a esse amável sistema.

Se a coragem do grande *Macedônio* beirava a desorientação quando lutava sozinho contra uma guarnição inteira, sua loucura não era menor quando imaginava ser um deus ou, ao menos, quando se questionava se o era ou não; e quando fazemos essa

A fábula das abelhas

reflexão, percebemos tanto a paixão quanto a sua extravagância, em que seus espíritos fervilhavam face aos mais iminentes perigos, suportando todas as dificuldades e fadigas que sofreu.

Nunca houve no mundo um exemplo mais radiante de um magistrado idôneo e completo que o de *Cícero*; quando penso no seu cuidado e vigilância, nas verdadeiras vicissitudes que menosprezou e nos esforços que dedicou à segurança de Roma, na sua sabedoria e sagacidade ao detectar // e frustrar os estratagemas dos conspiradores mais ousados e sutis e, ao mesmo tempo, no seu amor pela literatura, pelas artes e ciências, na sua capacidade para a metafísica, na justeza de seus raciocínios, na força de sua eloquência, no seu estilo polido, no espírito fino que perpassa seus escritos; quando penso, digo, em todas essas coisas juntas, sou tomado de espanto, e o mínimo que posso dizer a seu respeito é que foi um homem incomparável. Mas quando ponho essas suas muito boas qualidades sob uma nova luz, torna-se tão evidente para mim, por outro lado, que, se sua vaidade tivesse sido inferior à sua grandiosa excelência, o bom senso e o conhecimento que possuía tão eminentemente nunca lhe permitiriam ser tão exagerado e berrante nos louvores que fazia a si mesmo, nem tolerariam que ele, em vez de proclamar seus próprios méritos, fizesse versos de que um estudante daria risadas: *Ó! Fortunatam* etc.

Como era estrita e severa a moralidade do rígido *Catão*; como era segura e desafetada a virtude daquele defensor da liberdade romana! Mas embora a compensação que esse estoico desfrutou, por toda a abnegação e austeridade que praticou, tenha sido camuflada por muito tempo, e sua modéstia peculiar a tenha escondido durante um bom tempo do mundo, e talvez de si mesmo, a fragilidade de seu coração que o forçou ao he-

Uma investigação sobre a natureza da sociedade

roísmo foi trazida à luz na última cena de sua vida, e por seu suicídio tornou-se manifesto que era governado por um poder tirânico superior ao amor que tinha por seu país, e que o ódio implacável e a inveja superlativa que nutria pela glória, a grandeza verdadeira e o mérito pessoal de *César*, tinham por muito tempo influenciado todas as suas ações sob os mais nobres **336** pretextos. Se esse // motivo violento não tivesse prevalecido sobre sua prudência consumada, poderia não apenas ter se salvado, mas também protegido a maioria de seus amigos que se arruinaram ao perdê-lo; e com toda probabilidade, se tivesse se rebaixado a tanto, teria sido o segundo homem de Roma. Mas Catão sabia do cuidado sem fronteiras e da generosidade ilimitada do vencedor: o que temia era que lhe fossem clementes; portanto, escolheu a morte porque, para seu orgulho, ela seria menos terrível do que a ideia de conceder ao seu rival uma oportunidade tão tentadora de exibir a magnanimidade de sua alma, que *César* teria encontrado ao perdoar um inimigo tão inveterado quanto *Catão* ao oferecer-lhe sua amizade; oportunidade essa, pensam os judiciosos, que o Conquistador, tão perspicaz quanto ambicioso, não teria deixado escapar se o outro tivesse ousado viver.

Outro argumento para provar a disposição amável e a verdadeira afeição que naturalmente temos pela nossa espécie é o amor pela companhia e a aversão que os homens, em perfeito juízo, geralmente têm pela solidao, muito além das outras criaturas. Isso recebe um fino comentário em *Características*, sendo **337** realçado com uma excelente linguagem // para maior proveito; no dia seguinte, após lê-lo pela primeira vez, ouvi uma abundância de pessoas anunciando aos berros arenques frescos, com o que, refletindo sobre os enormes cardumes desse e de outros

A fábula das abelhas

peixes, me senti muito feliz, ainda que estivesse sozinho; mas enquanto me entretinha com essa contemplação, aproximou-se de mim um sujeito desocupado e impertinente, que eu tinha a infelicidade de conhecer e que me perguntou como eu estava, embora eu estivesse e, ouso dizer, parecesse tão saudável e bem como nunca estive em toda a minha vida. O que eu lhe respondi, não me lembro mais; recordo, porém, que não consegui me livrar dele por um bom tempo, e senti todo o incômodo de que meu amigo *Horácio* se queixa a respeito de uma perseguição de mesma natureza.[6]

Não gostaria que nenhum crítico sagaz me acusasse de ser um misantropo a partir desse breve causo; quem o fizer estará muito enganado. Sou um grande amante da companhia, e se o leitor não se cansou muito da minha, antes de mostrar a fraqueza e o aspecto ridículo dessa amostra de bajulação de nossa espécie, que acabei de tratar, vou lhe oferecer uma descrição do homem que eu escolheria para uma conversação, com a promessa de que, antes de ter terminado de ler o que, de início, ele poderia tomar como uma digressão alheia ao meu propósito, encontrará aí uma serventia.

Por meio de uma instrução precoce e habilidosa, ele seria completamente imbuído de noções de honra e vergonha, tendo contraído uma verdadeira aversão a qualquer coisa que tivesse a menor tendência à impudência, à rudeza e à desumanidade. Seria bem versado na língua *latina*, não ignorando o *grego*, e, além disso, compreenderia uma ou duas línguas modernas além da sua. Deveria estar familiarizado // com os modos e hábitos dos antigos, mas completamente proficiente na história de

---

6 Horácio, *Sátiras*, I. IX. (N. T.)

Uma investigação sobre a natureza da sociedade

seu país e nos costumes da época em que vive. Além de literatura, ele estudaria uma ou outra ciência útil, visitaria algumas cortes e universidades estrangeiras, aproveitando verdadeiramente suas viagens. Por vezes, ele desfrutaria da dança, esgrima, equitação, conheceria algo sobre caça e outros esportes do campo, sem se prender a nenhum, tratando todos como exercícios para a saúde ou como diversão, que nunca interfeririam em seus negócios nem na obtenção de qualificações mais estimáveis. Deveria ter alguma noção de geometria e astronomia, bem como de anatomia e de economia dos corpos humanos. Conhecer música para executá-la é um feito, mas muito pode ser dito contra isso; em vez disso, eu gostaria que soubesse da arte do desenho o tanto necessário para assimilar uma paisagem ou explicar o significado de qualquer forma ou modelo que descrevêssemos, mas nunca tocar num lápis. Muito cedo ele se acostumaria com a companhia de mulheres modestas e nunca ficaria uma quinzena sem conversar com as damas.

Vícios grosseiros como irreligião, prostituição, jogo, bebedeira e confusões, nem vou mencionar; deles nos protege mesmo a mais pobre educação; sempre lhe recomendaria a prática da virtude, mas não defendo que um cavalheiro ignore voluntariamente o que acontece na corte ou na cidade. É impossível existir um homem perfeito; nesse sentido, eu seria conivente com algumas falhas se não as pudesse impedir. E se entre 19 e 23 anos o ardor juvenil levasse a melhor sobre a castidade, que ao menos fosse com cautela; se ele, numa ocasião extraordinária, vencido pela insistente solicitação de seus amigos joviais, bebesse mais do que é coerente com uma estrita sobriedade, isso aconteceria // muito raramente sem que deixasse interferir em sua saúde ou temperamento; ou se, pela

A fábula das abelhas

eminência de seu ímpeto e grande provocação numa causa justa, fosse levado a uma briga, com uma verdadeira sabedoria e uma aderência menos estrita às regras de honra, ele poderia dela declinar ou evitá-la, contanto que isso nunca mais se repetisse; se acontecesse de ser culpado dessas coisas, e nunca falasse nem muito menos se gabasse delas, elas poderiam ser perdoadas ou pelo menos ignoradas durante a idade que delimitei, se não as tornasse a cometer e continuasse discreto dali em diante. Os próprios desastres da juventude por vezes atemorizaram cavalheiros numa mais firme prudência do que provavelmente teriam aprendido a dominar sem tê-las experimentado. Para mantê-lo afastado das coisas torpes e francamente escandalosas, nada melhor do que lhe obter livre acesso a uma ou duas famílias nobres, onde seu comparecimento frequente seria considerado um dever. E enquanto seu orgulho puder ser preservado por esses meios, será mantido num contínuo pavor da vergonha.

Um homem de razoável fortuna, muito próximo do que exigi, que ainda se aprimora e se põe a conhecer o mundo até os 30 anos, não pode ser desagradável para conversar, pelo menos enquanto continua gozando de saúde e prosperidade e não é acometido por nada que estrague o seu temperamento. Quando por acaso ou com horário marcado ele se encontra com três ou quatro de seus pares, todos concordando em passar algumas horas juntos, o conjunto que formam é o que chamo de boa companhia. Não há nada que seja dito nela que não seja instrutivo ou divertido para um homem sensato. É possível que não tenham a mesma opinião, mas a única contenda entre eles será sobre quem primeiro transigirá com aquele de quem difere.

Uma investigação sobre a natureza da sociedade

Cada um fala na sua vez, numa altura não acima do que pode ser entendido por quem estiver mais distante. O maior prazer almejado por cada um deles é ter a satisfação de // agradar os outros, o que todos, num sentido prático, sabem que pode ser efetuado ouvindo com atenção e com uma atitude aprovadora, como se coisas muito boas fossem ditas entre nós.

A maioria das pessoas dotada de algum gosto desejaria tal conversação e, com razão, a preferiria a estar só, quando não soubesse como gastar seu tempo; mas se puder se dedicar a algo de que espera uma satisfação mais sólida ou mais duradoura, ela se nega tal prazer e vai atrás do que lhe tem maior consequência. Mas será que um homem, ainda que estivesse há uma quinzena sem ver um mortal, não preferiria permanecer só por mais tempo à companhia de companheiros barulhentos que se deleitam em se contradizer e consideram uma glória poder provocar uma contenda? Não preferiria alguém que tem livros ler para sempre, ou se pôr a escrever sobre um ou outro tema, a estar a cada noite com homens festeiros que consideram que a nossa ilha não terá nada de bom enquanto se permitir que nela vivam seus adversários? Não preferiria um homem viver sozinho durante um mês, indo para cama antes das sete horas, a se misturar com caçadores de raposas que, passando o dia todo tentando em vão quebrar o pescoço, se reúnem à noite numa segunda tentativa de pôr a vida em risco por meio da bebida, e que, para expressar seu júbilo, emitem, à porta fechada, sons sem sentido mais altos do que seus companheiros que latem e perturbam menos do lado de fora? Não tenho nenhum grande apreço por um homem que, em vez de se cansar caminhando ou, se estivesse encerrado, de espalhar alfinetes pela sala para depois recolhê-los de novo, prefere passar seis horas na com-

A fábula das abelhas

panhia de uma dezena de marinheiros ordinários no dia em que recebem seu pagamento.

Apesar disso, hei de convir que a maior parte da humanidade, em vez de ficar sozinha durante um tempo considerável, prefere se submeter às coisas que indiquei; mas o que não consigo entender é por que esse amor à companhia, esse desejo forte // pela sociedade, deve ser interpretado tão a nosso favor, alegando-o como uma marca de um valor intrínseco ao homem, não encontrado em outros animais. Pois, provando com isso a bondade de nossa natureza e o amor generoso do homem, estendido além de si mesmo para o restante da espécie, em virtude do que ele seria uma criatura sociável, torna-se necessário que essa ânsia por companhia e aversão à solidão fossem mais conspícuas e mais violentas naqueles que são os melhores dessa espécie, os homens de maior gênio, de maior quinhão e de maiores realizações, e naqueles que são menos sujeitos ao vício; mas a verdade é o contrário. As mentes mais fracas que menos podem governar suas paixões, as consciências culpadas que mais abominam a reflexão e os inúteis, incapazes de produzir por conta própria algo que tenha alguma serventia, são os maiores inimigos da solidão, e aceitarão qualquer companhia para não ficarem sozinhos; ao passo que os homens sensatos e de conhecimento, que conseguem pensar e contemplar as coisas, de tal modo que são muito pouco perturbados por suas paixões, conseguem suportar a solidão por muito tempo sem nenhuma relutância; e para evitar o barulho, a balburdia e a impertinência, fugirão de vinte companhias; e em vez de se deparar com algo que desagrade o seu bom gosto, preferirão seu gabinete ou um jardim, ou melhor, um terreno baldio ou um deserto, à convivência com certos homens.

Uma investigação sobre a natureza da sociedade

Mas vamos supor que o amor à companhia seja tão inseparável de nossa espécie que nenhum homem suporte permanecer sozinho um momento sequer. Que conclusões podemos extrair daí? Será que o homem não ama a companhia, tal como ama todas as outras coisas, pelo seu próprio bem? Nenhuma amizade ou civilidade dura se não for recíproca. Em todas as reuniões semanais e diárias em vista da diversão, bem como nas festas anuais e nas festividades mais solenes, cada um que ali comparece tem seus próprios fins, e alguns deles frequentam um clube ao qual nunca iriam se não pudessem ser os mais importantes do lugar. Conheci um homem // que era o oráculo do grupo: muito assíduo, incomodava-se com qualquer coisa que o impedisse de chegar na hora marcada, e abandonou completamente sua sociedade tão logo outro membro foi admitido e passou a disputar a superioridade com ele. Há pessoas que são incapazes de sustentar um argumento e, ainda assim, são suficientemente maliciosas para ouvir os outros discutindo e, embora nunca se sintam concernidas com a controvérsia, considerariam insípida uma companhia em que não pudessem ter essa diversão. Uma boa casa, um mobiliário rico, um jardim bonito, cavalos, cães, antepassados, parentes, beleza, força, a excelência em qualquer coisa, os vícios e as virtudes podem todos auxiliar os homens a aspirar à vida em sociedade, na esperança de que as coisas que valorizam sobremaneira possam se tornar, num ou noutro momento, o tema em discussão, proporcionando-lhes uma satisfação interna. Mesmo as pessoas mais polidas do mundo, de que falei anteriormente, não dão nenhum prazer ao outro que não compense o seu amor-próprio e que, por fim, não se centre nelas mesmas, para onde quer que soprem seus ventos. Mas a prova mais patente de que, em todos os clubes e

A fábula das abelhas

sociedades de pessoas dedicadas à conversação, cada qual tem a maior consideração por si mesmo, é que o desinteressado, em vez de discutir, paga a mais; e o bem-humorado nunca é petulante nem se ofende com facilidade; o calmo e indolente, que odeia disputas e nunca fala para triunfar, é em toda parte o mais querido dos encontros; ao passo que o homem sensato e de conhecimento não se deixa impressionar nem se convence sem raciocínio; e o homem de gênio e espirituoso diz coisas mordazes e chistosas, ainda que nunca seja implacável senão com aquilo que merece; o homem honrado, que nunca dá nem aceita uma afronta, pode até ser estimado, mas raramente é tão adorado quanto um homem mais fraco e menos acabado.

343 Assim como nesses exemplos as qualidades amigáveis surgem // de nosso anseio mirabolante pela nossa própria satisfação, também em outras ocasiões elas procedem da timidez natural de um homem e do cuidado meticuloso que toma consigo mesmo. Dois *londrinos*, cujos negócios não os obrigam a ter nenhum comércio conjunto, podem se conhecer, se ver e se encontrar todo dia no *mercado* sem maior civilidade do que a dos bovinos. Se se encontrarem em *Bristol*, cada qual tirará o chapéu em deferência ao outro e, na menor oportunidade, estabelecerão uma conversação, comprazendo-se com a companhia do outro. Quando *franceses*, *ingleses* e *holandeses* se encontram na China ou em qualquer outro país pagão, sendo todos eles *europeus*, veem-se como compatriotas, e se nenhuma paixão interferir, sentirão uma propensão natural a se amarem uns aos outros. Não só isso: dois homens, inimigos, forçados a viajar juntos, vão se poupar de suas animosidades, serão afáveis e conversarão de modo amigável, especialmente se a estrada for insegura e se forem ambos estrangeiros no lugar para onde

Uma investigação sobre a natureza da sociedade

devem ir. Os críticos superficiais atribuem essas coisas à sociabilidade do homem, à sua propensão natural à amizade e ao amor à companhia; mas quem quer que examine devidamente as coisas e olhe o homem mais detidamente descobrirá que em todas essas ocasiões nós apenas nos esforçamos para fortalecer nosso interesse e que somos movidos pelas causas já alegadas.

Até aqui, me esforcei para provar que o *pulchrum & honestum*, a excelência e o valor verdadeiro das coisas, são, muito mais comumente, precários e modificáveis conforme variam os modos e costumes; consequentemente, as inferências extraídas a partir de sua certeza são insignificantes, e as noções generosas concernentes à bondade natural do homem são danosas na medida em que tendem a induzir a erro, sendo assim meramente quiméricas. A verdade dessa última asserção foi por mim ilustrada pelos exemplos mais óbvios da história. Falei de nosso amor à companhia e nossa aversão à solidão, examinando inteiramente seus diversos motivos, // e que eles se centram no amor-próprio. Pretendo agora investigar a natureza da sociedade e, ao imergir em suas origens, tornar manifesto que não são as qualidades boas e amigáveis do homem, mas as más e odiosas, suas imperfeições e falta de excelências de que as outras criaturas são dotadas, que são as causas primeiras que tornam o homem mais sociável do que os outros animais, desde o momento em que ele perdeu o paraíso; e que se tivesse permanecido em sua primitiva inocência e continuado a desfrutar das bênçãos ali presentes, não há uma réstia de probabilidade de que teria se tornado a criatura sociável que se tornou.

Sobre como nossos apetites e paixões são necessários para a prosperidade de todo comércio e geração de mão de obra, já foi suficientemente demonstrado ao longo do livro; e que tais

A fábula das abelhas

apetites e paixões são, ou pelo menos produzem, nossas más qualidades, ninguém pode negar. Resta, pois, expor a variedade de obstáculos que impedem e atordoam o homem no trabalho a que está constantemente dedicado, a busca daquilo de que necessita; o que, em outras palavras, pode ser entendido como a ocupação com a autopreservação; enquanto isso, devo demonstrar, ao mesmo tempo, que a sociabilidade do homem surge de duas coisas, *viz.*, a multiplicidade de seus desejos e a oposição contínua com que se depara para satisfazê-los.

Os obstáculos a que me refiro se relacionam com nossa estrutura ou com o mundo em que habitamos, quero dizer, com as condições deste desde que foi amaldiçoado. Frequentemente me esforço para contemplar essas duas coisas separadamente, mas nunca consegui mantê-las divididas; elas sempre sofrem interferência uma da outra e se misturam; até que, por fim, se juntam num terrível caos da maldade. Todos os elementos são nossos inimigos, a água nos afoga e o fogo consome aqueles que de modo inábil se aproximam dele. Em milhares de lugares, a terra produz plantas e outros vegetais que fazem mal ao homem, embora ela alimente e acalente uma variedade de criaturas que lhe são nocivas, // comportando uma legião de venenos que nela habitam; mas, de todos os elementos, o mais cruel é aquele sem o qual não conseguimos viver um momento sequer: é impossível reproduzir todos os males que recebemos do vento e do clima; e embora a maior parte da humanidade tenha sempre se dedicado a defender sua espécie da inclemência do ar, contudo, nenhum artifício ou esforço foi capaz até agora de encontrar uma segurança que nos proteja da fúria selvagem de certos meteoros.

Os furacões, com efeito, são raros, e poucos homens são tragados por terremotos ou devorados por leões; mas, embora

Uma investigação sobre a natureza da sociedade

escapemos desses males gigantes, somos perseguidos por ninharias. Uma enorme variedade de insetos nos persegue; uma multidão deles nos insulta e nos põe em xeque impunemente. Eles não têm nenhum escrúpulo de pisar e pastar em cima de nós, como gado no pasto; o que até poderíamos suportar se fizessem uso moderado de sua sorte; mas aqui também nossa clemência se transforma em vício; tão invasiva é sua crueldade e desprezo por nossa piedade que fazem um curral em nossas cabeças e devoram nossos pequenos se não somos diariamente vigilantes para catá-los e destruí-los.

Não há nada de bom no universo para o homem mais bem-intencionado se, por equívoco ou ignorância, comete o menor erro ao usá-lo; nenhuma inocência ou integridade pode proteger o homem de uma infinidade de males que o rodeiam. Pelo contrário, tudo que a arte e a experiência nos ensinaram a converter numa benção é um mal. Nesse sentido, como é diligente o homem casado, durante a colheita, recolhendo sua safra e protegendo-a da chuva, sem o que jamais a aproveitaria! À medida que as estações se diferenciam conforme os climas, a experiência foi nos ensinando a usá-las diferentemente, e numa parte do planeta podemos ver // um agricultor semear e noutra, colher; a partir de tudo isso é possível constatar como a Terra deve ter sido alterada desde a queda de nossos pais primevos. Deveríamos, pois, delimitar o homem desde sua bela e divina origem, desprovido do orgulho da sabedoria adquirida por preceitos arrogantes ou por experiência tediosa, mas dotado do conhecimento consumado no momento que foi formado; digo, o estado de inocência, em que nenhum animal ou vegetal sobre a Terra e nenhum mineral sob o solo lhe eram nocivos, estando ele mesmo protegido das injúrias do ar, bem como de outros estragos, satisfeito com as coisas necessárias à vida que o planeta em que habitava provia sem sua ajuda. Quando, no entanto, não consciente da culpa, ele se via como senhor inigualável, em toda parte obedecido, e, sem afetar sua grandeza, extasiava-se em sublimes meditações sobre a infinitude de seu criador, que diariamente condescendia inteligivelmente em lhe falar e vinha visitá-lo sem causar danos.

Nessa Idade de Ouro, não é possível aventar nenhuma razão ou perspectiva pela qual a humanidade tivesse crescido em grandes sociedades, tais como as que existiram no mundo, do ponto de vista de uma explicação aceitável. Onde um homem tem tudo que deseja, e nada o aborrece ou perturba, nada há para acrescentar à sua felicidade; e é impossível assinalar um ofício, uma arte, uma ciência, qualquer dignidade ou profissão que não sejam supérfluos num tal estado. Se desdobrarmos esse pensamento, perceberemos facilmente que nenhuma sociedade poderia ter surgido de virtudes amigáveis e qualidades amáveis do homem, mas, pelo contrário, todas elas devem ter tido sua origem nas necessidades do homem, nas suas imperfeições e na variedade de seus apetites; descobriremos aí também que, quanto maior a ostentação de seu orgulho e vaidade, bem como a ampliação de seus desejos, tanto maior a sua capacidade // de desenvolver sociedades grandes e enormemente populosas.

Fosse sempre o ar tão inofensivo a nossos corpos desnudos e tão aprazível, como pensamos que seja para a generalidade dos pássaros num tempo bom, e se o homem não se tivesse deixado afetar pelo orgulho, pelo luxo e pela hipocrisia, bem como pela luxúria, não vejo o que nos poderia ter propendido à invenção de roupas e casas. Não direi nada sobre joias, prataria, pinturas, escultura, mobiliário fino e tudo aquilo que os

Uma investigação sobre a natureza da sociedade

moralistas inflexíveis chamaram de desnecessário e supérfluo. Mas se não nos cansássemos tanto quando andamos a pé, e se fôssemos tão ligeiros como alguns outros animais; se os homens fossem naturalmente laboriosos, nenhum de nós fosse tão desmedido ao buscar e satisfazer sua comodidade, sendo igualmente livre de outros vícios, e o solo fosse em toda parte regular, firme e limpo, quem teria pensado em coches ou se aventurado a montar no lombo de um cavalo? Que necessidade um golfinho tem de um barco, ou em qual carruagem uma águia pediria para viajar?

Espero que o leitor saiba que, por sociedade, entendo um corpo político, em que o homem, subjugado por força superior ou retirado de seu estado selvagem por persuasão, se torna uma criatura disciplinada, conseguindo encontrar seus próprios fins trabalhando para outros; e em que, sob a tutela de um chefe ou outra forma de governo, cada membro se torna subserviente à totalidade, e todos eles, por astuciosa administração, atuam como um só. Porque, se por sociedade queremos dizer apenas a quantidade de pessoas que, sem lei e governo, seriam mantidas juntas a partir de uma afeição natural por sua espécie, ou de um amor à companhia, como uma manada de vacas ou um rebanho de ovelhas, então não existe no mundo criatura mais inadequada para a sociedade do que o homem; uma centena deles que fossem todos iguais, sem nenhuma sujeição ou medo de nada maior sobre a Terra, não poderiam viver juntos e despertos nem por duas horas sem // brigar; e quanto mais conhecimento, força, engenho, coragem e resolução houvesse entre eles, pior seria.

É provável que no estado selvagem de natureza os pais mantivessem uma superioridade sobre os filhos, pelo menos en-

A fábula das abelhas

quanto fossem fortes, e que, mesmo depois, a recordação do que os outros vivenciaram pudesse produzir neles algo entre o amor e o ódio, que chamamos de reverência. É provável também que na segunda geração, seguindo o exemplo da primeira, um homem, com um pouco de astúcia, seria sempre capaz, enquanto estivesse vivo e preservasse seus sentidos, de manter uma influência superior sobre toda sua prole e descendentes, por mais numerosos que viessem a se tornar. Mas, uma vez morta a velha cepa, a disputa se instauraria entre os filhos, e não poderia haver nenhuma paz duradoura antes de ter havido guerra. A primogenitura entre os irmãos não tem grande força, e a preeminência que adquiriu foi inventada apenas como um recurso para se viver em paz. O homem, como um animal temeroso, cuja natureza não é de rapina, ama a paz e a quietude, e nunca lutaria se ninguém o ofendesse, e poderia ter aquilo pelo que luta sem lutar. A essa disposição temerosa e à aversão que tem quando perturbado se devem todos os variados projetos e formas de governo. A monarquia, sem dúvida, foi a primeira dessas formas. A aristocracia e a democracia constituíram dois métodos diferentes para remediar as inconveniências da primeira, e a combinação dessas três foi um aperfeiçoamento em comparação com o restante.

Mas, selvagem ou político, é impossível que o homem, o simples homem decaído, possa agir com alguma outra coisa em vista senão agradar a si mesmo enquanto puder fazer uso de seus órgãos, e a maior extravagância, seja por amor, seja por desespero, não pode ter outro centro. De certa forma, não há nenhuma diferença entre a vontade e o prazer; e, a despeito deles, qualquer movimento que se faça // deve ser antinatural e convulsivo. Uma vez que a ação é tão restrita, e já que somos

Uma investigação sobre a natureza da sociedade

sempre forçados a fazer aquilo que nos agrada e também, ao mesmo tempo, porque nossos pensamentos são livres e descontrolados, é impossível que pudéssemos nos tornar sociáveis sem hipocrisia. A prova disso é manifesta: visto que não podemos impedir as ideias que nos surgem continuamente, toda convivência civil se perderia se, pela arte e por prudente dissimulação, não tivéssemos aprendido a escondê-las e sufocá-las; e se tudo que pensamos fosse exposto aos outros, é impossível que, dotados de linguagem, pudéssemos suportar uns aos outros. Estou persuadido de que qualquer leitor sente a verdade do que digo; e digo a meus antagonistas que sua consciência o contraria enquanto se prepara para me refutar. Em todas as sociedades civilizadas os homens são ensinados imperceptivelmente a ser hipócritas desde o berço; e ninguém ousa admitir o que ganha com as calamidades públicas, ou mesmo com a perda de pessoas particulares. O sacristão seria apedrejado se desejasse abertamente a morte de seus paroquianos, embora todos saibam que ele vive disso e apenas disso.

Para mim é um grande prazer quando olho para as atividades da vida humana e considero como as várias formas de obtenção de ganho e lucro, com frequência estranhamente opostas, moldam o homem, conforme as diferentes profissões a que se dedicam e as posições que ocupam. Como parecem alegres e festivos os semblantes num baile bem organizado, e como é solene a tristeza observada na cena emascarada de um funeral! Mas o agente funerário está tão satisfeito com seus ganhos quanto o mestre de dança: ambos estão igualmente cansados de suas ocupações, e o regozijo de um é tão forçado quanto a gravidade do outro é afetada. Aqueles que nunca prestaram atenção na conversação entre um merceeiro asseado e uma

A fábula das abelhas

350 jovem dama, sua cliente, que adentra sua loja, negligenciaram uma cena da vida // muito divertida. Imploro a meu leitor sério que por um instante amaine sua gravidade, permitindo-me examinar essas pessoas separadamente, tanto a partir de sua intimidade, quanto pela diferença de motivos que as leva a agir.

O negócio dele é vender o máximo de seda por um preço que lhe permita ganhar o que considera razoável, de acordo com o lucro habitual nesse comércio. Quanto à dama, está atrás de satisfazer sua fantasia, pagando *per* jarda quatro ou seis dinheiros a menos nas coisas que lhe são vendidas comumente. Pela impressão que nosso sexo garboso lhe causou, ela se imagina (se não é muito disforme) com uma boa aparência, de trato fácil e uma doçura peculiar na voz; que é bonita e, mesmo não sendo uma beldade, ao menos mais agradável do que a maioria das jovens que conhece. Como ela não tem nenhuma pretensão de conseguir comprar as mesmas coisas com menos dinheiro do que os outros, a não ser a partir do que é afirmado com base em suas boas qualidades, põe-se a realçar com máxima vantagem seu engenho e discrição até onde lhe é possível. As ideias de amor não vêm ao caso aqui, de modo que, por um lado, não deve fazer o papel de tirana, com ares de irritada e enfastiada; e, por outro, tem maior liberdade para falar gentilmente, sendo mais afável do que consegue ser em qualquer outra ocasião. Ela sabe que muita gente bem-educada vai a essa loja, e esforça-se para ser tão amável quanto a virtude e as regras de decência lhe permitem. Dirigindo-se, pois, com tal resolução de comportamento, não se depara com nada que possa arreliar seu temperamento.

Antes que seu coche esteja completamente parado, ela é abordada por um homem de tipo cavalheiresco, em pleno as-

Uma investigação sobre a natureza da sociedade

seio e apresentável conforme a moda, que lhe presta uma profunda reverência e, assim que sua intenção de entrar se torna visível, ele lhe dá a mão e a acompanha até a loja, onde imediatamente se separa dela e, através de um atalho visível apenas **351** por // breve instante, reaparece entrincheirado atrás do balcão. Aqui, encarando-a, com profunda reverência e frases consoantes ao estilo da situação, implora-lhe para saber quais são seus desejos. Dizendo e criticando o que lhe aprouver, ela nunca será contrariada; pois lida com um homem cuja consumada paciência é um dos segredos do seu comércio e, qualquer que seja a perturbação causada por ela, está segura de que não ouvirá senão a linguagem mais obsequiosa, tendo sempre diante de si um semblante bem-disposto, onde a alegria e o respeito parecem estar bem combinados com o bom humor, e onde todo o conjunto constitui uma serenidade artificial mais atraente do que aquilo que a natureza espontânea é capaz de produzir.

Quando duas pessoas estão assim tão bem atendidas, a conversação deve ser muito agradável, assim como extremamente educada, ainda que só falem frivolidades. Embora ela permaneça irresoluta sobre o que escolher, ele parece ser sempre o mesmo ao aconselhá-la, tomando muito cuidado ao direcionar a escolha dela; mas, uma vez decidida e invariável, de imediato ele concorda, trata-se da melhor opção: exalta seu gosto e quanto mais olha para o que ela escolheu mais se surpreende de não haver notado antes a preeminência de tal produto sobre todas as coisas que possui em sua loja. Por preceito, exemplo e grande dedicação, ele aprendeu a deslizar inadvertidamente nas regiões mais recônditas da alma, a sondar a capacidade de seus clientes e a desvendar a parte fraca que eles próprios desconhecem: por todos esses motivos, ele instruiu-se em outros

A fábula das abelhas

cinquenta estratagemas para fazê-la superestimar seu próprio juízo e a mercadoria que ela quer comprar. A maior de todas as vantagens que tem sobre ela reside na parte mais material do comércio entre eles, a discussão sobre o preço, que ele conhece em miúdos e ela ignora por completo. Em nenhum outro momento ele se impõe mais flagrantemente sobre a inteligência dela; e mesmo que aí ele tenha liberdade para dizer quantas mentiras quiser, como o custo original e as ofertas que recusou, ainda assim não confia // apenas nisso; mas, investindo na vaidade dela, torna-a crédula das coisas mais incríveis do mundo, como na própria debilidade dele e na habilidade superior dela. Ele tinha resolvido, diz a ela, jamais se desfazer daquela peça por tal preço, mas ela tem tamanho poder de persuasão ao falar sobre seus produtos como nenhum outro cliente para o qual tenha vendido: ele protesta a perda da seda, mas, visto que ela tem esse afã pela peça e que está decidida a não pagar mais, em vez de desagradar uma dama por quem tem tanto apreço, vai ceder-lhe, pedindo apenas que numa próxima vez não seja tão dura com ele. Durante a conversação, a compradora, ciente de que não é nenhuma tola e da loquacidade de sua língua, persuade-se facilmente de que tem uma fala muito sedutora; e, julgando suficiente para a boa educação recusar esse mérito e retorquir ao vendedor com uma réplica espirituosa, aceita de muito bom grado tudo o que ele lhe diz. O resultado disso é que, satisfeita por ter economizado nove dinheiros *per* jarda, ela compra a seda exatamente pelo mesmo preço que qualquer um poderia ter dado, por vezes oferecendo seis dinheiros a mais do que ele teria aceitado para não deixar de vender.

É possível que essa dama, por achar que não foi suficientemente bajulada ou descobrir com agrado uma falha no com-

Uma investigação sobre a natureza da sociedade

portamento dele, ou quem sabe pelo nó da gravata deste, ou algum outro desagrado imperdoável, deixe de ser sua cliente e favoreça outros do ramo. Mas, como muitos deles vivem apinhados, nem sempre é fácil determinar a loja aonde vai, e as razões pelas quais algumas representantes do belo sexo escolhem são frequentemente muito melindrosas e mantidas em grande segredo. Nunca seguimos nossas inclinações mais livremente do que quando não podem ser identificadas, já que deixa de ser razoável ter por elas alguma desconfiança. Uma mulher virtuosa preferiu uma casa em especial a todas as demais por ter visto uma pessoa bonita nesse lugar; e // uma outra, que não tem má reputação, por ter sido tratada com mais cortesia do que lhe foi prestada em qualquer outro lugar, justamente quando não tinha nenhuma intenção de fazer compras, a caminho da catedral de Saint Paul. Pois, entre os vendedores da moda, o mais honesto deve se posicionar diante de sua porta e, para atrair clientes casuais, não deve se valer de nenhuma outra liberdade ou apelo maior do que um ar obsequioso, numa atitude submissa e, talvez, reverenciando cada mulher bem-vestida que se disponha a olhar para sua loja.

O que acabei de dizer me faz pensar numa outra maneira de atrair clientes, que é a mais diferente possível do que tratei até aqui, a saber, aquela praticada com estivadores, especialmente aqueles que, por conta de seu aspecto e vestimenta, são conhecidos como campônios. Não deixa de ser agradável ver meia dúzia de pessoas cercando um homem que nunca viram em sua vida; dois dos quais, próximos dele, com a mão em seu pescoço, abraçam-no tão carinhosa e familiarmente como se fosse um irmão que acabou de regressar das Índias Orientais; um terceiro segura sua mão, um outro a manga de sua camisa,

A fábula das abelhas

seu casaco, os botões, ou qualquer coisa em que consiga pegar; enquanto um quinto ou sexto, que já deu a volta duas vezes em torno dele sem conseguir se acercar, se posta diretamente diante do homem e, a três polegadas de seu nariz, contrariando seus rivais, urrando com a boca escancarada, mostra-lhe uma terrível arcada de dentes enormes; nela veem-se sobras de pão e queijo mastigados, que foi impedido de engolir com a chegada do campesino.

O campônio não se ofende com nada disso e pensa, com razão, que estão fazendo muito caso dele; e, longe de resistir, deixa-se pacientemente puxar e empurrar até onde a força dos que o cercam levá-lo. Ele não tem delicadeza ao se sentir incomodado com o hálito de um homem que acabou de apagar seu cachimbo, ou com uma cabeça agrisalhada esfregada contra suas mandíbulas: sujo e suado, está acostumado // com isso desde o berço, e não lhe causa nenhuma perturbação ouvir uma dezena de pessoas, algumas delas coladas a seu ouvido, e as restantes, não afastadas mais do que cinco pés, berrando como se estivesse a cem jardas de distância: sabe que ele mesmo não faz menos barulho quando está efusivo, e em segredo está satisfeito com o tratamento tempestivo deles. O empurra-empurra tem para ele um significado simples; é uma cortesia que pode sentir e compreender; e não pode deixar de lhes querer bem pela estima que parecem ter por ele. Adora ser notado e aprecia os *londrinos* por insistirem tanto nas ofertas que lhe fazem pelo valor de três dinheiros ou menos; em contrapartida, no campo, no mercado aonde costuma ir, só pode comprar alguma coisa após dizer aos vendedores o que precisa, e ainda que mostre, de uma só vez, que tem três ou quatro xelins, dificilmente alguém lhe dirige a palavra a não ser em resposta a uma pergunta que ele

Uma investigação sobre a natureza da sociedade

mesmo foi obrigado a fazer antes. Essa alacridade em seu favor mobiliza sua gratidão e, não querendo ofender ninguém, ele não sabe, de coração, quem escolher. Vi um homem pensando tudo isso, ou algo parecido, com a mesma clareza que teria visto o nariz em seu rosto; e ao mesmo tempo, caminhando muito alegremente com um monte de estivadores atrás de si, carregar oito ou mais arrobas além do seu próprio peso para a costa.

Se o pequeno regozijo que mostrei com o esboço dessas duas imagens da vida ordinária não me cai bem, peço desculpas, e prometo não cometer mais a mesma falta; e agora, sem perda de tempo, devo seguir adiante com meu argumento sem artifícios e de simplicidade enfadonha, demonstrando o erro grosseiro daqueles que imaginam que as virtudes sociais e as qualidades amigáveis, dignas de elogio entre nós, são tão igualmente benéficas ao público como aos indivíduos que as possuem, e que os meios para vicejar e tudo aquilo que conduz ao bem-estar // e à verdadeira felicidade das famílias particulares devem ter o mesmo efeito sobre toda a sociedade. Confesso que foi isso o que estive fazendo por todo o tempo, e me orgulho de não ter sido malsucedido; mas espero que ninguém aprecie menos um problema ao ver que sua verdade pode ser provada de mais de uma maneira.

É certo que, quanto menos um homem tem desejo e cobiça, mais satisfeito está consigo mesmo; quanto mais ativo para suprir suas necessidades e quanto menos exige que cuidem dele, tanto mais será amado e menos problemas causará à família; quanto mais ama a paz e a concórdia, tanto mais caridoso é com seu próximo; e quanto mais brilho adquire na verdadeira virtude, não resta dúvida de que, proporcionalmente, será aceito por Deus e pelo homem. Sejamos, pois, justos: qual o

A fábula das abelhas

benefício dessas coisas, ou qual o bem terreno que podem trazer na promoção da riqueza, da glória e da grandeza mundana das nações? É o cortesão sensual que não põe limites para o seu luxo; a rameira volúvel que inventa novas modas a cada semana; a duquesa altiva que, na equipagem, nos divertimentos e em todo seu comportamento, vive a imitar a princesa; o libertino profuso e o herdeiro gastador que esparramam seu dinheiro sem discernimento ou juízo, comprando o que veem e destruindo ou jogando tudo fora no dia seguinte; o vilão avarento e que cometeu perjúrio, que espremeu um imenso tesouro das lágrimas das viúvas e dos órfãos, deixando dinheiro para que os pródigos o gastem. Tais são a presa e o alimento próprios de um Leviatã em pleno crescimento; ou, em outras palavras, tamanha é a condição calamitosa das coisas humanas que precisamos das pragas e monstros que assinalei para se ter toda variedade de trabalho realizado, que a habilidade dos homens pode inventar para a obtenção de um meio de vida honesto para as vastas multidões de pobres trabalhadores, os quais são

356 // necessários na criação de uma ampla sociedade. E é tolice imaginar que, sem isso, as nações grandes e ricas possam subsistir e ser, ao mesmo tempo, ricas e polidas.

Eu protesto contra o papismo da mesma maneira que *Lutero* e *Calvino* protestaram, ou mesmo a rainha *Elizabeth*, mas acredito de coração que a Reforma não foi tão eficaz no florescimento de reinos e Estados que a abraçaram do que a invenção imbecil e caprichosa de anáguas arqueadas e acolchoadas. Mas se os inimigos do poder sacerdotal negarem tal consideração, ao menos estou seguro de que, afora os grandes homens que lutaram contra e a favor da benção daquele homem laico, tal poder, desde o seu primeiro dia até hoje, não empregou tan-

Uma investigação sobre a natureza da sociedade

tas mãos, tantas mãos honestas, industriosas e trabalhadoras, quanto, em poucos anos, o desenvolvimento abominável desse luxo feminino que nomeei. A religião é uma coisa e o comércio é outra. Aquele que inquieta milhares de seus próximos e inventa as manufaturas mais operosas é, bem ou mal, o maior amigo da sociedade.

Quanta agitação em várias partes do mundo até que um belo pano escarlate ou de carmesim seja produzido! Quanta multiplicidade de ofícios e artífices empregada! Não apenas os mais óbvios, como cardadores, fiandeiros, tecelões, fabricantes de pano, clareadores, tintureiros, montadores, desenhistas e enfardadores; mas outros, mais afastados, que pareceriam estranhos a isso, como fabricantes de moinhos, fazedores de ligas metálicas e químicos, que são tão necessários quanto uma grande quantidade de outros ofícios para fabricar ferramentas, utensílios e outros implementos pertencentes aos setores já nomeados. Mas todas essas coisas são produções domésticas, podendo ser executadas sem fadiga ou perigo extraordinário; a perspectiva mais assombrosa é deixada para trás quando refletimos sobre a labuta e os azares a que se submetem // no estrangeiro, sobre os vastos mares que precisamos atravessar, os diferentes climas a suportar e as várias nações com cuja ajuda devemos contar. Com efeito, só a Espanha já forneceria toda a lã para fazer o pano mais fino; mas quanta habilidade e fadiga, quanta experiência e engenhosidade são necessárias para tingi-lo com aquelas belas cores! Como estão absurdamente dispersos por todo mundo as drogas e outros ingredientes reunidos numa sertã! O alume, é verdade, temos aqui mesmo. O sarro pode ser trazido do Reno e o vitríolo da Hungria; tudo na Europa; mas para conseguir salitre em quantidade somos obri-

A fábula das abelhas

gados a ir até as Índias Orientais. A cochonilha, desconhecida dos antigos, não está muito mais perto de nós, ainda que esteja em outra região bastante diferente do planeta: compramos dos espanhóis, que, não sendo seus produtores, são obrigados a buscá-la nas regiões mais remotas do Novo Mundo nas Índias Ocidentais. Enquanto tantos marinheiros são tostados ao sol e sufocam de calor no Oriente e no Ocidente, outros deles estão congelando no Norte para trazer potássio da Rússia.

Quando passamos a conhecer inteiramente a grande variedade de fadiga e labuta, de dificuldades e calamidades, que devem ser suportadas para alcançar a finalidade de que falo, e quando consideramos os riscos e perigos enormes que correm nessas viagens, e que poucos são os que pagam não só com sua saúde e bem-estar, mas mesmo com a vida de muitos; quando nos conscientizamos de tudo isso, dizia eu, e consideramos devidamente as coisas que assinalei, é apenas possível conceber um tirano tão desumano e desprovido de vergonha que, contemplando as coisas de uma mesma perspectiva, possa extorquir tais serviços terríveis de seus escravos inocentes e, ao mesmo tempo, ousar admitir que fez isso por nenhuma outra // razão além da satisfação que um homem recebe por ter um traje feito de um tecido escarlate ou de carmesim. Mas a que patamar de luxo chegou uma nação para que não apenas os funcionários do rei, mas também seus guardas e mesmo os soldados particulares tenham tal desejo impudente!

Mas se mudarmos de perspectiva e olharmos para todos esses trabalhos como outras tantas ações voluntárias, pertencentes a diferentes funções e ocupações que os homens aprendem para ganhar a vida, e nas quais cada um trabalha para si mesmo, por mais que pareça trabalhar para os outros;

Uma investigação sobre a natureza da sociedade

se considerarmos que, inclusive os marinheiros, que passam pelas maiores dificuldades, assim que terminam uma viagem, mesmo após um naufrágio, procuram e solicitam um emprego num outro navio; se considerarmos, dizia eu, essas coisas numa outra perspectiva, descobriremos que o trabalho dos pobres está longe de ser um fardo e uma imposição; que ter um emprego é uma benção pela qual, ao se dirigir aos céus, eles suplicam, e obtê-lo, para uma grande quantidade deles, é uma preocupação de suma importância que toda legislatura deve ter.

Assim como meninos e crianças macaqueiam os outros, também todos os jovens têm um desejo ardente de se tornar homens e mulheres; e frequentemente tornam-se ridículos pelos seus esforços impacientes para aparentar o que todos veem que não são; todas as grandes sociedades não devem pouco a essa insensatez em vista da perpetuidade ou prolongada continuação de ofícios estabelecidos. Quantos tormentos os jovens terão de sofrer e quanta violência não cometerão contra si mesmos para alcançar qualificações insignificantes e por vezes condenáveis que, por falta de juízo e experiência, admiram nos outros mais velhos! Esse pendor pela imitação faz com que eles se acostumem gradualmente com o uso de coisas que em princípio lhes seriam irritantes, quando não intoleráveis, até não saberem mais como se separar // delas e, com frequência, lamentarem muito por ter aumentado inconsideradamente as necessidades da vida sem precisar. Quantas propriedades foram obtidas pelo chá e pelo café! Quanto tráfego imenso a ser gerido, quanta variedade de trabalho executada no mundo para a manutenção de milhares de famílias dependentes, em seu conjunto, de dois costumes imbecis, quando não odiosos, fungar rapé e fumar tabaco, os quais, sem dúvida, fazem infi-

A fábula das abelhas

nitamente mais mal do que bem aos dependentes! Mas vou um pouco além para provar a utilidade das perdas particulares e infortúnios ao público e a estultice de nossos desejos quando pretendemos ser muito sábios e sérios. O incêndio de Londres foi uma grande calamidade, mas se os carpinteiros, os pedreiros, os ferreiros e outros tantos, não apenas os empregados na construção como também os que fabricavam e distribuíam as mesmas manufaturas e outras mercadorias perdidas no incêndio, e outras ocupações que lucravam quando estavam a pleno vapor, devessem votar contra os que perderam com o fogo, o número dos satisfeitos seria igual, se não maior, ao dos insatisfeitos. Uma grande parte do mercado consiste em repor o que foi perdido ou destruído por fogo, tempestades, combates navais, cercos, guerras; a verdade sobre isso e sobre o que eu disse da natureza da sociedade se tornará plenamente manifesta a partir do que se segue.

Seria uma difícil tarefa enumerar todas as vantagens e os diferentes benefícios acarretados a uma nação por causa do mercado marítimo e da navegação; mas se levarmos em conta apenas as próprias embarcações, todos os navios grandes e pequenos utilizados para o transporte por água, do menor bote aos navios de primeira linha usados na guerra, a madeira e a mão de obra empregadas na construção deles, // o breu, o alcatrão, a resina, a graxa; os mastros, as vergas, as velas e os aprestos; a variedade de forjas, os cabos, os remos e tudo mais que lhes dizem respeito, perceberemos que o simples fato de prover uma nação como a nossa de todos esses itens necessários responde por uma parte considerável do comércio na Europa, para não falar das armazenagens e abastecimentos de todos os tipos aí consumidos, nem dos marinheiros, estivadores e outros que, junto com suas famílias, se sustentam com isso.

Uma investigação sobre a natureza da sociedade

Mas se dermos uma olhada, por outro lado, nos múltiplos males e avarias, tanto morais quanto naturais, de que são acometidas as nações por causa da navegação e do comércio com o estrangeiro, a perspectiva seria muito assustadora; e se supuséssemos uma grande ilha populosa, que desconhecesse por completo as embarcações e o comércio marítimo, mas fosse constituída, em contrapartida, por um povo sábio e bem governado; e que um anjo ou o seu gênio lhes apresentasse um esquema ou projeto, em que poderiam ver, por um lado, todas as riquezas e verdadeiras vantagens que em mil anos seriam adquiridas pela navegação, e, por outro, a saúde e as vidas que seriam perdidas, e todas as outras calamidades que inevitavelmente sofreriam com isso durante esse mesmo período, estou seguro de que olhariam com horror e repulsa para as embarcações, e que seus prudentes governantes proibiriam severamente a construção e invenção de todos e quaisquer construtos ou máquinas voltados para o mar, de qualquer formato ou denominação, proibindo todas essas engenhocas abomináveis com grandes punições, inclusive com a pena de morte.

Mas à parte a consequência necessária do comércio exterior, a corrupção dos costumes, bem como as pragas, a sífilis e outras doenças trazidas pelas embarcações, se apenas nos dedicássemos a observar o que se pode imputar ao vento e às condições meteorológicas, aos mares traiçoeiros, ao gelo do Norte, aos // parasitas do Sul, às trevas das noites e à insalubridade dos climas; ou ainda, o que pode ser ocasionado pela falta de boas provisões e pela imperícia de marinheiros, a inabilidade de alguns e o desleixo e a bebedeira de outros; e considerássemos as perdas humanas e os tesouros tragados nas profundezas, as lágrimas e dificuldades das viúvas e órfãos, que assim se

A fábula das abelhas

tornaram pela força dos mares, a ruína dos comerciantes e decorrências, as contínuas ansiedades que pais e esposas sofrem pela segurança de seus filhos e maridos, sem esquecer as muitas aflições e melancolias a que se expõem armadores e seguradores a cada golpe de vento numa nação mercantil; se nos dedicássemos a observar, dizia eu, essas coisas, considerando-as com a devida atenção e conferindo-lhes a importância que merecem, não causaria surpresa se uma nação de seres pensantes falasse de seus navios e da navegação como uma benção peculiar, estabelecendo uma felicidade incomum na posse de uma infinidade de embarcações por todo o vasto mundo, sempre com uns partindo e outros chegando de cada parte do planeta?

Mas limitemo-nos uma vez, em nossa consideração sobre essas coisas, ao que sofrem os navios, as embarcações, com seus aprestos e acessórios, sem levar em conta a carga que transportam, ou a mão de obra que trabalha neles, e descobriremos que o prejuízo assim delimitado é muito considerável e que, a cada ano que passa, deve equivaler a vastas somas: os navios que naufragam no mar, que se arrebentam nos rochedos e são tragados na faixa de areia, uns pela fúria das tempestades, outros também por isso e pela falta de pilotos experimentados e de conhecimento das costas; os mastros que são derrubados ou que precisam ser cortados e lançados ao mar; as vergas, velas e cordas de diferentes tamanhos, que são destruídas pelas tempestades, e as âncoras que se perdem; acrescente ainda os reparos necessários nos vazamentos que vão surgindo // e outros danos provocados pela ira dos ventos e a violência das ondas; os muitos navios que se incendeiam por descuido ou por consequência de bebidas fortes, nas quais ninguém é mais viciado do que os marinheiros; algumas vezes, climas insalubres; ou-

Uma investigação sobre a natureza da sociedade

tras, a deficiência de provisões que propiciam doenças fatais, ceifando a maior parte da tripulação, e não são poucos os navios que se perdem por falta de tripulantes.

Todas essas são calamidades inseparáveis da navegação, e parecem ser grandes impedimentos que freiam as rodas do comércio estrangeiro. Como ficaria feliz o comerciante se seus barcos navegassem sempre com clima bom, com o vento que desejasse, e se cada marinheiro por ele empregado, do mais importante ao mais raso, fosse um navegador experiente, cuidadoso, sóbrio, um homem bom! Se tal felicidade tivesse de ser obtida por rezas, que armador ou negociante na Europa, ou antes, em todo o mundo, não passaria o dia inteiro importunando o céu para obter para si tal benção, sem levar em conta o detrimento que traria a outros? Uma tal petição seria certamente pouco escrupulosa; no entanto, onde está o homem que não imagina ter esse direito? Portanto, como todos pretendem ter igual direito a esses favores, vamos supor, sem pensar que isso é impossível, que todas as preces foram efetivadas e seus desejos foram atendidos, para, em seguida, examinar o resultado de tal felicidade.

Por ter uma forte construção, os navios teriam máxima duração, tanto quanto as casas de madeira, sendo que estas estão expostas à força dos ventos e tempestades, o que, conforme nossa suposição, não acontece com aqueles. Desse modo, antes que houvesse qualquer necessidade verdadeira de novos barcos, os armadores mestres ora ativos e todos os seus subordinados, que são preparados para trabalhar para aqueles, morreriam todos de morte natural, se não morressem de fome nem de outro fim prematuro. Pois, em primeiro lugar, com vendavais favoráveis a todos os navios e // nunca tendo que esperar pelo vento, fa-

A fábula das abelhas

riam viagens muito rápidas tanto na ida quanto na volta; em segundo, o mar não danificaria nenhuma mercadoria nem o mau tempo obrigaria a lançá-las ao mar, e toda a carga chegaria sempre salva até a costa; do que se segue que três quartos de comerciantes estabelecidos seriam supérfluos para o momento, e o estoque de navios que existisse agora no mundo serviria durante muitos anos. Mastros e vergas durariam tanto quanto as próprias embarcações, e não precisaríamos por um bom tempo incomodar a Noruega a esse respeito. De fato, velas e cordas de poucos navios se desgastariam, mas nem com a quarta parte da rapidez como acontece agora, pois em uma hora de tempestade elas sofrem mais do que em dez dias de tempo bom.

Dificilmente haveria necessidade de âncoras e cabos; com um de cada, o navio se aguentaria por tempo indeterminado. Só com esses artigos já se renderiam muitos dias tediosos de descanso aos fabricantes de âncoras e cordames. Essa falta generalizada de consumo teria tamanha influência sobre os negociantes de madeira e sobre todos que importam ferro, lona, cânhamo, breu, alcatrão etc. que quatro quintos do que eu disse, no início dessa reflexão sobre o comércio marítimo, que compunham um ramo considerável do comércio na *Europa*, estariam inteiramente perdidos.

Até aqui, apenas indiquei as consequências dessas bênçãos sobre a navegação, não obstante também seriam prejudiciais a todos os outros ramos do comércio, e destrutivas para os pobres de todos os países exportadores de qualquer produto seu ou de manufatura. Os bens e mercadorias que a cada ano vão para as profundezas, que se deterioram no mar por conta da água salgada, do calor, dos vermes, que são destruídos pelo fogo, ou que o mercador perde por outros acidentes, são

Uma investigação sobre a natureza da sociedade

todos resultado de tempestades ou viagens tediosas, ou ainda da negligência ou rapacidade dos marinheiros; são uma parte considerável do que a cada ano // é exportado mundo afora e, para que pudessem ser embarcados, foi preciso empregar uma grande quantidade de pobres. Uma centena de fardos de pano que se queima ou que afunda no Mediterrâneo é benéfico para os pobres na Inglaterra, tão bom quanto se chegasse com segurança em Esmirna ou Alepo, onde cada jarda desse produto é vendida no varejo nos domínios do Grão-senhor.

O mercador pode vir a falir e, com ele, o vendedor de tecidos, o tintureiro, o enfardador e outros negociantes; as pessoas medianas talvez até sofram; mas os pobres que foram empregados por causa disso tudo nunca perdem. Trabalhadores diaristas comumente recebem seus proventos uma vez por semana, e todas as pessoas que trabalhassem em qualquer um dos setores da manufatura ou nos diversos transportes terrestres ou marítimos, necessários até que se alcance a perfeição, desde o lombo da ovelha até a embarcação na qual ela entrou, seriam pagas, pelo menos a maioria delas, antes que a carga chegasse a bordo. Se algum de meus leitores tirou conclusões *in infinitum* de minhas afirmações de que os bens naufragados ou queimados são proveitosos aos pobres, da mesma maneira que seriam se tivessem sido bem vendidos e dispostos para o seu uso próprio, hei de tomá-lo por chicaneiro que não merece ser respondido. Se sempre chovesse e o sol nunca raiasse, os frutos da Terra logo apodreceriam e seriam destruídos; e, no entanto, não há nenhum paradoxo em afirmar que, para se ter pasto ou milho, a chuva é tão necessária quanto o brilho do sol.

A maneira pela qual essa benção dos bons ventos e tempo bom afetaria os marinheiros e a classe dos navegantes pode ser

A fábula das abelhas

facilmente conjecturada pelo que já foi dito. Como de cada quatro navios se faria uso apenas de um, e como as próprias embarcações estariam seguras das tempestades, poucos trabalhadores seriam necessários para operá-las e, consequentemente, cinco em cada seis marujos poderiam ser dispensados; e como nesta nação a maioria dos empregos para os pobres estaria saturada, a situação seria calamitosa. // Tão logo as funções de marujo fossem extintas, não seria mais possível operar as grandes frotas que podemos atualmente; mas não vejo isso como um prejuízo, nem sequer como um inconveniente; pois, como a redução de marinheiros seria generalizada em todo o mundo, a única consequência seria que, em caso de guerra, as potências marítimas seriam obrigadas a lutar com poucos navios, o que seria um bem ao invés de um mal; e se se quisesse levar essa felicidade aos píncaros da perfeição, bastaria acrescentar outra benção desejável, e nunca mais nenhuma nação entraria em guerra: a benção que sugiro é aquela pela qual todo bom cristão está obrigado a suplicar, *viz.*, que todos os príncipes e Estados sejam fiéis a seus pactos e promessas, que sejam justos uns com os outros e com seus súditos; que possam ter uma maior consideração pelos ditames da consciência e da religião do que pela política e sabedoria mundanas, e prefiram o bem-estar espiritual dos outros do que os seus próprios desejos carnais; e também prefiram a honestidade, a segurança, a paz e a tranquilidade das nações que governam ao seu próprio amor à glória, ao espírito de vingança, à avareza e à ambição.

O último parágrafo parecerá a muitos uma digressão que pouco tem a ver com meu propósito; minha intenção, porém, foi demonstrar que a bondade, a integridade e a disposição pacífica em legisladores e governantes não são qualificações

Uma investigação sobre a natureza da sociedade

próprias para engrandecer as nações nem aumentar a sua população; tanto quanto a série ininterrupta de êxitos pela qual cada pessoa particular seria abençoada, se fosse possível, e que, como mostrei, seria nociva e destrutiva para uma grande sociedade que tivesse estabelecido uma felicidade na grandeza mundana, na inveja de seus vizinhos e na valorização de si pela honra e força.

366 Nenhum homem precisa proteger-se de bênçãos, // mas, para que se evitem calamidades, as mãos são necessárias. As qualidades amigáveis do homem não põem ninguém de sua espécie em movimento: sua honestidade, seu amor à companhia, sua bondade, seu contentamento e frugalidade são muitos dos confortos para uma sociedade indolente, e quanto mais seus membros são verdadeiros e desafetados, tanto mais as coisas são mantidas em repouso e paz, e tanto mais os transtornos e o próprio movimento serão por toda parte impedidos. É possível dizer quase a mesma coisa sobre as dádivas e a munificência dos céus, bem como sobre todas as recompensas e benefícios da natureza. Uma coisa é certa: quanto mais vastas elas forem, e quanto maior a abundância que tivermos, tanto mais nos pouparemos do trabalho. Mas as necessidades, os vícios e as imperfeições do homem, junto com várias inclemências do ar e de outros elementos, contêm em si as sementes de todas as artes, indústria e trabalho. O calor e o frio extremos, a inconstância e o rigor das estações, a violência e a incerteza dos ventos, a grandiosidade e a perfídia dos mares, a fúria e a intratabilidade do fogo, a renitência e a esterilidade da terra atiçam a nossa invenção, com vistas a evitar os males que podem ser produzidos ou corrigir sua malignidade, direcionando suas forças em nosso próprio favor de mil formas diferentes, enquanto nos dedica-

A fábula das abelhas

mos a suprir a infinita variedade de nossas necessidades, que sempre se multiplicarão à medida que nosso conhecimento se amplia e nossos desejos aumentam. A fome, a sede e a nudez são os primeiros tiranos que nos forçam a nos movermos; depois, nosso orgulho, a preguiça, a sensualidade e a inconstância são os grandes patronos que promovem todas as artes e ciências, o comércio, os ofícios e as profissões; ao passo que os grandes capatazes, a necessidade, a avareza, a inveja e a ambição, cada uma numa classe correspondente, mantêm todos os membros da sociedade submissos, a maioria deles alegremente, ao traba-

367 lho penoso de sua condição, inclusive reis e príncipes. //

Quanto maior a variedade de comércio e manufaturas, tanto maior sua operosidade, e mais divididos os seus ramos, e maior a quantidade de pessoas que pode estar contida numa socie-dade, sem que uma se coloque no caminho da outra, e mais facilmente elas podem se constituir num povo rico, poderoso e florescente. Poucas virtudes empregam mão de obra; por-tanto, uma pequena nação pode se tornar boa por meio delas, mas nunca grande. Ser forte e trabalhador, ter paciência com as dificuldades e ser assíduo em todos os negócios são quali-dades louváveis; mas quando se cumpre um trabalho, tem-se a recompensa; e nenhuma arte e indústria jamais lhes dedicou cumprimento algum; ao passo que a excelência do pensamento humano e de sua capacidade inventiva nunca foram mais cons-pícuos do que na variedade de ferramentas e instrumentos para trabalhadores e artífices e na multiplicidade de máquinas, que foram todas inventadas, seja para ajudar na fraqueza do homem ou corrigir suas muitas imperfeições, seja para gratificar seu ócio ou obviar sua impaciência.

Uma investigação sobre a natureza da sociedade

Na moralidade e na natureza, não há nada tão perfeitamente bom que não possa ser prejudicial a alguém da sociedade, nem nada tão inteiramente mau que não possa se provar benéfico para uma ou outra parte da criação; de modo que só há coisas boas e más em relação a outras coisas, conforme a luz e a posição em que estão dispostas. O que nos agrada é bom nesse aspecto e, seguindo essa regra, todo homem deseja o bem para si mesmo com todas as suas forças e com pouca consideração pelo seu próximo. Nunca houve uma vez, na estação das secas, quando são feitas procissões públicas clamando por chuva, em que alguém não desejasse bom tempo nesse dia para poder sair de casa. Quando o milho está carregado na primavera e a generalidade das pessoas no campo regozija-se com seu objeto // de prazer, o rico agricultor, tendo armazenado sua última safra do ano anterior para obter melhor preço, enlanguesce-se com o que vê e, no seu íntimo, aflige-se diante da perspectiva de uma colheita abundante. Com frequência ouvimos pessoas indolentes cobiçando descaradamente as posses dos outros e, não considerando de todo ofensivo, acrescentam essa sábia cláusula: contanto que não seja em detrimento dos seus proprietários. Mas receio que façam isso sem tal restrição em seus corações.

É uma felicidade que as preces e desejos da maioria das pessoas sejam insignificantes e sem serventia; do contrário, a única coisa que poderia manter a humanidade apta para a sociedade e evitar que o mundo caísse em confusão seria a impossibilidade de todas as petições feitas aos céus serem concedidas. Um jovem cavalheiro bastante obediente, recém-chegado de suas viagens, pernoita em Briel, esperando impacientemente por um vento do Leste, cujo sopro o levará até a Inglaterra, onde seu pai, no leito de morte, afligindo-se num misto de tristeza

A fábula das abelhas

e ternura, deseja abraçá-lo e dar-lhe sua bênção antes do último suspiro. Nesse ínterim, um sacerdote inglês, incumbido de tratar dos interesses protestantes da Alemanha, viaja rapidamente pela posta a Harwich, com pressa de chegar a Ratisbone antes que a Dieta se dissolva. Ao mesmo tempo, uma rica frota está pronta para zarpar para o Mediterrâneo e uma bela esquadra aguarda para partir para o Báltico. Tudo isso pode provavelmente acontecer a um só tempo, ao menos não há dificuldade para assim supor. Se essas pessoas não são ateias ou grandes réprobas, terão todas algum bom pensamento antes de ir dormir e, consequentemente, suas preces devem ser muito diferentes sobre os ventos favoráveis e uma próspera viagem. Digo apenas que deve ser assim, e é possível que sejam todas escutadas, mas estou seguro de que não podem ser atendidas ao mesmo tempo. //

Isso posto, eu me congratulo por ter demonstrado que nem as qualidades amigáveis nem as afeições bondosas, naturais ao homem, nem as verdadeiras virtudes que ele é capaz de adquirir pela razão e abnegação, são a fundação da sociedade; mas que aquilo que chamamos de mal neste mundo, tanto moral quanto natural, é o grande princípio que nos torna criaturas sociáveis, a base sólida, a vida e o sustento de todos os ofícios e profissões, sem exceção: é nele que devemos buscar a verdadeira origem de todas as artes e ciências; e, no momento que o mal cessar, a sociedade estará em perdição, se não completamente dissolvida.

Eu poderia, com muito prazer, acrescentar milhares de coisas para reforçar e ilustrar essa verdade; mas, por receio de ser maçante, devo aqui pôr um fim, embora confesse que não me preocupei nem a metade em ganhar a aprovação alheia quanto

Uma investigação sobre a natureza da sociedade

me pus a agradar a mim mesmo neste divertimento; no entanto, se alguma vez chegar a ouvir que, por ter percorrido essa diversão, também a proporcionei ao leitor inteligente, será um acréscimo à satisfação que tive ao realizá-la. Com a esperança de que minha vaidade se conforma, a partir disso, com alguma tristeza abandono o leitor e concluo, repetindo o aparente paradoxo, cujo núcleo é apresentado na página de rosto; que os vícios privados, administrados com destreza por um político habilidoso, podem ser transformados em benefícios públicos.

383 *// Defesa do livro a partir das difamações contidas numa acusação do grande júri de Middlesex e numa carta insultante endereçada a lorde C.*

Para que o leitor possa estar completamente a par dos méritos da causa entre mim e meus adversários, é preciso que, antes de ver minha defesa, tome conhecimento de toda a imputação e que tenha diante de si todas as acusações em grande medida contrárias a mim.

A denúncia do grande júri está assim enunciada:

Nós, o grande júri do condado de Middlesex, com profundo pesar e preocupação, temos observado muitos livros e panfletos que são publicados quase todas as semanas contra os sagrados artigos de nossa santa religião e contra toda disciplina e ordem **384** da igreja; e a maneira como isso // tem sido conduzido, tal nos parece, tem uma tendência direta a *propagar a infidelidade* e, consequentemente, a corrupção de todos os costumes.

Com razão, somos sensíveis à bondade do Todo-Poderoso que nos preservou da *praga*[1] que castigou nossa nação vizinha, e por

---

1 De 1720 a 1722 Marselha foi tomada pela peste. (N. T.)

A fábula das abelhas

cuja grande misericórdia Sua Majestade se dignou graciosamente a comandar, por ordem sua, que fossem rendidas graças aos céus; mas quão provocador deve ser, para o Todo-Poderoso, que as mercês e salvações destinadas a esta nação e nossos serviços de ação de graças, publicamente ordenados para tanto, sejam acompanhados de tais flagrantes impiedades.

Sabemos que nada pode melhor servir Sua Majestade e a sucessão protestante (que felizmente está estabelecida entre nós para a defesa da religião cristã) do que a supressão da blasfêmia e da profanação, que têm uma tendência direta a subverter a fundação mesma sobre a qual o governo de Sua Majestade está assentado.

Tão incansáveis são esses *zelotes da infidelidade* nos seus ataques diabólicos contra a religião que,

Em primeiro lugar, abertamente blasfemaram e negaram a doutrina da perpétua *Santíssima Trindade*, empenhando-se por meio de pretextos especiosos em reviver a *heresia ariana* que nunca foi introduzida numa nação sem que a vingança dos céus não a tivesse perseguido.

Em segundo, afirmam um *destino* absoluto e negam a *Providência* e o governo do Todo-Poderoso sobre o mundo.

Em terceiro, puseram-se a subverter toda ordem e disciplina na Igreja e, mediante reflexões vis e injustas sobre o clero, buscam // encetar desprezo sobre toda religião; de modo que, pela libertinagem de suas opiniões, possam encorajar e atrair outros às imoralidades de suas práticas.

Em quarto, para que uma libertinagem generalizada possa ser efetivamente estabelecida, as *universidades* são desacreditadas, e toda *instrução de jovens* baseada nos princípios da religião cristã cai em descrédito com grande malícia e falsidade.

Defesa do livro a partir das difamações contidas numa acusação do grande júri de...

Em quinto, para que essas tenebrosas obras sejam mais eficazmente executadas, recorreram a artifícios calculados e matizes inventados para enfraquecer a religião e a virtude, tratando-as como *prejudiciais* à sociedade e perniciosas ao Estado; e para recomendar o luxo, a avareza, o orgulho e todos os tipos de vícios, como *necessários* ao bem-estar público e não tendendo à *destruição* da constituição; pior, até mesmo os *prostíbulos* receberam apologias e encômios forçados, feitos em seu favor e impressos, destinados, na nossa convicção, a depravar a nação.

Tendo esses princípios uma tendência direta à subversão de toda religião e do governo civil, nosso dever para com o *Todo--Poderoso*, nosso amor pelo nosso país, o respeito que temos por nossos *juramentos* nos obrigam a acusar // ******* como editor de um livro intitulado *A fábula das abelhas; ou vícios privados benefícios públicos*, 2ª ed., 1723. E também ******* como editor de um periódico semanal chamado *British Journal*, números 26, 35, 36 e 39.[2]

A carta da qual me queixo é esta:

Milorde,

É bem-vinda a notícia, para todos os súditos leais ao rei e todos os verdadeiros amigos do governo estabelecido e da sucessão na *ilustre Casa de* // *Hanover*, que sua senhoria, conforme é dito, está planejando alguns meios eficazes para nos proteger

---

2 Trata-se respectivamente de Edmund Parker e T. Warner, cujos nomes foram suprimidos por Mandeville na compilação de textos para a edição de 1723 de *A fábula das abelhas*. Os números citados fazem parte das *Cartas de Catão*, algumas escritas por John Trenchard, outras por Thomas Gordon, de forte cunho anticlerical e em oposição às escolas de caridade. (N. T.)

A fábula das abelhas

dos perigos, através dos quais o feliz governo de sua majestade parece ser ameaçado por Catilina, conhecido pelo nome de Catão, pelo escritor de um livro intitulado *A fábula das abelhas* etc. e por outros de sua fraternidade que são, sem dúvida, úteis amigos do pretendente e diligentes, em seu favor, no trabalho para subverter e arruinar nossa constituição, sob especioso pretexto de defendê-la. A sábia resolução de sua senhoria, de suprimir totalmente esses escritos ímpios, e a ordem já dada, de denunciá-los imediatamente, // por meio de alguns *grandes jurados*, convencerá efetivamente a nação de que nenhum atentado contra a cristandade será aqui suportado ou tolerado. E tal convicção livrará de imediato a mente dos homens da intranquilidade que essa raça infame de escritores se pôs a lhes suscitar; será, pois, um firme baluarte para a *religião protestante*; derrotará, eficazmente, os projetos e as esperanças do *pretendente*; e nos protegerá de qualquer mudança no ministério. Nenhum *bretão leal* poderia permanecer impassível se o povo imaginasse a menor negligência da parte de qualquer pessoa integrante do ministério, ou começasse a *suspeitar* de que se pode fazer qualquer coisa que não é feita para defender sua religião do menor sinal de perigo que se lhe avizinha. E, milorde, é possível que se suscitasse tal *suspeita* se nenhuma medida tivesse sido tomada para desencorajar e subjugar os advogados declarados da *irreligião*. Uma vez instalada, não é tarefa fácil dissipar a suspeita do cérebro. A suspeita, milorde, é um demônio tão furioso como qualquer outro! Vi uma mulher pequena, magra e fraca tão revigorada por um acesso enciumado de suspeita que cinco granadeiros não conseguiram detê-la. Milorde, siga adiante com seus justos métodos para afastar o povo dessa suspeita maldita; pois, entre seus muitos tipos e ocasiões para vir à baila, o que concerne à sua *religião* é o tipo mais violento, flagrante e frenético

Defesa do livro a partir das difamações contidas numa acusação do grande júri de...

de todos; e consequentemente produziu, nos reinos passados, aqueles muitos males que sua senhoria tão lealmente se põe agora a impedir, considerando devidamente a autoridade real e segundo o *exemplo* de sua majestade, que dignamente deu instruções (bem conhecidas por sua senhoria) *para preservar a unidade na igreja e a pureza da fé cristã.* É vão pensar que o povo da Inglaterra venha um dia a renunciar sua religião ou que se ligue a um ministério que não a apoie, como fez a sabedoria // do atual ministério, contra os ataques audaciosos lançados por esses *escrevinhadores*; pois *escrevinhador*, como bem sabe sua senhoria, é a justa designação de todo autor que, sob aparência plausível de bom senso, tenta destruir a religião e, por conseguinte, o contentamento e a calma, a paz e a felicidade de seus compatriotas por meio de argumentos e insinuações sutis, ardilosos e falaciosos. Que os céus nos afastem dessas desgraças insuportáveis que a igreja de *Roma* gostaria de lançar sobre nós! A *tirania* é a perdição da sociedade humana; e não há tirania mais massacrante que a da *tríplice coroa*. E é por isso que este povo livre e feliz justamente concebeu uma abominação e pavor extremos pelo papismo e por tudo aquilo que parece encorajar ou tender a isso; mas também abominam e apavoram-se com a violência dirigida à cristandade pelos nossos Catilinas britânicos, que encobrem seus desígnios traiçoeiros sob as falsas cores da consideração e da boa vontade para com nossa abençoada religião protestante, enquanto demonstram, e demonstram *escancaradamente, que o título de protestantes não lhes pertence,* a não ser que pertença aos que, em realidade, protestam contra *toda religião.*

E, em verdade, não se pode culpar em demasia o povo por estar pouco disposto a se separar de sua religião; pois lhes é dito que há um *Deus*; e que Deus governa o mundo; e que ele pode abençoar ou arruinar um reino conforme a predominância dos graus

A fábula das abelhas

de religiosidade ou irreligiosidade. Sua senhoria tem uma bela coleção de livros e, o que é mais admirável, compreende-os verdadeiramente e pode, num átimo, voltar-se para a explicação de qualquer questão importante. De muito bom grado, portanto, eu gostaria de saber se sua senhoria pode mostrar, a partir de qualquer *escritor*, tão profano quanto desejam nossos escrevinhadores, se algum império, reino, país ou província, grande ou pequeno, // não decaiu, desmoronou e se desconcertou quando deixou de *prover* cuidadosamente *apoio à religião*.

Os *rabiscadores* falam muito do governo de *Roma*, da *liberdade* e do *espírito* dos antigos romanos. Mas é inegável que a sua fala mais plausível sobre essas coisas é puro *fingimento* e *momice*, um artifício a serviço dos propósitos da irreligião e com vistas, por conseguinte, a trazer *intranquilidade* ao povo e destruição ao reino. Pois se na *realidade* estimassem e sinceramente recomendassem a seus compatriotas os sentimentos e os princípios, os propósitos e as práticas mais importantes dos sábios e prósperos *romanos*, eles nos fariam lembrar, em primeiro lugar, que a *antiga Roma* foi tão notável pela *observância* e promoção da *religião natural* quanto a *nova Roma* o é por corromper a *religião revelada*. E assim como, significativamente, os *antigos romanos* sempre se recomendaram à proteção dos céus pela sua devoção *cuidadosa com a religião*, também estavam abundantemente convencidos, e consequentemente reconheceram, em consenso *universal*, que seu cuidado com a religião era o *grande meio*[3] para que *Deus* preservasse o império, coroando-o com conquistas e sucessos, prosperidade e glória. Daí que quan-

---

3 *Quis est tam vecors qui non intelligat, numine hoc tantum imperium esse natum, auctum et retentum?* [Quem é tonto o bastante para não perceber que é pela potência divina que o império nasce, engrandece e se preserva?], Cícero, *De Haruspicum Responsis Oration*, IX, 19. (N. A.)

Defesa do livro a partir das difamações contidas numa acusação do grande júri de...

do seus *oradores* se empenhavam ao máximo para mobilizar e persuadir o povo, em quaisquer circunstâncias, faziam-no sempre lembrar-se de sua *religião*, quando *esta* de algum modo pudesse ser atingida pelo ponto em debate, não duvidando de que o povo se colocaria a seu *favor* // se conseguissem apenas demonstrar que a segurança de sua *religião* dependia do êxito de sua *causa*. E, de fato, nem os *romanos* nem nenhuma outra nação sobre a Terra jamais toleraram que sua *religião estabelecida* fosse abertamente ridicularizada, desacreditada ou refutada; e estou certo de que sua senhoria não gostaria, por nada deste mundo, que tal coisa se passasse *impunemente* entre nós, algo nunca antes suportado em parte alguma. Algum homem, desde a santíssima revelação do Evangelho, já se insurgiu contra o cristianismo, como ultimamente têm feito alguns homens e, pior, também algumas poucas mulheres? Deve o diabo exaltar-se com tamanho desenfreio sem que se invoque *Coram Nobis*?[4] Por que não se contenta em manipular o povo do modo usual, maldizendo e blasfemando, violando o dia do Senhor e trapaceando, pelo suborno e pela hipocrisia, pela bebedeira e pela putaria e coisas tais, como está acostumado a fazer? Nunca o deixe dominar a boca e os escritos dos homens, como faz agora, em altos e tremendos brados de infidelidade, blasfêmia e profanação, fortes o bastante para enlouquecer os súditos dos reis. Estamos, pois, diante de uma pergunta concisa: *Deus* ou o *Diabo*? Tal é a palavra; e o tempo mostrará quem anda com quem.

---

4 Em latim no original. O decreto jurídico completo *quae coram nobis resident* ("que permanecem conosco") fazia parte do direito consuetudinário inglês (*common law*) desde o século XVI e era utilizado para rever e revisar uma decisão jurídica pregressa que apresentasse algum erro que tivesse permitido um pronunciamento equivocado do tribunal. (N. T.)

A fábula das abelhas

O que se pode dizer no momento é que tais pessoas exibiram em abastança seu espírito de oposição às coisas sagradas, não apenas invectivando contra a profissão e o exercício da religião nacional, esforçando-se com mordacidade e destreza para torná-la *odiosa* e *desprezível*, mas entravando meticulosamente para que as *sementes* da *religião* não se espalhem de maneira fértil entre as multidões dos oriundos desta ilha.

Argumentos são instados com a maior veemência contra a educação de crianças pobres nas escolas de caridade, embora não tenha sido sequer apresentada uma única justa razão contra a provisão feita para essa // educação. Com efeito, as coisas que lhe foram objetadas *não* são verdadeiras; e nada deveria ser considerado, por homens sérios e sábios, como um argumento de *peso* ou *justo* se não é verdadeiro. Como *Catilina* consegue ainda ter a ousadia de olhar alguém nos olhos após ter despendido mais ousadia do que a maioria dos homens consegue ajuntar, dizendo *que essa pretendida caridade, na realidade, destruiu todas as outras caridades que, anteriormente, eram destinadas a velhos, enfermos e incapacitados.*

Parece bastante claro que, se os que não contribuem com nenhuma escola de caridade se tornaram menos caridosos do que antes, sua falta de caridade com uns não se deve ao fato de terem contribuído com outros. E quanto aos que *realmente* contribuem com essas escolas, estão tão distantes de ser menos generosos do que antes no auxílio a outras coisas, que as pobres viúvas, os velhos e os incapacitados recebem nitidamente mais auxílio dos que realmente contribuem, em proporção ao número de seus membros e habilidades, do que de qualquer outro grupo com o mesmo número de membros sob as mesmas circunstâncias de fortuna e que *não* se preocupam de forma alguma com as escolas de caridade, a não ser para condená-las e caluniá-las. Eu me

Defesa do livro a partir das difamações contidas numa acusação do grande júri de...

encontrarei com *Catilina* no Café do *Grego* em qualquer dia da semana e, elencando seja qual for o número de pessoas particulares que lhe aprouver, provarei a verdade do que digo. Mas não // creio que me concederá esse encontro, pois o *seu* negócio não é fomentar a demonstração da verdade, mas encobri-la de *disfarces*; do contrário, jamais poderia ter se permitido, após representar as escolas de caridade como feitas para *ensinar as crianças a ler e escrever e a adquirir um temperamento sóbrio, de modo que possam se qualificar para serviços domésticos*, acrescentar imediatamente a essas palavras: *um tipo de verme indolente e agitador, por meio do qual o reino já foi quase todo devorado, e que se tornou por toda parte uma perturbação pública* etc. Como assim? Quer dizer que por causa das escolas de caridade os criados se tornaram *indolentes*, esses *vermes agitadores*, essa *perturbação* pública; e que as *criadas* viraram *prostitutas*, e os *criados* se tornaram *ladrões, arrombadores, gatunos*? (como ele diz comumente acontecer). Será que isso se deve às *escolas de caridade*? Mas, se *não é isso*, como ele se dá a liberdade de representar essas escolas como *meios* de *aumentar* a gravidade da maldade que, de fato, muito claramente recai sobre a população? Os *princípios embebecidos da virtude* não são usualmente tidos como a razão principal que conduz ao vício. Se o conhecimento pregresso da *verdade* e de nossas *obrigações* para com ela constituíssem os meios mais seguros para *se afastar* dela, ninguém duvidaria de que o conhecimento da verdade estava instilado em *Catilina* mui pregressamente e da maneira mais cuidadosa. Uma coisa que ele tem de bom é disseminar uma informação, enfatizando, como faz, que *se arrecada mais na porta das igrejas num dia para que esses pobres meninos e meninas apareçam com gorros e uniformes do que para todos os pobres num ano*. Oh, insólito *Catilina*! Aqui você foi às mil maravilhas; pois não conta com testemunha que lhe seja contrária; sequer uma vivalma há de contradizê-lo,

A fábula das abelhas

exceto os arrecadadores e os supervisores da arrecadação // para os pobres, e todos os mais ricos habitantes da maioria das paróquias da Inglaterra onde há uma escola de caridade. É uma piada, milorde, que esses escrevinhadores queiram ainda assim ser tidos como *homens de boa moral*. Mas quando os homens fazem de seu ofício o descaminho e o engano de seus próximos em questões importantes, *distorcendo* e *dissimulando* a verdade por meio de *falsas representações* e *insinuações ardilosas*, se tais homens não são *usurpadores* quando tomam para si o caráter de *homens de boa moral*, então não deve haver nada de imoral se um homem é *falso* e *enganoso* nos casos em que a *lei* não o atinge por ser assim, e a *moralidade* não guarda nenhuma relação com a *verdade* e a *honestidade*. Entretanto, não gostaria muito de encontrar um desses *homens de moral* em *Hounslow-Heath*, se me acontecesse de ir para lá sem pistolas. Pois tenho para mim que quem não tem *nenhuma* consciência sobre um ponto não há de ter muita sobre outro. Sua senhoria, que sabe julgar os *homens* acuradamente, bem como os *livros*, facilmente imaginará, se não tiver nenhum outro conhecimento das escolas de caridade, que deve haver algo de muito *excelente* nelas para que *homens desse tipo* lhes façam uma *oposição* tão fervorosa.

Eles dizem que essas escolas são um estorvo para a *agricultura* e a *manufatura*. Quanto à agricultura, as crianças são mantidas nas escolas apenas até que tenham idade e força para desempenhar as principais funções ou aguentar um trabalho constante nela; e mesmo enquanto *estão* sob esse programa de educação, sua senhoria pode estar certa de que nunca são impedidos de trabalhar no campo, nem de ser empregados em trabalhos de que são capazes, em qualquer época do ano, quando conseguem tais empregos para ajudar seus pais e a si mesmos. Nesses casos, os pais, em

394

Defesa do livro a partir das difamações contidas numa acusação do grande júri de...

395 diversos condados, são os devidos juízes das várias // situações e circunstâncias e, ao mesmo tempo, não são muito desejosos de que seus filhos adquiram um pouco de *conhecimento* em vez de um pouco de *dinheiro*; mas, sim, que encontrarão outra ocupação para os filhos que não a de ir à escola sempre que possam nessa ocupação obter um centavo. O caso é o mesmo com as *manufaturas*; os fideicomissários das escolas de caridade e os pais dos filhos aí educados ficariam agradecidos aos cavalheiros que *fazem* essa objeção se estes ajudassem a *desfazê-la*, subscrevendo um fundo dedicado à fusão do trabalho de *manufatura* com a ocupação de aprender a *ler* e *escrever* nas escolas de caridade; seria uma nobre realização, o que já foi efetuado por mantenedores de algumas escolas de caridade e é almejado e seriamente desejado por todos os demais; mas *Roma* não foi feita em um dia. Enquanto essa *grande* meta não se realiza, deixe que os mestres e diretores das fábricas, em diferentes partes do reino, sejam bastante caridosos para empregar crianças pobres durante algumas horas por dia nas suas respectivas manufaturas, enquanto seus fideicomissários se encarregam de preencher as horas restantes do dia nas tarefas habituais das escolas de caridade. É fácil, aos *homens de partido*, às mentes maquinadoras e pervertidas, inventar argumentos falaciosos com diferentes matizes e dirigir *insultos* sob a aparência de *raciocínio* contra as melhores coisas do mundo. Mas, indubitavelmente, nenhum homem *imparcial*, comovido por um senso *sério* da *bondade* e tendo um *verdadeiro* amor ao seu país, pensa que essa opinião adequada e justa sobre as escolas de caridade está sujeita a alguma objeção *justa* e *de peso*, ou se recusa a contribuir com seus esforços para melhorá-las e levá-las à *perfeição* que se propõe para elas. Enquanto isso, não deixemos que nenhum homem seja tão *simplório* ou *perverso* para negar que quando as crianças pobres

A fábula das abelhas

não encontram nenhum trabalho de forma honesta, em vez de submeter sua tenra idade // à indolência ou aprender as artes da mentira, da blasfêmia e do roubo, é uma verdadeira caridade que lhes é feita e um bom serviço ao nosso país ocupá-las com o aprendizado dos princípios da *religião* e da *virtude* até que sua idade e vigor físico lhes permita se tornar criados nas famílias, ou dedicar-se à agricultura, à manufatura, a algum tipo de trabalho mecânico, ou laborioso; pois são a esses trabalhos *laboriosos* que as crianças dessas escolas se dedicam em geral, se não sempre, tão logo se tornam capazes. Portanto, *Catilina* pode de bom grado retratar-se da sua objeção concernente a *comerciantes* ou varejistas, na qual afirmou que *seus empregos*, os quais, diz ele, *deveriam recair sobre as crianças de sua mesma condição, são em sua maior parte reservados e ocupados pelos diretores das escolas de caridade.* Ele há de me perdoar por fazer sua senhoria tomar conhecimento de que essa afirmação é precisamente *falsa*, inconveniente esse muito recorrente em suas afirmações e particularmente cometido numa outra que eu gostaria de mencionar; pois ele não tem vergonha de afirmar rotundamente *que os princípios de nossa gente comum são pervertidos em nossas escolas de caridade, a qual, assim que aprende a falar, é ensinada a balbuciar o Alto Clero e Ormonde,*[5] *e assim é educada para ser traidora antes de saber o que significa traição.* Sua senhoria, e outras pessoas íntegras, cujas palavras são fiéis representantes de suas intenções, pensaria agora, se eu não lhe tivesse dado a chave para o discurso de Ca-

---

5 James Butler, segundo duque de Ormonde (1665-1745). Militar irlandês católico, de inclinação jacobita, movimento antiprotestante que durante os séculos XVII e XVIII buscou restaurar a Casa de Stuart. O nome deriva do rei Jaime II, deposto em 1688, que em latim se enuncia *Jacoubus* ou *Iacomus Rex*. (N. T.)

Defesa do livro a partir das difamações contidas numa acusação do grande júri de...

397 tilina, que ele está inteiramente // convencido de que as crianças nas escolas de caridade *são educadas para serem traidoras.*

Milorde, se os fideicomissários permitiram que algum mestre permanecesse numa escola de caridade, contra o qual pesam provas de que seja um desafeto do governo, ou de que não ensina com lealdade as crianças a serem *obedientes* e *leais* ao rei, como qualquer outro dever no catecismo, então eu gratificarei *Catilina* com uma licença para demolir as *escolas* e enforcar os mestres, conforme seu íntimo desejo.

Essas e outras coisas parecidas são incitadas com a mesma *mordacidade* e com *pouca verdade* no livro mencionado acima, *viz. A fábula das abelhas; ou vícios privados, benefícios públicos* etc. Catilina põe em descrédito os artigos fundamentais da fé, comparando, impiamente, a doutrina da Santíssima Trindade com *Fee-fa-fum.*[6] O autor depravado dessa fábula não é apenas um assistente de Catilina na sua oposição à fé, mas põe-se a despedaçar as próprias fundações da *virtude moral*, e estabelece em seu lugar o *vício*. O melhor médico do mundo nunca trabalhou tanto para purgar o *corpo natural* das *más* qualidades quanto esse zangão tem feito para purgar o *corpo político* das *boas.* Ele próprio dá testemunho da verdade dessa acusação contra si. Pois, quando chega à conclusão de seu livro, faz a seguinte observação a respeito de si mesmo e do que realizou:

Isso posto, eu me congratulo por ter demonstrado que nem as qualidades amigáveis nem as afeições bondosas, naturais ao

---

6 Expressão sem sentido pronunciada por um ogro no conto de fadas *Hop-o'-My-Thumb*, publicado originalmente em francês como *Le petit Poucet* numa coletânea de contos de Charles Perrault intitulada *Histoires ou contes du temps passé* (1697). (N. T.)

A fábula das abelhas

homem, nem as verdadeiras virtudes que ele é capaz de adquirir pela razão e abnegação, são a fundação da sociedade; mas que aquilo que chamamos de mal neste mundo, tanto moral quanto natural, é o grande princípio que nos torna criaturas sociáveis, a base sólida, a vida e o sustento de todos os ofícios e profissões, sem exceção: é nele que devemos buscar a verdadeira origem de todas as artes e // ciências; e, no momento que o mal cessar, a sociedade estará em perdição, se não completamente dissolvida.

Agora, milorde, você vê o *grande plano*, a intenção principal de *Catilina* e de seus conspiradores; agora a cena se abre e os motivos secretos se mostram; agora essa fraternidade se aventura a falar às claras, e seguramente nunca antes um bando de homens *se atreveu* a falar desse modo; agora se vê a *verdadeira causa* da sua inimizade pelas pobres escolas de caridade; e ela está empunhada contra a religião; religião, milorde, que essas escolas foram instituídas para promover e que essa *conspiração* está decidida a destruir; pois as escolas são certamente um dos maiores instrumentos da religião e da virtude, um dos mais firmes bastiões contra o *papado*, uma das melhores recomendações deste povo ao favor divino e, portanto, uma das maiores bênçãos para nosso país, entre todas as coisas que foram erigidas desde a nossa feliz *Reforma* e a libertação da idolatria e da tirania de *Roma*. Se algum inconveniente trivial surgiu de uma obra tão excelente, como pequenos inconvenientes que acompanham todas as instituições e assuntos humanos, a excelência da obra continuaria sendo motivo de *alegria*, encontraria *encorajamento* em todos os homens sábios e de bem que desprezam essas objeções *insignificantes*, como *outros* homens não se envergonham de se levantar e defender.

Agora sua senhoria também vê a *verdadeira causa* da sátira continuamente feita contra o clero por *Catilina* e seus conspiradores.

Defesa do livro a partir das difamações contidas numa acusação do grande júri de...

399
Por que a condenação e execução do senhor Hall seriam uma objeção maior contra o clero do que a do senhor Layer[7] // contra os cavalheiros *de toga*? Por quê? Porque a profissão do *direito* não está diretamente relacionada com a *religião*, e, portanto, *Catilina* terá de admitir que, se algumas pessoas *dessa* profissão fossem traidoras, ou de algum outro modo *viciosas*, todos os demais poderiam, não obstante a iniquidade de um confrade, ser tão leais e virtuosas quanto quaisquer outros súditos nos domínios do rei. Mas porque as questões *religiosas* são da *alçada* e *concernem* declaradamente ao clero, a lógica de *Catilina* torna tão claro quanto o dia que, se qualquer um *deles* for desafeto do governo, todo o restante também o será; ou se qualquer um *deles* for acusável de ser *vicioso*, a consequência disso será evidente: todos ou a maioria deles são tão viciosos quanto o Diabo pode torná-los. Não vou incomodar sua senhoria com uma defesa particular do clero, nem há razão para tanto, pois ele já conta com a segurança das boas afeições de sua senhoria, e é capaz de se defender em quaisquer circunstâncias em que for necessário, sendo, pois, um agrupamento dos homens mais *leais*, *virtuosos* e *cultos* da Europa; no entanto, eles suspenderam a *publicação* de argumentos em solene defesa deles próprios, pois não *esperam* nem *desejam* a aprovação e estima de homens *ímpios* e *perdidos*; ao mesmo tempo, não duvidam que qualquer pessoa, não apenas de grande *acuidade*, mas também de *senso comum*, vê agora claramente que as flechas atiradas contra o *clero* buscam ferir e destruir a *divina instituição* dos ofícios ministeriais e extirpar a *religião* que os ofícios sagrados sao designados para preservar e

---

/ Nao há registro de quem possa ser o mencionado "Hall", muito menos de qual possa ter sido seu crime ou sua ligação com o clero. Christopher Layer, em 1723, foi executado por participar de um complô que queria destituir o governo e restabelecer os Stuarts no trono. (N. T.)

A fábula das abelhas

400 promover. Isso // sempre foi *suposto* e *suspeitado* por todo homem honesto e imparcial; mas agora está *demonstrado* por quem antes tinha ensejado tais suspeitas, pois agora declararam abertamente que a *fé*, nos seus principais artigos, não é apenas desnecessária, mas ridícula, que o *bem-estar* da sociedade humana há de acabar e perecer sob o encorajamento da *virtude* e que a imoralidade é a única fundação *firme* sobre a qual pode-se construir e subsistir a felicidade da humanidade. A *publicação* de opiniões como essas, uma proposta confessa e declarada para extirpar a *fé cristã* e toda *virtude*, e para estabelecer o *mal moral* como base do governo, é tão assombrosa, tão desconcertante, tão assustadora, uma enormidade tão escandalosa, que se nos fosse imputada como culpa *nacional*, a *vingança divina* se abateria inevitavelmente sobre nós. E até que ponto essa enormidade pode vir a se transformar em *culpa nacional*, caso passe desapercebida e impune, um *casuísta* menos habilidoso e menos acurado do que sua senhoria pode facilmente adivinhar; e não resta dúvida de que o bom juízo de sua senhoria, num caso tão evidente e importante, leva-o, como um patriota sábio e leal, a decidir fazer uso dos maiores esforços, na sua elevada condição, para defender a religião dos ousados ataques que lhe são feitos.

Assim que vi uma cópia do *Projeto de Lei para maior segurança de sua majestade e seu venturoso governo, mediante maior segurança da religião* **401** *na Grã-Bretanha,* o *justo plano político* de sua senhoria, o seu // *amor ao país* e os *seus grandes serviços* que lhe foram prestados serão novamente reconhecidos por,

Milorde
Seu mais leal e humilde servidor,
Theophilus Philo-Britannus.[8]

---

8 Pseudônimo que pode ter o seguinte significado: "Aquele que ama a Deus e à Grã-Bretanha". (N. T.)

Defesa do livro a partir das difamações contidas numa acusação do grande júri de...

Essas violentas acusações e o grande clamor em toda parte erguido contra o livro, por diretores, mestres e outros defensores das escolas de caridade, juntamente com o conselho de amigos e a reflexão sobre o que devo a mim mesmo, extraíram de mim a seguinte resposta. O cândido leitor, e sua leitura atenta, não deve se ofender com a repetição de algumas passagens, das quais talvez já tenha encontrado duas vezes, quando considerar que, a fim de fazer minha defesa de próprio punho diante do público, fui obrigado a repetir o que foi citado na carta, visto que este impresso inevitavelmente cairia nas mãos de muitos que nunca viram a *Fábula das abelhas* nem a carta difamatória escrita contra ela. A resposta foi publicada no *London Journal*, em 10 de agosto de 1723, com estas palavras:

> Considerando que no *Evening-Post* de 11 de julho foi inserida uma acusação do Grande Júri de Middlesex contra o editor de um livro intitulado *A fábula das abelhas; ou vícios privados, benefícios públicos*, e que desde então uma carta impetuosa e ofensiva foi publicada contra o mesmo livro e seu autor no *London Journal* // no sábado de 27 de julho, vejo-me indispensavelmente obrigado a defender o supracitado livro das negras aspersões que lhe foram imerecidamente dirigidas, estando consciente de que não tive a menor má intenção ao compô-lo. As acusações contra o livro foram feitas abertamente em jornais públicos, e não seria justo se sua defesa aparecesse de uma maneira mais privada. O que tenho a dizer a meu favor se dirige a todos os homens sensatos e sinceros, não lhes pedindo outro favor senão sua paciência e atenção. Deixando de lado o que naquela carta diz respeito a outros, e tudo aquilo que é alheio e pouco importante, começarei com a passagem citada do livro, a saber,

401

A fábula das abelhas

Isso posto, eu me congratulo por ter demonstrado que nem as qualidades amigáveis nem as afeições bondosas, naturais ao homem, nem as verdadeiras virtudes que ele é capaz de adquirir pela razão e abnegação, são a fundação da sociedade; mas que aquilo que chamamos de mal neste mundo, tanto moral quanto natural, é o grande princípio que nos torna criaturas sociáveis, a base sólida, a vida e o sustento de todos os ofícios e profissões, sem exceção: é nele que devemos buscar a verdadeira origem de todas as artes e ciências; e, no momento que o mal cessar, a sociedade estará em perdição, se não completamente dissolvida.

Estas palavras, reconheço, estão no livro, e, sendo inocentes e verdadeiras, eu gostaria que permanecessem onde estão em todas as futuras impressões. Mas também reconhecerei muito francamente que, se tivesse escrito com a intenção de que fossem compreendidas pelos mais limitados, não teria escolhido o tema ali tratado; ou, se o tivesse, teria ampliado e explicado cada frase, teria falado e distinguido magistralmente, e jamais me apresentaria sem um ponteiro em mãos. Por exemplo, para tornar inteligível a passagem apontada, dedicaria uma ou duas páginas sobre o significado da palavra "mal"; após o que eu lhes ensinaria que todo defeito, toda // necessidade, é um mal; que da multiplicação dessas necessidades dependem todos os serviços mútuos que os membros particulares de uma sociedade prestam uns aos outros; e que, consequentemente, quanto maior a variedade de necessidades, maior a quantidade de indivíduos que poderiam descobrir que seu interesse privado está em trabalhar para o bem dos outros e, unindo-se todos, compor um só corpo. Há algum comércio ou ofício que não proporcione algo de que necessitamos? Certamente essa necessidade, antes de ser satisfeita, era um mal, que determinado comércio ou ofício devia remediar, sem a qual estes

Defesa do livro a partir das difamações contidas numa acusação do grande júri de...

jamais seriam pensados. Há alguma arte ou ciência que não tenha sido inventada para emendar algum defeito? Não tivesse existido este último, não poderia haver ocasião para aquelas eliminá-lo. Eu digo, na página 367,[9] que

> a excelência do pensamento humano e de sua capacidade inventiva nunca foram mais conspícuos do que na variedade de ferramentas e instrumentos para trabalhadores e artífices e na multiplicidade de máquinas, que foram todas inventadas, seja para ajudar na fraqueza do homem ou corrigir suas muitas imperfeições, seja para gratificar seu ócio ou obviar sua impaciência.

Muitas páginas precedentes vão no mesmo sentido. Mas qual a relação que tudo isso tem mais com a religião ou a infidelidade do que com a navegação ou a paz no Norte? As muitas mãos que se empregam para suprir nossas necessidades naturais, aquelas que realmente são tais como a fome, a sede, a nudez, são insignificantes face à quantidade absurda dos que, todos inocentemente, satisfazem a depravação de nossa natureza corrupta; refiro-me aos industriosos que ganham a vida com trabalho honesto, a quem os vaidosos e voluptuosos estão obrigados por todas as ferramentas e utensílios de conforto e luxo.

404   O // vulgo míope mal percebe mais de um elo na cadeia de causas; mas aqueles que conseguem alargar sua visão e se permitem o ócio para olhar numa perspectiva de eventos concatenados, podem ver em cem lugares o bem brotar e pulular do mal, com tanta naturalidade quanto os pintinhos dos ovos.

---

9 Cf. p.380 desta edição. (N. E.)

403

A fábula das abelhas

As seguintes palavras se encontram na página 86,[10] na "Observação" feita sobre o aparente paradoxo, segundo o qual, na colmeia ranzinza,

O pior tipo de toda a multidão
Para o bem comum contribuía.

Em muitos exemplos é possível descobrir em profusão como a inescrutável Providência diariamente ordena que a comodidade dos laboriosos e mesmo a salvação dos oprimidos surjam secretamente não apenas dos vícios dos voluptuosos, mas também dos crimes dos flagelados e das pessoas mais perdidas.

Homens de candura e capacidade percebem de imediato que na passagem censurada não há nenhum sentido encoberto ou expresso que não esteja completamente contido nas seguintes palavras: "o homem é uma criatura necessitada em inúmeros aspectos; e, no entanto, dessas mesmas necessidades e de nada mais surgem todos os ofícios e empregos". Mas é ridículo que os homens se metam com livros acima de sua esfera.

A *Fábula das abelhas* foi concebida para o entretenimento de pessoas letradas e instruídas que não sabem, quando têm tempo livre, como melhor despendê-lo. É um livro de moralidade severa **405** e exaltada // que contém uma prova estrita da virtude, uma pedra de toque infalível para distinguir o real do contrafeito e exibir que muitas ações culpáveis são escamoteadas no mundo como boas. A *Fábula* descreve a natureza e os sintomas das paixões humanas, detecta sua força e seus disfarces; e rastreia o amor-próprio nos seus recônditos mais obscuros; e eu poderia seguramente acrescentar, para além de que qualquer outro sistema ético: o conjunto é uma

---

10 Cf. p.94 desta edição. (N. E.)

Defesa do livro a partir das difamações contidas numa acusação do grande júri de...

rapsódia desprovida de ordem ou método, mas em nenhuma parte há algo de escabroso ou pedante; o estilo, admito, é muito desigual, ora muito elevado e retórico, ora muito baixo e mesmo por demais trivial; tal como está, estou satisfeito de que tenha divertido pessoas de grande probidade e virtude e de bom senso inquestionável; e não tenho nenhum receio de que nunca deixe de ser assim enquanto for lido por tais pessoas. Quem quer que tenha visto a violenta acusação contra este livro, terá que me perdoar por dizer em sua comenda mais do que um homem que não estivesse sob a mesma necessidade diria sobre sua obra em nenhuma ocasião. Os encômios aos prostíbulos criticados na acusação não estão em parte alguma do livro. O que pode ter servido de pretexto a essa acusação talvez seja uma dissertação política concernente ao melhor método de proteger e preservar mulheres de honra e virtude dos insultos de homens dissolutos, cujas paixões são frequentemente ingovernáveis. Como aqui se trata de um dilema entre dois males, ambos praticamente inevitáveis, então procurei tratá-lo com toda cautela, iniciando nos seguintes termos: "longe de mim encorajar o vício, e acho que seria uma felicidade indescritível para o Estado se o pecado da impureza pudesse ser banido em definitivo; mas receio que não seja possível". Eu apresento as razões pelas quais penso assim e, falando ocasionalmente das casas de música de *Amsterdã*, ofereço uma explicação tão breve sobre elas que nada pode ser mais inofensivo; e apelo a todos os juízos imparciais se o que // disse sobre elas não é dez vezes mais direcionado a causar nos homens (mesmo nos voluptuosos com algum paladar) desgosto e aversão a elas do que suscitar algum desejo criminoso. Lamento que o Grande Júri tenha entendido que publiquei isso com o propósito de depravar a nação, sem considerar que, em primeiro lugar, não há uma frase ou sílaba que possa ofender o ouvido mais casto ou macular a imaginação

A fábula das abelhas

mais viciosa; ou, em segundo, que o assunto criticado é manifestamente dirigido a magistrados e políticos ou ao menos à parte mais séria e pensante da humanidade; ao passo que a corrupção geral dos costumes, como a lascívia produzida pela leitura, só merece alguma apreensão por conta de obscenidades facilmente compradas e de todo modo adaptadas aos gostos e capacidades da multidão incauta e da juventude inexperiente de ambos os sexos; mas que o livro, tão ultrajantemente exclamado, nunca tenha sido feito para nenhuma dessas classes de pessoas, isso é evidente em qualquer circunstância. O início da prosa é completamente filosófico e quase ininteligível a quem não está acostumado com questões especulativas; e o título está tão longe de ser especioso ou convidativo que, sem ter lido o livro, ninguém tem como saber do que trata; além do que, o livro custa cinco xelins.[11] Por tudo isso, é evidente que se o livro contém tópicos perigosos, não fui desejoso de disseminá-lo entre o povo. Não disse sequer uma palavra para agradá-lo ou atraí-lo, e o maior cumprimento que lhe prestei é um *apage vulgus*.[12]

407   Mas como nada (digo na página 231)[13] demonstraria // mais claramente a falsidade de minhas ideias do que o fato de a generalidade das pessoas estar de acordo com elas, não espero a aprovação da multidão. Não escrevo para muitos nem busco simpatizantes senão entre os poucos que conseguem pensar abstratamente e têm suas mentes elevadas acima do vulgo.

---

11 Cinco xelins equivaliam a pelo menos quarenta vezes o preço de um texto corrente e acessível. (N. T.)

12 Em latim no original, "longe daqui, ordinários!". (N. T.)

13 Cf. p.238 desta edição. (N. E.)

Defesa do livro a partir das difamações contidas numa acusação do grande júri de...

E disso não fiz mau uso, sempre preservei um olhar tão cuidadoso com o público que, quando emiti sentimentos incomuns, me vali de todas precauções imagináveis que não seria possível machucar mentes fracas que, casualmente, abrissem o livro. Quando (página 229)[14] admiti que "na minha opinião, nenhuma sociedade pode erigir-se num tal reino rico e poderoso ou, se assim se erigir, subsistir por muito tempo com sua riqueza e poder sem os vícios do homem", tinha como premissa, e de fato era verdade, que "eu nunca disse nem tampouco imaginei que o homem não poderia ser virtuoso tanto num reino rico e poderoso quanto na mais deplorável república"; precaução essa que um homem menos escrupuloso do que eu poderia considerar supérflua quando ele próprio já tivesse encontrado explicação na abertura desse mesmo parágrafo, que começa assim: "estabeleço como primeiro princípio que, em todas as sociedades grandes ou pequenas, é dever de cada um de seus membros ser bom; que a virtude deve ser encorajada; o vício, desaprovado; as leis, obedecidas e os transgressores, punidos". Não há uma linha no livro que contradiga essa doutrina, e desafio meus inimigos a refutar o que acrescentei na página 231,[15] quando afirmei que "se mostrei o caminho para a grandeza mundana, sempre preferi sem hesitação a estrada que leva à virtude". Nenhum homem penou como eu para não ser mal interpretado; repare na página 231:[16]

Quando digo que, sem os vícios, as sociedades não podem se alçar à riqueza e ao poder, nem ao cume da glória terrena, não creio que ao dizer isso eu mande os homens serem viciosos; da

---

14 Cf. p.236 desta edição. (N. E.)
15 Cf. p.238 desta edição. (N. E.)
16 Cf. p.237 desta edição. (N. E.)

A fábula das abelhas

mesma forma que não os mando ser arruaceiros ou cobiçosos quando afirmo que a profissão de advogado // não poderia comportar tanta gente nem seria tão esplendorosa se não houvesse uma abundância de pessoas demasiado egoístas e litigiosas.

Precaução de mesma natureza eu já havia tomado ao final do prefácio, com relação a um mal palpável, inseparável da felicidade de Londres. Investigar as verdadeiras causas das coisas não implica nenhum projeto doentio nem tem a tendência de causar algum mal. Um homem pode escrever sobre venenos e ser um excelente médico. Na página 366,[17] eu digo: "Nenhum homem precisa proteger-se de bênçãos, mas, para que se evitem calamidades, as mãos sãos necessárias". E, logo adiante,

> o calor e o frio extremos, a inconstância e o rigor das estações, a violência e a incerteza dos ventos, a grandiosidade e a perfídia dos mares, a fúria e a intratabilidade do fogo, a renitência e a esterilidade da terra atiçam a nossa invenção, com vistas a evitar os males que podem ser produzidos ou corrigir sua malignidade, direcionando suas forças em nosso próprio favor de mil formas diferentes.

Quando um homem está inquirindo as ocupações das grandes multidões, não vejo por que não pode dizer tudo isso e muito mais sem ser acusado de depreciar e falar levianamente das dádivas e munificência dos céus se, ao mesmo tempo, demonstra que sem a chuva e o sol o planeta não seria habitável para criaturas como nós. Trata-se de um tema pouco frequentado, e jamais eu contenderia com um homem que me dissesse que seria de bom

---

17 Cf. p.379 desta edição. (N. E.)

Defesa do livro a partir das difamações contidas numa acusação do grande júri de...

alvitre não tocar nesse assunto; no entanto, sempre pensei que tal seria aprazível aos homens de gosto aceitável, não se perdendo assim facilmente.

Nunca consegui dominar minha vaidade tanto quanto desejei; e sou muito orgulhoso para cometer crimes; mas quanto ao escopo principal, a intenção do livro, digo, a disposição que me fez escrevê-lo, assevero que foi com a maior sinceridade, o que declarei no prefácio, onde, ao final da página 6, // você encontrará estas palavras:

> Se você me perguntar por que fiz tudo isso, *cui bono?*, e que benefícios essas noções produzirão?, a bem dizer, para além do passatempo do leitor, não creio que haja nenhum; mas se me fosse perguntado o que se deveria naturalmente delas esperar, responderia: em primeiro lugar, que as pessoas, que não param de encontrar defeitos nos outros, ao lê-las, aprenderiam a olhar para si mesmas e, ao examinarem sua própria consciência, se envergonhariam de ficar sempre atacando aquilo que lhes é mais ou menos próprio; e, em seguida, que aqueles que gostam tanto de tranquilidade e conforto e que colhem todos os benefícios que são consequência de uma nação grande e próspera aprenderiam mais pacientemente a aceitar as inconveniências, que nenhum governo sobre a Terra pode remediar, quando percebessem a impossibilidade de desfrutar de uma grande parcela da primeira, sem também partilhar da última.

A primeira impressão de *A fábula das abelhas*, publicada em 1714, nunca foi repreendida nem recebeu nenhuma atenção pública; e a única razão que posso pensar para que esta segunda edição tenha sido tão impiedosamente tratada, ainda que com muitas precauções que faltaram à primeira, é o *Ensaio sobre a carida-*

A fábula das abelhas

de e as escolas de caridade, acrescentado à versão que foi anteriormente impressa. Confesso que, na minha opinião, todo o trabalho duro e sujo deveria, numa nação bem governada, ser a sina e o quinhão dos pobres, e que afastar seus filhos do trabalho útil até atingirem 14 ou 15 anos é um método errado de qualificá-los para quando tiverem crescido. Dei muitas razões para sustentar minha opinião naquele ensaio, a que remeto todos os homens imparciais e inteligentes, assegurando-lhes que não vão se defrontar com tal impiedade monstruosa como é reportada. Em que medida fui um advogado da libertinagem e da imoralidade, e em que medida fui um inimigo de "todas as instruções da juventude na fé cristã", isso pode ser captado a partir de meus esforços dedicados à educação // ao longo de mais de sete páginas. E também mais adiante, na página 307,[18] quando falo das instruções que os filhos dos pobres podem receber na igreja; de onde, digo no trecho,

> eu não gostaria que o mais humilde, capaz de caminhar até a paróquia, estivesse ausente nos domingos. O sabá, o dia mais útil da semana, que se reserva ao serviço divino e práticas religiosas, bem como ao descanso do labor corpóreo; um dever de dedicar atenção especial a esse dia, incumbente a todos os magistrados. Os pobres, mais particularmente, e seus filhos devem ser obrigados a ir à igreja de manhã e à tarde, já que não têm outro horário para fazê-lo. Por preceito e exemplo, devem ser encorajados e habituados a isso desde a infância; negligenciar deliberadamente tal prática deve ser considerado escandaloso, e se a contundente coação a que incito parece muito dura e talvez impraticável, ao menos todas as diversões deveriam ser rigorosamente proibidas, impedindo o pobre de qualquer distração fora de sua casa que possa o atrair ou desviar.

---

18 Cf. p.318 desta edição. (N. E.)

Defesa do livro a partir das difamações contidas numa acusação do grande júri de...

Se os argumentos de que fiz uso não são convincentes, espero que possam ser refutados, e reconhecerei como um favor de quem quer que me convença de meu erro, sem linguagem insultuosa, me mostrando onde me enganei. Mas a calúnia, ao que parece, é o caminho mais curto para confutar um adversário quando se toca numa parte sensível dos homens. Vastas somas são coletadas para essas escolas de caridade, e conheço muito bem a natureza humana para imaginar que os que repartem o dinheiro ouçam falar mal de si pacientemente. Antevi assim o tratamento que eu receberia e, tendo repetido a cantilena feita em defesa das escolas de caridade, declarei a meus leitores, página 269,[19] "tal é a queixa generalizada, e quem diz uma mísera palavra contra isso não é caridoso; é insensível e desumano, quando não um infeliz cruel, ímpio e ateu". Por esse // motivo, não se pode pensar que recebi com grande surpresa quando, naquela carta extraordinária a Lorde C., eu me vi sendo chamado de "autor depravado", e a publicação de minhas opiniões, "uma proposta confessa e declarada para extirpar a fé cristã e toda virtude"; que minha ação era "tão assombrosa, tão desconcertante, tão assustadora, uma enormidade tão escandalosa", que ele clamaria aos céus por vingança. Isso nada mais é do que aquilo que sempre esperei dos inimigos da verdade e da sinceridade, e nada replicarei ao enraivecido autor daquela carta, que se empenha em me expor à fúria pública. Tenho pena dele e sou suficientemente caridoso para acreditar que se enganou, confiando em rumores e boatos de outros; pois nenhum homem em pleno juízo consegue imaginar que ele tenha lido sequer um quarto do meu livro, tendo escrito o que escreveu.

---

19 Cf. p.277 desta edição. (N. E.)

A fábula das abelhas

Lamento se as palavras "vícios privados, benefícios públicos" chegaram a ofender um homem bem-intencionado. O mistério delas se descobre tão logo sejam corretamente compreendidas; mas nenhum homem sincero duvidará da inocência delas se tiver lido o último parágrafo, onde me despeço do meu leitor, "e concluo, repetindo o aparente paradoxo, cujo núcleo é apresentado na página de rosto; que os vícios privados, administrados com destreza // por um político habilidoso, podem ser transformados em benefícios públicos". Estas são as últimas palavras do livro, impressas em caracteres do mesmo tamanho que o restante. Mas deixo de lado tudo o que disse em minha Defesa; e se em todo o livro, intitulado *A fábula das abelhas* e denunciado pelo Grande Júri de Middlesex aos juízes do Magistrado do Rei, existir o menor sinal de blasfêmia ou profanação, ou qualquer coisa tendendo à imoralidade ou corrupção dos costumes, peço que seja publicado; se isso for feito sem invectivas, reflexões pessoais, ou sem que a turba se lance contra mim, pontos aos quais jamais responderei, não apenas me retratarei, mas também pedirei perdão ao público ofendido da maneira mais solene; e (se considerarem o carrasco muito acima dessa tarefa) queimarei, eu mesmo, o livro no momento e lugar oportunos que meus adversários indicarem de bom grado.

O autor de *A fábula das abelhas*

FINIS

SOBRE O LIVRO

Formato: 14 x 21 cm
Mancha: 23 x 44 paicas
Tipologia: Venetian 301 12,5/16
Papel: Off-white 80 g/m² (miolo)
Cartão Supremo 250 g/m² (capa)
1ª edição Editora Unesp: 2017

EQUIPE DE REALIZAÇÃO

Capa
Andrea Yanaguita

Edição de texto
Julia Codo (Copidesque)
Ana Alvares (Revisão)

Editoração eletrônica
Eduardo Seiji Seki

Assistência editorial
Alberto Bononi
Richard Sanches

Rua Xavier Curado, 388 • Ipiranga - SP • 04210 100
Tel.: (11) 2063 7000 • Fax: (11) 2061 8709
rettec@rettec.com.br • www.rettec.com.br